LA

HANSON DE ROLAND

NOUVELLE ÉDITION CLASSIQUE

PRÉCÉDÉE D'UNE INTRODUCTION

ET SUIVIE D'UN GLOSSAIRE

PAR

L. CLÉDAT

Ancien élève de l'École des Chartes,
ncien membre de l'École française de Rome, Lauréat de l'Académie française
Professeur à la Faculté des lettres de Lyon.

PARIS
GARNIER FRÈRES, LIBRAIRES-ÉDITEURS
6, RUE DES SAINTS-PÈRES, 6

LA

CHANSON DE ROLAND

OUVRAGE DU MÊME AUTEUR

Grammaire élémentaire de la vieille langue française.

1 volume in-18 jésus, broché........................ 3 fr. 50

Ouvrage couronné par l'Académie française.

Corbeil. — Typ. et stér. Crété.

LA

CHANSON DE R

NOUVELLE ÉDITION CLASSIQUE

PRÉCÉDÉE D'UNE INTRODUCTION

ET SUIVIE D'UN GLOSSAIRE

PAR

L. CLÉDAT

Ancien élève de l'École des Chartes,
Ancien membre de l'École française de Rome, Lauréat de l'Académie française
Professeur à la Faculté des lettres de Lyon.

PARIS
GARNIER FRÈRES, LIBRAIRES-ÉDITEURS
6, RUE DES SAINTS-PÈRES, 6

1886

PRÉFACE

L'usage auquel était destinée cette édition ne nous dispensait pas de soumettre le texte à une révision minutieuse. C'est ce que nous avons fait, en nous conformant, pour les principes généraux de cette révision, aux idées qui ont été exprimées dans les dernières années par les romanistes les plus autorisés, et notamment par M. G. Paris. Ce n'est pas ici le lieu d'exposer ces principes, ni d'indiquer les raisons qui nous ont fait nous écarter, sur quelques points de détail, de telle ou telle opinion antérieurement émise. Nous serons heureux de répondre, dans les Revues spéciales, aux critiques dont notre texte pourra être l'objet. Mais le caractère *classique* de notre édition, qui ne nous dispensait pas d'établir le texte avec tout le soin qu'aurait exigé une édition savante, nous imposait l'obligation de ne rien laisser paraître de ce travail préliminaire. Nous nous bornerons à dire que notre réforme la plus apparente a été de *franciser* le manuscrit d'Oxford, et cette opération consistait surtout à remplacer par des *o* les *u* provenant d'*o* longs ou d'*u* brefs latins (1); c'est dire que nous

(1) Et non point à changer *ei* en *oi* dans les mots tels que *rei*, *fei*, etc. ; car au XIe siècle, la diphtongue *ei* appartenait aussi bien à l'Ile-de-France qu'à la Normandie.

avons adopté l'opinion de la grande majorité des romanistes, qui considèrent la Chanson de Roland comme d'origine *française*. La popularité de saint Michel dans toute la France du moyen âge explique très suffisamment les trois ou quatre mentions de ce saint qu'on rencontre dans notre poème (1). D'autre part, des arguments très sérieux, qui sont surtout d'ordre philologique et que nous ne pouvons développer ici, mais qui ont été signalés à diverses reprises sans qu'on les ait réfutés, s'opposent absolument à l'hypothèse de l'origine normande. La langue de la Chanson de Roland, telle que nous la rétablissons, est donc le français du XIe siècle, d'où dérive le français actuel. Ce n'est plus le dialecte d'où est sorti le patois normand.

Parmi les manuscrits qui nous restent de la Chanson de Roland, le manuscrit d'Oxford est sans aucun doute le plus voisin du texte primitif; malheureusement il est l'œuvre d'un scribe fort négligent, qui a parfois sauté des vers ou des tirades entières. Les autres manuscrits nous permettent de nous rendre compte de la plupart de ces lacunes, mais ils s'éloignent trop du texte original pour que ce texte puisse être reconstitué d'après eux avec quelque sûreté. Aussi n'avons-nous rien voulu ajouter au manuscrit d'Oxford, nous contentant de résumer, quand il y avait lieu, les passages qu'on peut supposer omis.

Nous avons fait un usage aussi modéré que possible des signes diacritiques (accents aigus et graves, trémas). Nous avons employé le tréma pour indiquer, lorsqu'il pouvait y avoir doute, que deux voyelles successives ne formaient pas diphtongue, par exemple dans *avïons*, qui se pronon-

(1) L'ange Gabriel a plus d'importance que saint Michel dans la Chanson de Roland. Voyez, dans notre Glossaire, les mots *Gabriel* et *Michiel*.

çait en trois syllabes, dans *soë* où il ne faut pas voir l'ancienne diphtongue *oe* (devenue plus tard *eu*), mais un *o* suivi d'un *e* féminin. Nous avons employé l'accent grave ou aigu toutes les fois qu'il pouvait y avoir doute sur la place de l'accent tonique. Ainsi nous avons mis un accent sur la première syllabe de *fredre*, pour empêcher qu'on ne fût tenté de lire *fredré*. Dans la langue du XIe siècle, l'*e* féminin ou muet à la fin d'un mot peut être suivi d'un *t* : *il chantet* (= *il chante*) ; mais d'autre part, *e* final suivi d'un *t* peut être un *e* tonique, par exemple dans le participe passé *chantet* (= *chanté*). Dans ce dernier cas nous avons marqué l'*e* d'un accent : *chantét*. Par conséquent, lorsqu'un *e* final suivi d'un *t* ne sera pas surmonté d'un accent, il faudra le prononcer comme un *e* muet, c'est-à-dire placer l'accent tonique sur la syllabe précédente. Dans les monosyllabes nous avons employé les accents pour distinguer des mots différents qui s'écrivaient de même ; ainsi *set* est le nom de nombre (sept), *sét* est la troisième personne de l'indicatif présent du verbe « savoir ». *Sés* appartient aussi au verbe « savoir », tandis que *ses* est l'adjectif possessif ; *nés* est le substantif que nous écrivons aujourd'hui *nez*, tandis que *nes* est pour *ne se* ou pour *ne les* ; *més* est un substantif, *mes* est l'adjectif possessif. Il va sans dire que, pour le choix entre l'accent grave et l'accent aigu, nous nous conformons à la prononciation du XIe siècle ; nous écrivons *frédre* et non *frèdre*. Faute d'un signe spécial nous employons aussi *é* pour exprimer un son aujourd'hui disparu et qui était intermédiaire entre *é* et *è*, par exemple dans *méte* du verbe « mettre ».

Nous avons coupé le texte par des analyses. Les passages compris entre deux analyses constituent autant d'extraits, qui forment des scènes complètes, entre lesquelles le professeur pourra choisir celles qui lui paraîtront de nature à intéresser particulièrement ses élèves. Ces analyses assez développées permettront, je crois, même aux commençants, de suivre facilement le récit, sans les dispenser d'étudier le texte de près.

Nous n'avons pas cru devoir mettre une traduction en face du texte. On ne le fait pas pour les textes latins et grecs destinés à être expliqués dans les classes. Pourquoi traiterait-on autrement le vieux français ? L'inconvénient serait le même que pour les ouvrages de l'antiquité classique : les élèves liraient la traduction et non le texte. Pour les explications qu'on fait en classe, ils auraient trop commodément la solution des difficultés, sans être obligés à réfléchir. Si un pareil usage s'introduisait dans les éditions classiques de nos auteurs du moyen âge, il serait, croyons-nous, très préjudiciable à l'étude du vieux français dans l'enseignement secondaire, quelque élémentaire qu'on puisse la souhaiter.

Nous avons aussi renoncé à mettre des notes au bas des pages. Elles auraient fait double emploi avec les explications contenues dans le glossaire. Comme il n'existe pas de dictionnaire classique du vieux français, on est bien obligé de faire un glossaire pour chaque texte qu'on publie, et comme il est impossible aux élèves de se passer du glossaire, on peut y introduire l'interprétation des passages difficiles, sans craindre que cette interprétation leur échappe : ils la trouveront tout aussi commodément qu'au bas de la page. D'ailleurs, il n'y a pas, à proprement parler, de passages difficiles dans la chanson de Roland ; ce n'est pas comme dans les textes de l'antiquité classique, qui appartiennent à un état de civilisation plus avancé, et où les nuances et les raffinements de la pensée et du style ont souvent besoin d'être éclairés par une note. Les difficultés du vieux français sont des difficultés générales de langue et de grammaire; il faudrait dès lors une note pour chaque mot, et la même note cent fois répétée ou remplacée par des renvois fastidieux. Une introduction grammaticale, complétée par un glossaire, permet d'éviter cet inconvénient.

Quelles que soient les différences qui séparent cette édition de celles qui ont été données par M. Léon Gautier, je me fais un devoir de reconnaître ici les services considérables que M. Gautier a rendus à notre vieux poème, la part qu'il a prise à l'épuration progressive du texte, le zèle heureux qu'il a déployé pour populariser, pour faire connaître et aimer de tous notre épopée nationale. Il a été l'apôtre de la Chanson de Roland, et il a contribué plus que personne à l'utile réforme qui a donné droit de cité au vieux français dans notre enseignement classique.

L. CLÉDAT.

INTRODUCTION

I. — LA CHANSON DE ROLAND.

La Chanson de Roland, telle que nous la possédons, a été composée, selon toute vraisemblance, entre la conquête de l'Angleterre par les Normands et la première croisade. Mais il y avait eu antérieurement plusieurs poèmes plus ou moins étendus sur le même sujet. Dans un passage célèbre du roman de Rou, Wace raconte que le jongleur Taillefer chantait à la bataille d'Hastings les exploits de Roland :

> Taillefer, qui mult bien chantout,
> Sor un cheval qui tost alout,
> Devant le duc alout chantant
> De Karlemaigne et de Rollant,
> Et d'Oliver et des vassals
> Qui morurent en Rencevals.

On trouve d'ailleurs, dans notre Chanson de Roland, des traditions qui appartiennent à des époques bien différentes. Pour ne citer qu'un fait, la capitale de la France est placée tantôt à Paris, tantôt à Laon, tantôt à Aix-la-Chapelle. On remonte ainsi jusqu'à l'origine de la légende, à cette expédition de Charlemagne en Espagne, au retour de laquelle l'arrière-garde fut détruite, le 15 août 778, par les Basques des montagnes. L'imagination populaire s'empara de l'événement, elle donna des proportions épiques à cet engagement d'arrière-garde et substitua aux montagnards des Pyrénées toute une armée de Sarrasins. Un préfet des marches de Bretagne, nommé Roland, était mort dans la bataille, elle en fit le neveu de Charlemagne et un héros incomparable. Charlemagne n'avait réussi qu'à moitié dans son expédition : on lui attribua la conquête de toute l'Espagne. Il fallait expliquer la défaite de Roncevaux : c'est par la trahison que le peuple explique toujours les défaites, on inventa le personnage de Ganelon. C'est ainsi que se constitua la légende de Roncevaux, qui a abouti, non sans subir des transformations successives, à la Chanson de Roland. Les transformations ont dû porter principalement sur les détails de mœurs et de costumes : tout en faisant une part aux inventions de l'auteur et une autre à quelques détails anciens qui ont pu se conserver par tradition, on peut dire que les mœurs et les costumes dépeints dans la Chanson de Roland sont ceux du onzième siècle.

L'auteur de la Chanson de Roland est inconnu. Il est vrai que le manuscrit d'Oxford se termine par un vers où il est question d'un certain « Turoldus » qui aurait « décliné la geste ». Même en admettant que *la geste* désigne ici la chanson elle-même et non un récit antérieur, le sens du verbe *décliner* est incertain ; on peut l'appliquer aussi bien au copiste qui a écrit le manuscrit, ou au jongleur qui chantait le poème. Il faut donc ajouter notre chanson à la longue liste des œuvres littéraires ou artistiques qui font la gloire du moyen âge et dont nous ignorons les auteurs.

Si nous ne possédons plus les rédactions de la légende de Roncevaux antérieures à la Chanson de Roland, en revanche on a retrouvé plusieurs remaniements postérieurs, car Roland a été longtemps célèbre, non seulement en France, mais aussi à l'étranger, surtout en Italie et en Allemagne (1). Puis tout à coup le silence se fait. Les manuscrits qui contenaient notre chanson et ses divers remaniements restent enfouis dans les bibliothèques, où personne ne songe à les chercher. On savait seulement qu'il avait existé une Chanson de Roland, et à la

(1) Voyez l'*Histoire poétique de Charlemagne*, par G. Paris.

fin du dix-huitième siècle, un littérateur qui a eu quelque célébrité, M. de Tressan, s'avisa de la reconstituer par conjecture. Deux couplets donneront une idée suffisante de cette étrange restitution :

Soldats français, chantons Roland !
De son pays il fut la gloire.
Le nom d'un guerrier si vaillant
Est le signal de la victoire.....

Au paysan comme au bourgeois
Ne faisant jamais violence,
De la guerre exigeant les droits
Avec douceur et bienséance,
De son hôte amicalement
Il partageait la fricassée.

Malheureusement pour la gloire de M. de Tressan, la véritable Chanson de Roland a été retrouvée dans la bibliothèque d'Oxford et publiée en 1837 par M. Francisque Michel. Déjà, depuis quelques années, l'un des remaniements avait été signalé à l'attention publique par M. Monin. A partir de 1837 les éditions du *Roland* se sont multipliées, et nous venons encore en grossir le nombre.

Les professeurs de l'enseignement secondaire verront aisément les rapprochements qu'il y a lieu de faire entre la Chanson de Roland et l'épopée grecque. Les principaux personnages de l'une et de l'autre offrent des sujets de parallèles intéressants : Charlemagne rappelle par beaucoup de traits Agamemnon, Roland fait penser à Achille, Olivier à Patrocle, le duc Naimes à Nestor. Quant à l'archevêque Turpin, qui est une des figures les plus originales et les plus sympathiques de la Chanson de Roland, ce serait lui faire injure que de le comparer à Calchas.

La Chanson de Roland et l'Iliade se ressemblent encore par l'emploi de certains procédés qui caractérisent les épopées naturelles et primitives : les mêmes vers répétés parfois mot pour mot, les épithètes de nature reparaissant invariablement à côté des mêmes noms, etc. Il est incontestable qu'il y a moins d'art chez notre vieux poète que chez Homère, mais cette infé-

a.

riorité tient moins encore à une différence de génie entre les deux auteurs qu'à une différence de civilisation entre les deux époques. Les civilisations qui se succèdent ont leur période de préparation, leur apogée et leur décadence, mais chacune de ces périodes suppose plus d'un degré intermédiaire. Si l'époque de l'Iliade et celle de la Chanson de Roland sont toutes les deux des époques primitives de deux civilisations différentes, ce qui a permis à l'épopée de s'y développer avec succès, elles ne sont pas primitives au même degré. La culture littéraire était assurément plus avancée en Grèce au temps d'Homère qu'en France au onzième siècle, et il serait aussi injuste de reprocher à notre vieux poète la gaucherie de son style que de mépriser Giotto à cause de l'incorrection de son dessin. En littérature comme en art, les maladresses de la forme n'ont d'importance que lorsqu'elles traduisent la faiblesse de la pensée, et une statue parfaitement modelée peut être bien inférieure à une œuvre archaïque, incorrecte, mais où l'on reconnaîtra la marque d'une inspiration vraiment créatrice.

Les moyens dont disposent nos vieux auteurs sont très restreints : la langue française est encore hésitante et pauvre, elle se plierait mal à ces comparaisons brillantes qui sont la parure de l'épopée grecque. Les Sarrasins fuient devant Roland « comme le cerf devant les chiens » ; cette idée, qu'Homère aurait développée avec son art exquis, est exprimée en un vers, et comme en passant, dans notre poème. Mais la simplicité des moyens employés rehausse encore la grandeur de l'effet produit, quand le poète rencontre une heureuse inspiration, et la scène des derniers adieux de Roland et d'Olivier, celle de la mort de Roland, celle de la mort d'Aude, bien d'autres encore, sont dignes d'être mises à côté des plus beaux passages des épopées classiques.

La différence considérable qui sépare la langue du moyen âge de la langue actuelle est aussi de nature à nous empêcher de goûter tout le mérite de nos anciens poèmes, et il faut se prémunir contre cette cause de partialité involontaire. Encore, s'il n'y avait que des différences, pourrait-on lire un texte de vieux français comme on lit un texte latin ou grec ; mais ce sont les ressemblances incomplètes, mêlées aux différences absolues, qui fatiguent et déroutent l'esprit. Tel mot est resté dans la langue, mais en perdant sa force ou en modifiant sa valeur, et le sens actuel de ce mot, qui est ancré dans notre esprit, nous empêche souvent, malgré tous nos efforts, d'en bien apprécier la force et la valeur anciennes. Cette difficulté sera rendue sensible si nous prenons un mot qui ait été encore employé au XVIIe siècle avec sa valeur première : *gêner* par exemple. Le verbe « gêner » a eu d'abord le sens de *torturer*. Le sens actuel, très affaibli, nous empêche de goûter complètement les vers de Corneille où le mot se trouve encore avec l'ancien sens. Quand on entend Séleucus dire à Rodogune : « Ah ! que vous me gênez ! » on a peine à ne pas sourire. Que serait-ce si à chaque vers, presque à chaque mot, comme dans nos vieux poèmes, on se heurtait à des expressions ainsi défigurées par l'usage? Il y a là une cause de méprise contre laquelle un critique impartial ne saurait trop réagir.

Ce qui caractérise nos poèmes épiques du moyen âge au point de vue de la forme générale, c'est la division du récit en laisses. La laisse, appelée aussi couplet ou tirade, est au poème épique ce que le couplet est à la chanson dans le sens moderne du mot, ce que la strophe est à l'ode, mais elle diffère du couplet proprement dit et de la strophe en ce qu'elle contient un nombre indéterminé de vers, une quinzaine environ dans la chanson de Roland. Il arrive souvent que deux ou trois laisses successives répètent les mêmes idées dans les mêmes termes, en changeant seulement les mots qui terminent les vers pour amener une autre rime. C'est ce qu'on a appelé les *laisses similaires*. Quelquefois ces laisses presque identiques ne sont que des versions différentes d'une seule et même laisse primitive ; le remanieur ou le scribe les a réunies à la suite l'une de l'autre, au lieu de faire un choix entre elles. Mais le plus souvent les laisses similaires sont un véritable procédé littéraire, un moyen employé par le poète pour retenir l'attention du public sur les endroits importants du récit et pour redoubler son émotion dans les scènes pathétiques. J'ai constaté plus d'une fois que ces répétitions étaient d'un grand effet sur les auditeurs, et il me paraît invraisemblable qu'un pareil effet soit le résultat du hasard, comme il faudrait l'admettre si on considérait toutes les laisses similaires comme des négligences de copistes.

L'introduction de la Chanson de Roland dans l'enseignement secondaire était justifiée non seulement par le grand mérite littéraire de ce vieux poème, mais encore par sa haute valeur morale. Du premier au dernier vers, il respire un ardent amour de « douce France », un profond sentiment de l'honneur et du devoir. Nous ne pouvons nous dissimuler qu'aujourd'hui plus que jamais il importe de former les jeunes générations au culte de la patrie : en lisant la Chanson de Roland, en admirant les sentiments qui animent Roland et ses glorieux amis, elles apprendront à sentir comme eux, à servir leur pays sans défaillance, à « mieux aimer mourir que laisser honnir France. »

II. — LA LANGUE FRANÇAISE AU XIe SIÈCLE.

Nous nous proposons de donner ici la physionomie générale de la langue française telle qu'elle se présente à nous dans la Chanson de Roland (1).

Cet aperçu très succinct comprendra : 1° un tableau des flexions, 2° quelques notions de syntaxe. Nous y ajouterons les règles élémentaires de la versification épique.

SECTION I. — **Tableau des flexions.**

L'ARTICLE.

L'article se déclinait comme suit :

	Masculin.		Féminin.	
	Singulier.	*Pluriel.*	*Singulier.*	*Pluriel.*
Cas sujet	li	li	la	les
Cas régime	le	les		

(1) Pour l'explication de toutes les formes dont il sera question dans ce chapitre, voyez ma *Grammaire élémentaire de la vieille langue française*.

LES SUBSTANTIFS FÉMININS.

Comme aujourd'hui, les substantifs féminins n'avaient qu'un seul cas pour chaque nombre, et le pluriel prenait une *s*. Toutefois *soer* (sœur) se déclinait : cas sujet singulier *soer*, cas régime *soror*, pluriel *sorors ;* mais on trouve déjà *soer* employé au cas régime.

LES SUBSTANTIFS MASCULINS.

1° Les substantifs masculins prenaient généralement une *s* (quelquefois un *z*) au cas sujet singulier et au cas régime pluriel, et n'en prenaient pas au cas régime singulier et au cas sujet pluriel. On déclinait :

Singulier.	*Pluriel.*
Li murs = *le mur* (sujet).	Li mur = *les murs* (sujet).
Le mur = *le mur* (régime).	Les murs = *les murs* (régime).

2° Toutefois un certain nombre de substantifs avaient un cas sujet singulier très différent des trois autres cas. Ainsi le cas sujet singulier de *baron* était *ber*, et on déclinait :

Singulier.	*Pluriel.*
Li ber = *le baron* (sujet).	Li baron = *les barons* (sujet).
Le baron = *le baron* (régime).	Les barons = *les barons* (régime).

De même le cas sujet singulier de		
	home (homme)	était *hom.*
	conte (comte)	— *cuens.*
	emperedor (empereur)	— *emperédre.*
	compaignon	— *compaing.*
	nevot (neveu)	— *niés.*
	seignor	— *sire.*

3° Parmi les substantifs de la première catégorie (dont le radical était le même à tous les cas), un certain nombre, comme *frédre* (frère), *leon* (lion), avaient au singulier le cas sujet identique au cas régime (sans *s*). Plus tard on leur a donné une *s* au cas sujet singulier, par analogie avec les autres substantifs de la même catégorie. Mais au XIe siècle on déclinait :

Singulier.	*Pluriel.*
Li frédre = *le frère* (sujet).	Li frédre = *les frères* (sujet).
Lo frédre = *le frère* (régime).	Les frédres = *les frères* (régime).

Beaucoup de noms propres (dans notre texte, *Mahomet*, *Sanson*, etc.) avaient aussi le cas sujet identique au cas régime. Mais on a commencé de bonne heure à leur donner une *s* au cas sujet, ou à leur fabriquer un cas sujet analogue à celui des substantifs tels que *baron* (cas sujet *ber*). Le cas sujet de *Sanson* est devenu *Sanse*.

4° Par un procédé inverse de celui que nous venons de signaler, plusieurs noms propres ont reçu un cas régime en *on*. Ainsi on trouve *Charlon* à côté de *Charle*, comme cas régime de *Charles*. On peut voir aussi dans ces formes l'influence de l'accusatif latin en *um*. On trouve quelquefois la forme en *on* employée au cas sujet.

SUBSTANTIFS INDÉCLINABLES.

Les substantifs indéclinables se terminent par *s* ou *z* à tous leurs cas : *meis* (mois), *palais*, *voiz* (voix), *cors* (corps).

OBSERVATIONS GÉNÉRALES SUR LES SUBSTANTIFS.

La consonne finale du radical tombe souvent devant l'*s* ou le *z* de flexion. Ainsi *nés* sera le pluriel du substantif féminin *nef*; *bans* sera le cas sujet singulier ou le cas régime pluriel du substantif masculin *banc*; *jorz* sera le cas sujet singulier ou le cas régime pluriel de *jorn*.

Quand le radical se termine par *il* précédé d'une voyelle, l'*i* tombe souvent devant le *z* de flexion : *amirail* fait *amiralz* au cas sujet singulier et au cas régime pluriel.

Quand le radical se termine par une dentale, cette dentale forme un *z* avec l'*s* de flexion : *enfant*, *enfanz*.

PREMIÈRE DÉCLINAISON DES ADJECTIFS.

Singulier.

	Masculin.	*Féminin.*	*Neutre.*
Cas sujet :	dur s.	dur e.	dur.
Cas régime :	dur.		

Pluriel.

	Masculin.	*Féminin.*
Cas sujet :	dur.	dur es.
Cas régime :	dur s.	

Pour un certain nombre d'adjectifs de cette déclinaison, le féminin diffère du masculin non seulement par l'*e* de flexion, mais encore par la consonne finale du radical. Le radical *blanc* devient *blanch* dans *blanche*, *chantét* (participe passé de *chanter*) devient *chantéd* dans *chantéde.*

DEUXIÈME DÉCLINAISON DES ADJECTIFS.

Singulier.

	Masculin.	*Féminin.*	*Neutre.*
Cas sujet :	tel s. noble s.	tel. noble.	tel. noble.
Cas régime :	tel. noble.		

Pluriel.

	Masculin.	*Féminin.*
Cas sujet :	tel. noble.	tel s. noble s.
Cas régime :	tel s. noble s.	

Il faut bien remarquer que les adjectifs de cette catégorie qui n'ont pas d'*e* final au masculin n'en ont pas non plus au féminin : *une tel joie, de tels joies*. De même *grant, fort, reial,* etc.

ADJECTIFS INDÉCLINABLES.

Quelques adjectifs comme *francor* (des français), *paienor* (des païens), desquels il faut rapprocher l'adjectif possessif *lor* (d'eux, d'elles), sont entièrement invariables. D'autres, comme *glorios* (glorieux), etc., ayant le radical terminé par une *s*, sont indéclinables au masculin.

OBSERVATIONS GÉNÉRALES SUR LES ADJECTIFS.

Appliquer aux adjectifs les observations générales relatives à la déclinaison des substantifs.

ADJECTIFS ET PRONOMS DÉMONSTRATIFS.

SINGULIER.

	Masculin.	*Féminin.*
Cas sujet :	icist, cist, icil, cil (1).	iceste, ceste, icéle, céle.
Cas régime :	1° icest, cest, icel, cel. 2° celui.	

PLURIEL.

Cas sujet :	icist, cist, icil, cil.	icez, cez, icéles, céles.
Cas régime :	icez, cez, icels, cels.	

PRONOMS PERSONNELS.

Première et seconde personne, et forme réfléchie de la troisième.

SINGULIER.

Cas sujet : jo (=*je*), tu.
Cas régime : mei (=*moi*), me; tei (= *toi*), te; sei (= *soi*), se.

PLURIEL.

Cas unique : nos (= *nous*), vos (= *vous*).

Troisième personne.

SINGULIER.

	Masculin.	Féminin.	Neutre.
Cas sujet :	il	éle	il
Cas régime :	le, lui, li (=*lui*)	la, li	le

(1) Chacune de ces formes peut signifier *cet* (ou *ce*), *celui*, *celui-ci* ou *celui-là*, et au féminin : *cette*, *celle*, *celle-ci* ou *celle-la*. En outre, l'adjectif démonstratif est souvent employé avec une valeur démonstrative très affaiblie, et équivaut alors à l'article.

PLURIEL.

	Masculin.	Feminin.
Cas sujet :	il	éles.
Cas régime :	les, els (= *eux*), lor	les, éles, lor.

ADJECTIFS ET PRONOMS POSSESSIFS.

SINGULIER MASCULIN.

Cas sujet : mes (= *mon*), miens; tes (= *ton*), toens; ses (= *son*), soens; nostre; vostre; lor.

Cas régime : mon, mien; ton, toen; son, soen; nostre; vostre; lor.

PLURIEL MASCULIN.

Cas sujet : mi (= *mes*), mien; ti (= *tes*), toen; si (= *ses*), soen: nostre; vostre; lor.

Cas régime : mes, miens; tes, toens; ses, soens; noz; voz; lor.

SINGULIER FÉMININ.

Cas unique : ma, meie (= *mienne*); ta, toë; sa, soë; nostre; vostre, lor.

PLURIEL FÉMININ.

Cas unique : mes, meies (= *miennes*); tes, toës; ses, soës; noz; voz; lor.

PRONOM RELATIF ET INTERROGATIF.

Des deux nombres.

	MASCULIN ET FÉMININ.	NEUTRE.
Cas sujet :	qui.	que, quei (= *quoi*).
Cas régime :	que, cui (= *qui, à qui, que*).	

LE VERBE.

On trouvera au glossaire les temps des verbes *estre* et *aveir*, ainsi que les formes irrégulières. Nous donnons ci-après des paradigmes pour les différentes conjugaisons, à l'exception de la conjugaison inchoative qui n'offre aucune difficulté, et pour laquelle il n'y a à signaler que la présence de l'*s* devant le *t* à l'indicatif présent : « il garnist ».

Il importe de remarquer que les verbes à radical variable étaient plus nombreux dans l'ancienne langue qu'aujourd'hui. J'appelle « verbes à radical variable » ceux qui se conjuguent comme *mourir*, dont le radical est tantôt *meur*, tantôt *mour* (il *meurt*, nous *mour*ons). Pour ceux de ces verbes dont le radical a été uniformisé depuis, nous indiquerons au glossaire la double forme ancienne (par exemple *aim* et *am* pour *aimer*). L'une de ces formes est appelée tonique, l'autre atone. Le radical des verbes est tonique toutes les fois que la flexion est constituée uniquement par des consonnes ou lorsqu'il n'entre dans cette flexion d'autre voyelle que l'*e* dit muet. Ainsi, à l'indicatif présent, le radical est tonique aux trois personnes du singulier et à la troisième personne du pluriel. On conjuguait donc : « j'*aim*, tu *aim*-es, il *aim*-et, nos *am*-ons, vos *am*-ez, il *aim*-ent. »

VERBES EN *er* OU EN *ier*.

1° Porter.

Infinitif : port er.
Participe passé : port ét ; *féminin :* portéde.
Participe présent : port ant.

Le participe passé suit la première déclinaison des adjectifs, et le participe présent la seconde.

Gérondif : port ant.

Indicatif présent.	*Prétérit.*
Jo port (1).	Jo port ai.
Tu port es.	Tu port as.
Il port et.	Il port at.
Nos port ons.	Nos port ames.
Vos port ez.	Vos port astes.
Il port ent.	Il port érent.

Imparfait.
Il port out.
Nos port ïons.
Vos port iiez.

(1) A la première personne du singulier de l'indicatif et du subjonctif présent, la consonne finale du radical est quelquefois modifiée ; ainsi *demand-er* fait « jo demant ».

Futur.	*Conditionnel.*
Jo port erai.	Jo port ereie.
Tu port eras.	Tu port ereies.
Il port erat.	Il port ereit.
Nos port eromes, erons.	Nos port eriomes, erions.
Vos port ereiz, erez.	Vos port eriiez.
Il port eront.	Il port ereient.

Impératif.

Port e; port ons; port eiz, ez.

Présent du subjonctif.	*Imparfait du subjonctif.*
Que jo port (1).	Que jo port asse.
Que tu port s (2).	Que tu port asses.
Qu' il port t (3).	Qu' il port ast.
Que nos port ons.	Que nos port assons, issons.
Que vos port ez.	Que vos port assez, assiez, issiez.
Qu' il port ent.	Qu' il port assent.

2° Mostrer (*montrer*).

Les verbes dont le radical se termine par *r* ou *l* précédé d'une autre consonne (*mostr-er*, *entr-er*, *trobl-er*, etc.) prennent une flexion *e* à la première personne de l'indicatif présent et du subjonctif présent (*jo mostr-e*, *que jo mostr-e*) et *es*, *et*, au lieu de *s*, *t*, à la deuxième et à la troisième personne du singulier du subjonctif présent (*que tu mostr-es*, *qu'il mostr-et*).

3° Aidier (*aider*).

Ce verbe et les semblables ne diffèrent de *porter* qu'aux temps et personnes ci-dessous :

Infinitif : aid ier.
Participe passé : aid iét ; *féminin :* aidiéde.
Indicatif présent : vos aid iez.
Prétérit : il aid iérent.
Impératif : aid iez.

(1) Voy. page précédente, note 1.
(2) *Ports* écrit *porz*. Il en est de même pour tous les verbes dont le radical se termine par une dentale.
(3) Le *t* de la flexion se confond ici avec la dentale finale du radical : *port*.

VERBES EN *re*, *eir* ET *ir*.

Infinitif { perd re. / val eir. / serv ir.

Quelques verbes en *re* ont le radical terminé à l'infinitif par un *d* ou un *t* euphonique, qui n'appartient pas au vrai radical du verbe : ainsi *conoist-re*, dont le vrai radical est *conois*.

Participe passé { perd ut (*féminin :* perdude), condui t, pri s. / val ut, si s (de *sedeir*). / serv it (*féminin :* servide), ven ut, mor t.

Indicatif présent (1).

Jo pert.	Nos perd ons.
vail.	val ons.
serf.	serv ons.
Tu perd s (perz).	Vos perd ez.
val s.	val ez.
ser s.	serv ez.
Il perd t (pert).	Il perd ent.
val t.	val ent.
ser t.	serv ent.

Imparfait.

Jo perd eie.	Nos perd ïons.
val eie.	val ïons.
serv eie.	serv ïons.
Tu perd eies.	Vos perd iiez.
val eies.	val iiez.
serv eies.	serv iiez.
Il perd eit.	Il perd eient.
val eit.	val eient.
serv eit.	serv eient.

Prétérit.

1° Prétérits accentués sur la flexion à toutes les personnes.

Jo perd i.	Nos perd imes.
chad i (de *chadeir = choir*).	chad imes.
serv i.	serv imes.

(1) On remarquera que la consonne finale du radical peut être modifiée à la 1re personne de l'indicatif présent (*pert* au lieu de *perd*, *serf* au lieu de *serv*, *vail* au lieu de *val*), et qu'elle peut tomber devant l'*s* ou le *t* de flexion (*sers*, *sert*, au lieu de *servs*, *servt*).

Tu perd is.	Vos perd istes.
chad is.	chad istes.
serv is.	serv istes.
Il perd iét, it.	Il perd iérent, irent.
chad it.	chad irent.
serv it.	serv irent.

2° Prétérits accentués sur le radical aux 1re et 3e personnes du singulier et à la 3e du pluriel.

FORME EN *UI*.

Jo reçui (de *receivre*).	Nos rece ümes.
dui (de *deveir*).	de ümes.
Tu rece üs.	Vos rece üstes.
de üs.	de üstes.
Il reçut.	Il reçurent.
dut.	durent.

FORME EN *OI*.

Jo ploi (de *plaire*).	Nos plo ümes.
soi (de *saveir*).	so ümes.
Tu plo üs.	Vos plo üstes.
so üs.	so üstes.
Il plout.	Il plourent.
sout.	sourent.

FORME EN *I*.

Jo vi (de *vedeir*).	Nos ved imes.
Tu ved is.	Vos ved istes.
Il vit.	Il vid rent.

FORME EN *S*.

Jo di s (de *dire*).	Nos de simes.
ar s (de *ardeir*).	ar simes.
Tu de sis.	Vos de sistes.
ar sis.	ar sistes.
Il di st.	Il di strent.
ar st.	ar strent.

Futur et conditionnel.

Futur : Jo perd-rai, val-d-rai (1), dev-rai, od-rai (de *odir* = *ouir*), serv-irai.

(1) Le *d* est ici une consonne euphonique.

On trouve quelquefois des formes allongées comme « perd-*er*ai, dev-*er*ai ».

Dans les verbes à radical variable, c'est le radical atone qu'on doit avoir au futur et au conditionnel : « je *tend*rai », de « tenir ».

Conditionnel : Jo perd-reie, val-d-reie, dev-reie, od-reie, serv-ireie.

Quant aux désinences qui marquent les personnes du futur et du conditionnel, elles sont les mêmes pour les verbes en *re*, *eir*, *ir*, que pour les verbes en *er*, *ier*. On conjugue donc :

Futur.	*Conditionnel.*
Jo perd rai.	Jo perd reie.
Tu perd ras.	Tu perd reies.
Il perd rat.	Il perd reit.
Nos perd romes, rons.	Nos perd rïomes, rïons.
Vos perd reiz, rez.	Vos perd riiez.
Il perd ront.	Il perd reient.

Impératif.

Singulier : Pert, val, serf (1).

Le pluriel est emprunté au présent de l'indicatif ou du subjonctif.

Présent du subjonctif (2).

Que jo	perd	e.	Que nos	perd	ons.
	vaill	e.		vaill	ions (vaillons).
	serv	e.		serv	ions.
Que tu	perd	es.	Que vos	perd	ez.
	vaill	es.		vaill	iez.
	serv	es.		serv	iez.
Qu' il	perd	et.	Qu' il	perd	ent.
	vaill	et.		vaill	ent.
	serv	et.		serv	ent.

Imparfait du subjonctif.

La deuxième personne du singulier du prétérit de l'indicatif

(1) Appliquer aux formes *pert* et *serf* la note 1 de la page XXI.

(2) Les verbes dans lesquels la consonne finale du radical se mouille à la première personne de l'indicatif présent ont aussi la mouillure à toutes les personnes du subjonctif présent : *jo vail*, *que jo vaille*, *que tu vailles*, etc.

se termine toujours par *is* ou *us*. Pour avoir l'imparfait du subjonctif, il suffit d'ajouter à cette personne les désinences suivantes :

	Singulier.	*Pluriel.*
1re *pers.*	se.	sons.
2e *pers.*	ses.	sez, siez.
3e *pers.*	t.	sent.

Ainsi, la deuxième personne du prétérit de l'indicatif étant « tu desis » (verbe *dire*), l'imparfait du subjonctif sera : « que jo desisse, que tu desisses, etc. »

SECTION II. — **Notions de syntaxe.**

ORDRE DES MOTS.

Quand on lit pour la première fois un texte de vieux français, on est frappé de la facilité avec laquelle l'ancienne langue modifiait l'ordre des mots. A côté des inversions auxquelles a pu nous habituer la poésie française de l'époque classique, on en rencontre un bon nombre d'autres, qui nous étonnent davantage, et la plupart d'entre elles sont aussi usitées en prose qu'en poésie. Nous donnerons ici quelques exemples tirés de la *Chanson de Roland*, mais seulement pour les tournures les plus fréquentes.

Le sujet est souvent placé après le verbe et le régime avant :

La voldrat *il* chrestiiens devenir. (v. 155.)

Cordres at prise et *les murs* peceiiez,
Od ses chadables *les tors* en abatiét. (v. 97-98.)

Et sin avrez, *ço* cuit, de plus gentilz. (v. 150.)

Mes avoéz la vos sivrat, *ço* dit. (v. 153.)

Al Sarrazin qui *Sarragoce* tient. (v. 253.)

Dans le vers suivant, c'est le régime indirect (avec ellipse de la préposition *à*), qui est placé devant le verbe :

Marsilion me portast mon message. (v. 276.)

Un verbe à l'infinitif peut aussi précéder le verbe qui le régit :

> Hom qui la vait *repaidrier* ne s'en poet. (v. 293.)
>
> Puis quel comant, *aler* vos en estoet. (v. 300.)

Inversement, le pronom régime, qui se place aujourd'hui avant le verbe, peut être mis après :

> Colchet *s*'a terre, sin at Deu graciiét. (v. 2480.)

L'adjectif précède ou suit le nom sans que sa valeur en soit modifiée, et on le trouve avant quand nous le mettrions après, ou après quand nous le mettrions avant :

> En sa main tint une *vermeille* pome. (v. 386.)

Le pronom relatif peut être séparé de son antécédent :

> *Charles* me mandet, *qui* France at en baillie,
> Que..... (v. 488-489.)
>
> *Li nostre Deu* i ont fait felonie,
> *Qui* en bataille hui matin li faillirent. (v. 2600-2601.)

L'adverbe « y » peut suivre le verbe sans qu'il soit nécessaire que ce verbe soit à l'impératif :

> Iert *i* ses niés li cuens Rollanz, ço creit. (v. 575.)

Le vers que nous venons de citer renferme aussi un exemple de sujet placé après le verbe (*ses niés li cuens Rollanz*), et un exemple de régime placé devant le verbe (*ço*).

Le même adverbe « y » peut être placé après « en » :

> Des Frans de France *en i* at plus de mil. (v. 177.)

Nous dirions aujourd'hui : « il *y en* a... »

EMPLOI DU CAS SUJET ET DU CAS RÉGIME. — EMPLOI DU NEUTRE.

La liberté dont usait l'ancienne langue pour la disposition des mots tenait en partie à l'existence des deux cas. En effet, grâce à la déclinaison des noms et adjectifs, on distinguait facilement le sujet du régime. Aux vers 3108-3109, Charlemagne s'adressant à Dieu lui dit : « Accorde-moi, s'il te plaît, cette faveur,

Que mon nevot puisse vengier Rollant. »

Au premier abord, on peut supposer que *mon nevot* (*mon neveu*) est le sujet de *puisse*. Mais le cas sujet singulier de *mon* est *mes*, et le même cas de *nevot* est *niés* ; il faudrait donc « mes niés » au lieu de « mon nevot ». Le vrai sujet de *puisse* est *jo* (*je*) sous-entendu, et *mon nevot* doit être joint à *Rollant* (1). Entendez : « que je puisse venger mon neveu Roland. »

Aux vers 456 et suivants, Ganelon dit : « Pour rien au monde je ne renoncerais à dire à Marsile

Que Charlemaignes li reis podestedis
Par mei li mandet son mortel enemi. »

On peut être tenté de comprendre : « ce que Charlemagne le roi puissant, qui est son mortel ennemi, lui mande par moi ». Mais il faudrait alors que « son mortel ennemi » fût au cas sujet comme « Charlemagne », et on aurait : « ses mortels enemis ». Ces trois mots étant au cas régime ne peuvent se rapporter qu'à *li* (*lui*) ou à *mei* (*moi*) ; le sens de la phrase indique qu'on doit les joindre à *li*, et il faut traduire : « ce que Charlemagne lui mande, à lui qui est son mortel ennemi. »

On a dû remarquer, dans le tableau des flexions, que les adjectifs de l'ancienne langue avaient une forme neutre. Le neutre s'employait toutes les fois que l'adjectif se rapportait à un pronom neutre, comme par exemple vers 1004 :

Sonent mil graisle por ço que plus *bel* seit.

C'est-à-dire : « Mille clairons sonnent pour que *ce* soit plus *beau.* » *Bel* se rapporte au pronom neutre sous-entendu. Si le sujet était masculin, il faudrait mettre l'adjectif au cas sujet masculin : *bels*.

(1) Remarquez d'autre part que la troisième personne du subjonctif de *podeir* (= *pouvoir*) serait *puisset* et non *puisse*.

ELLIPSES.

La fréquence des ellipses (1) et des pléonasmes est un des caractères principaux de l'ancienne syntaxe.

— Les exemples d'ellipse de l'article sont très nombreux. En voici deux, pris au hasard (nous imprimons en italiques les mots devant lesquels on mettrait aujourd'hui l'article):

> Iço vos mandet *reis* Marsilies li ber. (v. 125.)
>
> Et tote *Espaigne* tendrat par vostre don. (v. 224.)

Inversement, on trouve quelquefois l'article dans des cas où nous ne l'emploierions pas :

> Un mort sor altre a *la* terre jeter. (v. 1971.)
>
> N'en at vertut, trop at perdut de*l* sanc. (v. 2229.)

L'article s'employait aussi devant les noms de nombre exprimant une partie d'un nombre total déterminé :

> Des doze pers *li dis* en sont ocis. (v. 1308.)

Nous dirions sans article : « Des douze pairs, *dix* sont tués. »

> *As quatre* estorz lor est avenut bien,
> Li quinz après lor est pesanz et griés. (v. 1686-87.)

Littéralement : « *Aux* quatre attaques ils ont été heureux, mais la cinquième leur fut fatale. » Nous supprimerions l'article, ou nous ajouterions « premières » à *quatre.*

Cet emploi de l'article devant les noms de nombre partiels se retrouve jusque dans Corneille :

> J'avais pris cinq bateaux pour tout mieux ajuster :
> *Les quatre* contenaient quatre chœurs de musique.
> (*Le Menteur*, I, 5.)

— Ellipse de « de » partitif :

> N'i at *chastel* qui devant lui remaignet. (v. 4.)
>
> N'avrez mais *guerre* en tote vostre vide. (v. 595.)

(1) J'entends par « ellipse » non seulement la suppression accidentelle d'un mot qui aurait pu être employé, mais encore le non-emploi habituel et régulier de tel ou tel mot, par exemple de l'article dans les cas où l'ancienne langue ne l'employait jamais.

— Ellipse du pronom personnel sujet (nous imprimons en italiques le verbe dont le sujet n'est pas exprimé) ;

> Dient paiien : De ço *avons* assez. (v. 77.
> Nes *poet* guarder que alques ne l'*engignent*. (v. 95.)
> Le glorios que *devons* adorer. (v. 124.)
> En quel mesure en *podrai* estre fiz? (v. 146.)
> Nel *ferez* certes, dist li cuens Oliviers. (v. 255.)
> Charles comandet que *face* son servise. (v. 319.)
> Et *dit* al rei : De quei *avez* pesance? (v. 832.)

— Ellipse du pronom démonstratif neutre sujet :

> Charles respont : Molt grant viltét me semblet. (v. 3595.)

— Ellipse des pronoms régimes directs « le, la, les » à côté de « li » (*lui*) :

> Li reis *li* donet, et Rollanz le reçut. (v. 782.)

Traduisez : « Le roi *le lui* donne. »

> Si *li* tramist li amiralz Galafres,
> En Val Metas *li* donat uns diables. (v. 1663-64.)

Traduisez : « ...*le lui* transmit... *le lui* donna... »

> Enmi le vis *li* at faite descendre. (v. 3920.)

Traduisez : « ...*la lui* a... »

— Ellipse du pronom relatif (nous imprimons en italiques le mot devant lequel devrait être placé le pronom relatif) :

> En la citét nen at remés paiien
> *Ne* seit ocis o devient chrestiiens. (v. 101-102.)

Entendez : « *qui* ne soit occis... »

> Car m'eslisez un baron de ma marche,
> *Marsilion* me portast mon message. (v. 275-76.)

Entendez : « *qui* à Marsile puisse porter mon message. »

— Ellipse de la conjonction *que* :

Tant par ſut bels, *tuit* si per l'en esguardent. (v. 306.)

Entendez : « Il était si beau *que* tous ses pairs le regardent. »

Mielz est *sols* moerge que tant bon bacheler. (v. 359.)

Traduisez : « Il est mieux *que* je meure seul.... »

Et si vos mandet reis Marsilies li ber,
De l'algalife nel devez pas blasmer. (v. 680-81.)

Respont Marsilies : Or *diet*, nos l'odrons. (v. 424.)

— Ellipse des prépositions « de » et « à » :

Hom sui *Rollant*, jo ne le dei laissier. (v. 801.)

C'est-à-dire : « Je suis l'homme *de* Roland. »

Si me direz *Charlemaigne* le rei
Por le soen Deu qu'il ait mercit de mei. (v. 81-82.)

C'est-à-dire : « Vous me direz *à* Charlemagne... »

Mandez *Charlon*, a l'orgoillos, al fier,
Fedeilz servises..... (v. 28-29.)

C'est-à-dire : « Mandez *à* Charles, etc. »

Ne bien ne mal *son* nevot ne respont. (v. 216.)

Entendez : « Ni bien ni mal *à* son neveu il ne répond. »

Ço respont Guènes : Ne placet *damne* Deu ! (v. 358.)

C'est-à-dire : Ne plaise *au* Seigneur Dieu ! »

PLÉONASMES.

— Pléonasme du pronom personnel sujet ou régime :

Li cuenz Rollanz il l'at et prise et fraite. (v. 663.)

Ja *nel* dirat de France l'empere̋dre
Que sols i moerge... (v. 447-448.)

Littéralement : « L'empereur ne *le* dira pas *que je meure seul*, etc. »

Vostre olifant soner vos *nel* deignastes. (v. 1101.)

Littéralement : « *Votre olifant* vous ne *le* daignâtes pas sonner. »

— Pléonasme des adverves « y, là, en ».

En cort a rei molt *i* avez estét. (v. 351.)

Littéralement : « *En cour de roi* vous *y* avez beaucoup été. »

Enz en voz bainz que Deus por vos i fist
La voldrat il chrestiiens devenir (1). (v. 154-155.)

Littéralement : « *Dans les bains que Dieu y fit pour vous, là* il voudra devenir chrétien. »

De cez paroles, que vos avez ci dit,
En quel mesure *en* podrai estre fiz? (v. 145-146.)

SYNTAXE DU VERBE.

Concordance des temps.

Chez nos vieux auteurs les temps du passé et le présent historique sont sans cesse mélangés :

Tant par *fut* bels, tuit si per l'en *esguardent*. (v. 306.)

Quand l'*ot* Rollanz, si *començat* a ridre. (v. 323.)

Quant l'*ot* Marsilies, si l'*at baisiét* el col. (v. 601.)

Ço *dit* li reis que sa guerre *out finéde*. (v. 705.)

Puis que il *viénent* a la Terre Maior,
Vidrent Guascoigne la terre lor seignor. (v. 818-819.)

(1) Il y a dans cet exemple un second pléonasme, c'est celui de l'adjectif possessif *voz* employé concurremment avec *por vos*.

Les exemples pourraient être multipliés. Aussi n'avons-nous pas cru nécessaire de corriger le manuscrit d'Oxford dans les vers tels que le 3609 : « Mais Deus ne *volt* qu'il *seit* morz ne vencuz. » Il serait facile de remplacer le prétérit *volt* par le présent *voelt;* mais l'auteur de la chanson de Roland a très bien pu dire : « Dieu ne voulut pas qu'il soit tué. »

Emploi des modes.

L'*infinitif* est souvent employé pour l'impératif :

Et dist al rei : Or ne vos *esmaiier*. (v. 27.
Sire compaing, amis, nel *dire* ja ! (v. 1113.
Damnes Deus pédre, n'en *laissier* honir France ! (v. 2337.)

Le *gérondif* peut être employé sans la préposition *en :*

Corant i vint Margariz de Sibilie. (v. 955.)

C'est ainsi qu'il est souvent joint au verbe « aller », qui devient alors un véritable auxiliaire. « Aller chantant » signifie simplement *chanter*, tandis que, de nos jours, cette locution impliquerait l'idée du mouvement. On employait de même le participe présent joint à l'auxiliaire « être ». Voici quelques exemples :

Seignor baron, nen *alez mespensant !*
Por Deu vos pri que ne *seiiez fuiant!* (v. 1472-73.)

Car chevalchiez ! Por *qu'alez arestant?* (v. 1783.)

Il ne faut pas oublier que le gérondif est invariable, tandis que le participe présent suit la seconde déclinaison des adjectifs.

Le *participe passé* joint à l'auxiliaire « avoir » peut s'accorder avec le régime direct qui suit ou qui est placé entre le participe et l'auxiliaire :

Esperons d'or at en ses piez fermez,
Ceinte Murglais s'espéde a son costét. (v. 345-346.)

Li reis Marsilies *at la color mudéde*,
De son atgier *at la hanste crollède.* (v. 441-442.)
Devant Marsilie *at faite sa vantance.* (v. 911.)

On trouve aussi le participe s'accordant abusivement avec un substantif qui se rattache à un autre verbe :

Charles en at l'amore, mercit Deu,
En l'orie pont *l'at* *faite* manovrer. (v. 2505-2506.)

Del brant d'acier l'amore li presentet.....
Enmi le vis li *at faite* descendre. (v. 3918-3920.)

Dans ce dernier exemple, « faite » s'accorde avec le pronom *la* sous-entendu (1), qui est le sujet de l'infinitif « descendre ».

Montesquieu a fait le même accord abusif dans la phrase suivante : « La simplicité des lois les a *faites* souvent méconnaître. »

L'*indicatif* peut être employé dans des cas où nous mettrions le *subjonctif*, et inversement :

En la citét n'en a remés paiien
Ne seit ocis o *devient* chrestiiens. (v. 101-102.)

Quant tu iés morz, dolor est que jo *vif.* (v. 2030.)

S'en ma mercit ne se *colzt* a mes piez
Et ne *guerpisset* la lei de chrestiiens,
Jo li toldrai la corone del chief. (v. 2682-2684.)

C'est parce que le verbe *cuidier* (qui signifie *penser*) gouvernait le subjonctif qu'on trouve le verbe *chadeir* (*choir*) à l'imparfait du subjonctif dans le vers suivant :

Cuidas li guanz me *chadist* en la place. (v. 764.)

Nous dirions aujourd'hui : « Tu *pensais* que le gant me *tomberait* des mains. » C'est toujours l'imparfait du subjonctif qui correspond au conditionnel présent dans les propositions subordonnées qui exigent l'emploi du subjonctif : « Je ne pense pas qu'il *vint*, même si on l'en priait. »

(1) Voyez ci-dessus ce que nous disons de l'ellipse des pronoms régimes directs à côté de *li*.

En dehors du cas dont nous venons de parler, c'est-à-dire dans une proposition non subjonctive, l'imparfait du subjonctif peut avoir la valeur d'un conditionnel présent ou d'un conditionnel passé :

Mais li cuens Guènes iloec ne *volsist* estre. (v. 332.)

La *vedissez* tanz chevaliers plorer! (v. 349.)

Le *deüssez* escolter et odir. (v. 455.)

La conjonction *se* (*si*) peut être supprimée devant un subjonctif ayant la valeur d'un conditionnel :

Fust chrestiiens, assez oüst barnét. (v. 899.)

Emploi de quelques temps.

— On trouve assez souvent le prétérit employé là où nous mettrions l'imparfait :

Un faldestoel i *out* fait tot d'or mier
La siét li reis..... (v. 115-116.)

En sa main *tint* une vermeille pome :
Tenez, bels sire, dist Rollanz à son oncle. (v. 386-387.

Vos *fustes* filz al riche duc Reinier,
Qui tint la marche de Gènes et Rivier. (v. 2208-2209.)

— Comme le passé antérieur est formé avec le prétérit de l'auxiliaire, et le plus-que-parfait avec l'imparfait, il résulte de l'emploi du prétérit pour l'imparfait qu'on trouvera aussi le passé antérieur pour le plus-que-parfait :

Vint i ses niés, *out vestude* sa broigne,
Et *out predét* dejoste Carcasoigne. (v. 384-385.)

Le passé antérieur peut encore avoir la valeur d'un simple passé :

Dient paiien : si marc *fumes nét!* (v. 2146.)

Que jo ai fait des l'hore que *nez fui*. (v. 2371.)

— Le futur antérieur peut être employé quand on parle d'une

action déjà commencée ou même déjà passée. Il suffit qu'on veuille indiquer l'antériorité de l'action relativement à un moment futur exprimé ou non. Ainsi Ganelon, sur le point de se battre jusqu'à la mort contre Marsile, exprime cette idée que Charlemagne ne *pourra* pas lui reprocher d'être mort seul, et comme il pense à ce moment futur, il peut dire en s'adressant à son épée :

Tant vos *avrai* en cort a rei *portéde.*

C'est-à-dire : « Je vous *aurai* tant *portée* dans une cour royale, que... » au lieu de : « je vous ai tant portée. » De même dans Corneille :

Je verrai les lauriers d'un frère ou d'un mari
Fumer encor du sang que j'*aurai* tant *chéri.*

Roland, s'adressant à son épée au moment de la briser, lui dit aussi :

Molt larges terres de vos *avrai conquises.*

VIEUX GALLICISMES.

On trouvera dans le glossaire l'explication des vieux gallicismes qu'emploie la chanson de Roland (1). Nous signalerons seulement ici les locutions telles que « Espagne la terre, France le regnét » au lieu de « la terre d'Espagne, le regnét de France ». On rencontre d'ailleurs aussi : « de France le regnét ».

On remarquera encore l'emploi de la conjonction *que* devant la proposition qui exprime l'hypothèse qu'on repousse, après « il est mieux » ou « il vaut mieux », etc.

Assez est mielz qu'il perdent les chiés,
Que nos perdons l'honor ne la deintiét. (v. 44-45.)

Mielz voeil morir *que* hontages m'ataignet. (v. 1091.)

(1) On y trouvera en général toutes les remarques de syntaxe que nous avons pu y faire entrer. Le glossaire complète donc ces notions élémentaires.

Nous dirions aujourd'hui : « *que si* nous devions perdre l'honneur, *que si* la honte devait m'atteindre », ou bien nous tournerions la phrase de manière à amener un infinitif précédé de *que de* : « J'aime mieux mourir *que de* m'exposer au déshonneur. »

SECTION III. — **La versification.**

La chanson de Roland est écrite en vers de dix syllabes; la césure est placée au quatrième pied. On sait que l'ancienne versification admettait après la césure, comme à la fin du vers, une voyelle muette qui ne comptait pas, *même quand cette voyelle ne pouvait pas être élidée* :

1 2 3 4 5 6 7 8 9 10
Taut chevalchié-rent Guènes et Blanchandrins.

Les chansons de geste sont divisées en laisses (sur ce mot voyez ci-dessus page XII) (1), et tous les vers d'une même laisse assonent entre eux. L'assonance diffère de la rime en ce qu'elle porte seulement sur la voyelle tonique des mots, et non sur les consonnes qui suivent cette voyelle : ainsi *confondre* assonera avec *oncle*, *avoir* avec *courtois* ou avec *soi*, etc. On trouvera plus loin, page 147, un tableau des assonances de la *Chanson de Roland*. Les assonances sont masculines quand l'accent tonique est placé sur la dernière syllabe des mots, par exemple dans la laisse qui commence au vers 24, dans celle qui commence au vers 62, etc. Les assonances sont féminines quand l'accent tonique est placé sur l'avant dernière syllabe, autrement dit quand les mots se terminent par une syllabe contenant un *e* muet, comme dans la première laisse de la *Chanson de Roland*.

L'hiatus était admis dans l'ancienne versification, et l'élision était souvent facultative. Ainsi on lira, sans élision, au vers 269 :

Et *jo* irai al Sarrazin espan.

(1) Dans le ms. d'Oxford de la *Chanson de Roland*, à la fin de beaucoup de laisses on trouve le mot « aoi », qui paraît être une sorte de refrain.

Et avec élision, au vers 290 :

> *J'i* puis aler, mais n'i avrai guarant.

Comparez encore les deux vers suivants :

> Dient paien : de *ço* avons assez. (v. 77.)
>
> Ço dist Rollanz : *c'*iert Guènes, mes padastre. (v. 277.)

Les exemples que nous venons de citer montrent que l'*o* des mots proclitiques *ço* et *jo*, s'élidait comme un *e* muet. On trouve aussi quelquefois élidé l'*i* de l'article ou du pronom *li*, et celui du pronom relatif *qui :*

> Franc chevalier, dist *l'*emperédre Charles, (v. 274.)
>
> Guènes respont : « Jo ne sai veirs nul home,
> Ne mais Rollant, *qu'*encore en avrat honte (v. 381-382.)

Le *t* final qui suivait alors l'*e* muet dans les troisièmes personnes du singulier ne faisait pas obstacle à l'élision, ce qui prouve qu'on commençait à ne plus le prononcer :

> De noz Franceis m'i sembl(et) aveir molt poi (v. 1050.)
>
> Passet li jorz, si torn(et) a la vespréde. (v. 3560.)

Mais ailleurs *et* muet final compte pour une syllabe devant un mot commençant par une voyelle :

> Voeill*et* o non, tot i laisset son tens. (v. 1419.)

LA

CHANSON DE ROLAND

ANALYSE ET TEXTE

I.

Dès les premiers vers, l'auteur de la Chanson de Roland nous transporte brusquement au milieu des événements. C'est là une des lois naturelles de l'épopée ; Horace l'a formulée en un vers qui est dans toutes les mémoires, et les auteurs de nos plus vieilles chansons de geste, sans connaître Horace, l'ont fidèlement observée.

Charlemagne est resté sept ans en Espagne. Une seule ville tient encore contre lui, c'est Saragosse. Elle est au pouvoir du roi sarrazin Marsile, qui n'aime pas Dieu et adore Mahomet et Apollon. Mais le malheur va l'atteindre. Telle est la substance de la première laisse. — Il faut remarquer que l'imagination populaire du moyen âge se représentait les Sarrazins comme des idolâtres, et leur attribuait trois dieux : Mahomet ou Mahom (les deux formes se trouvent dans la Chanson de Roland), Apollon et Tervagan.

Charles li reis, nostre emperédre maignes,
Set anz toz pleins at estét en Espaigne.
Tresqu'en la mer conquist la terre haltaigne ;
N'i at chastel qui devant lui remaignet,

Murs ne citét n'i est remés a fraindre
Fors Sarragoce, qui 'st en une montaigne.
Li reis Marsilies la tient, qui Deu nen aimet :
Mahomét sert et Apollin reclaimet.
Nes poet guarder que mals ne li ataignet.

II.

Le roi Marsile se rend dans un lieu ombragé où des degrés de marbre conduisent au siège royal. Il y prend place, et appelle près de lui ses ducs et ses comtes : « Mon armée, leur dit-il, est impuissante à repousser Charlemagne, que dois-je faire? » Blanchandrin prend alors la parole et conseille au roi de tromper Charles par une soumission feinte, de lui envoyer de riches présents, des ours, des lions, des chiens, sept cents chameaux, mille oiseaux de chasse, quatre cents mulets chargés d'or et d'argent : Marsile promettra à l'Empereur de se rendre à Aix-la-Chapelle, à la prochaine fête de Saint-Michel, pour se convertir à la foi chrétienne et prêter le serment féodal. Au besoin dix ou vingt otages seront sacrifiés ; Blanchandrin offre d'envoyer son propre fils. Il jure par sa main droite et par sa barbe que le stratagème aura plein succès, et que Charles regagnera la France. Marsile trouve le conseil bon. Blanchandrin et neuf autres barons sont chargés de porter le message de paix à Charlemagne, qui est au siège de Cordres [1], et s'ils réussissent à éloigner les Français, le roi leur promet or et argent, terres et fiefs, tant qu'ils en voudront. Les messagers montent sur dix mules blanches aux freins d'or et aux selles d'argent, et se dirigent vers le camp français, tenant à la main des branches d'olivier en signe de paix et d'humilité.

Li reis Marsilies esteit en Sarragoce.
Alez en est en un vergier soz l'ombre ;
Sor un pedron de marbre bloi se colchet :

1. Cordres est présentée dans la Chanson de Roland comme étant à proximité de Saragosse. Ce ne peut donc être Cordoue, à moins d'une confusion géographique de l'auteur.

Environ lui at plus de vint milie homes.
Il en apèlet et ses dus et ses contes :
« Odez, seignor, quels pechiez nos encombret :
Li emperédre Charles de France dolce
En cest païs nos est venuz confondre.
Jo nen ai ost qui bataille li doinset,
Nen ai tel gent qui la soë derompet.
Conseilliez mei come mi saive home;
Sim guarissez et de mort et de honte. »
N'i at paiien qui un sol mot respondet,
Fors Blanchandrin del chastel de Val Fonde.
Blanchandrins fut des plus saives paiiens,
De vasselage fut assez chevaliers,
Prodhome i out por son seignor aidier;
Et dist al rei : « Or ne vos esmaiier.
Mandez Charlon, a l'orgoillos, al fier,
Fedeilz servises et molt granz amistiez :
Vos li donrez ors et leons et chiens,
Set cenz chameilz et mil ostors mudiers,
D'or e d'argent quatre cenz muls chargiez,
Cinquante charres qu'en ferat charreiier;
Bien en podrat loér ses soldediers ;
En ceste terre at assez osteiiét,
En France ad Ais s'en deit bien repaidrier.
Vos le sivrez a feste saint Michiel,
Si recevrez la lei de chrestiiens,
Serez ses hom par honor et par bien.
S'en voelt ostages, é ! vos l'en enveiiez
O dis o vint, por lui afidancier.
Enveions i les filz de noz moilliers ;
Par nom d'ocidre enveierai le mien :
Assez est mielz qu'il i perdent les chiés,
Que nos perdons l'honor ne la deintiét,

Ne nos seions conduit a mendeiier. »
Dist Blanchandrins : « Par ceste meie destre,
Et par la barbe qui al piz me ventèlet,
L'ost des Franceis vedrez sempres desfaire;
Franc s'en iront en France la lor terre.
Quant chascuns iert a son meillor repaidre,
Charles serat ad Ais a sa chapèle;
A saint Michiel tendrat molt halte feste.
Vendrat li jorz, si passerat li termes,
N'odrat de nos paroles ne novèles.
Li reis est fiers, et ses corages pesmes,
De noz ostages ferat trenchier les testes:
Assez est mielz que la vide il i perdent,
Que nos perdons clére Espaigne la bèle,
Ne nos aions les mals ne les sofraites. »
Dient paiien : « Issi poet il bien estre. »
Li reis Marsilies out son conseil finét.
Sin apelat Clarin de Balaguer,
Estramarin et Eudropin son per,
Et Priamon et Guarlan le barbét,
Et Machiner et son oncle Maheu,
Et Joïmer et Malbien d'oltre-mer,
Et Blanchandrin, por la raison conter.
Des plus felons dis en at apelez :
« Seignor baron, a Charlemaigne irez;
Il est al siége a Cordres la citét.
Branches d'olive en voz mains porterez,
Ço senefiet paiz et humilitét.
Par voz saveirs sem podez acorder,
Jo vos donrai or et argent assez,
Terres et fieus tant com vos en voldrez. »
Dient paiien : « De ço avons assez. »
Li reis Marsilies out finét son conseil.

Dist a ses homes : « Seignor, vos en ireiz,
Branches d'olive en voz mains portereiz ;
Si me direz Charlemaigne le rei
Por le soen Deu qu'il ait mercit de mei :
Ainz ne vedrat passer cest premier meis
Que jol sivrai od mil de mes fedeilz,
Si recevrai la chrestiiéne lei,
Serai ses hom par amor et par feit.
S'il voelt ostages, il en avrat par veir. »
Dist Blanchandrins : « Molt bon plait en avreiz. »
Dis blanches mules fist amener Marsilies,
Que li tramist li reis de Suatilie.
Li frein sont d'or, les sèles d'argent mises.
Cil sont montét qui le message firent ;
Enz en lor mains portent branches d'olive.
Vindrent a Charle qui France at en baillie :
Nes poet guarder que alques ne l'engignent.

III.

Le poète nous transporte près de Charlemagne : l'empereur est tout joyeux de la prise récente de Cordres (voyez page 2), où ses chevaliers ont trouvé riche butin. Il est assis dans un lieu planté d'arbres, sous un pin, près d'un églantier ; son siège est tout en or. Quinze mille Français sont avec lui ; les chevaliers assis sur des tapis blancs jouent au tric-trac et aux échecs, les bacheliers se livrent à l'escrime. C'est alors qu'arrive l'ambassade de Marsile. Après que Blanchandrin s'est acquitté de son message, Charlemagne fait dresser une tente où les envoyés passent la nuit. Le lendemain, l'empereur entend messe et matines ; puis il va s'asseoir sous un pin et mande ses barons pour tenir son conseil. Il expose les propositions de Marsile. Le comte Roland, neveu de Charlemagne, qui prend le premier la parole, rappelle que Marsile a déjà commis une trahison : il avait sollicité la paix par une ambassade semblable, et Charlemagne, sur l'avis de son conseil, lui avait envoyé deux de ses comtes, Basan et Basile ; Marsile les fit mettre à mort dans les montagnes d'Haltoïe [1]. Roland conclut qu'il faut repousser toute proposition de paix et marcher sur Saragosse. Après lui, Ganelon, son beau-père (c'est-à-dire le mari de sa mère), émet un avis contraire, auquel se range le duc Naimes, et que tous les Français approuvent. Il ne s'agit plus que de désigner l'envoyé qui ira porter à Marsile la réponse de Charlemagne et qui recevra à cet effet le gant et le bâton symboliques. Naimes, Roland, son ami Olivier s'offrent successivement. Charlemagne les fait rasseoir, et jure par sa barbe et ses moustaches qu'aucun des douze pairs ne sera chargé de la mission. L'archevêque de Reims, Turpin, est repoussé à son tour par l'empereur, qui demande aux Français d'élire le messager : Roland propose son beau-père Ganelon, et ce choix est ratifié aussitôt par l'assemblée.

Après le vers 136, à la fin du message de Blanchandrin, il doit y avoir une lacune de trois vers, comme cela résulte de la quatrième laisse suivante, où Charlemagne rapporte ce message à ses barons. D'après cette laisse et d'après un autre manuscrit de la chanson, les trois vers omis peuvent être restitués ainsi :

Si recevrat la lei que vos tenez.
Jointes ses mains iert vostre comandez,
De vos tendrat Espaigne le regnét.

Après le vers 241, il doit manquer aussi un vers, qui contenait la proposition d'envoyer un ambassadeur à Marsile, proposition à laquelle il est fait allusion dans la laisse suivante. Ce vers peut être restitué ainsi d'après le manuscrit de Venise :

De voz barons ore li mandez un.

Li emperédre se fait et balz et liez :
Cordres at prise et les murs peceiiez,
Od ses chadables les tors en abatiét.
Molt grant eschiec en ont si chevalier,

1. Cette histoire de Basan et de Basile était racontée dans une autre chanson de geste, dont nous possédons un remaniement sous le titre de « *La prise de Pampelune*. »

D'or et d'argent et de guarnemenz chiers.
En la citét nen at remés paiien
Ne seit ocis o devient chrestiiens.
Li emperédre est en un grant vergier ;
Ensembl' od lui Rollanz et Oliviers,
Sanson li dus et Anseïs li fiers,
Jofreiz d'Anjou, le rei gonfanoniers,
Et si i furent et Gerins et Geriers.
La ou cist furent, des altres i out bien ;
De dolce France i at quinze miliers.
Sor pailles blans siédent cil chevalier,
As tables joënt por els esbaneiier,
Et as eschiés li plus saive et li vieil,
Et escremissent cil bacheler legier.
Desoz un pin, delez un aiglentier,
Un faldestoel i out fait tot d'or mier :
La siét li reis qui dolce France tient.
Blanche at la barbe et tot florit le chief,
Gent at le cors et le contenant fier.
S'est quil demandet, ne l'estoet enseignier.
Et li message descendirent a piét,
Sil saludérent par amor et par bien.

Blanchandrins at tot premerains parlét,
Et dist al rei : « Salvez seiiez de Deu,
Le glorios, que devons adorer !
Iço vos mandet reis Marsilies li ber :
Enquis at molt la lei de salvetét,
De son aveir vos voelt assez doner,
Ors et leons, veltres enchadeignez,
Set cenz chameilz et mil ostors mudez,
D'or e d'argent quatre cenz muls trossez,
Cinquante charres que charreiier ferez.
Tant i avrat de besanz esmerez,

Dont bien podrez vos soldediers loér.
En cest païs avez estét assez,
En France ad Ais bien repaidrier devez,
La vos sivrat, ço dit, mes avoéz. »
Li emperédre tent ses dous mains vers Deu,
Baisset son chief, si comencet a penser.

Li emperédre en tint son chief enclin.
De sa parole ne fut mie hastis,
Sa costume est qu'il parolet a leisir.
Quant se redrécet, molt par out fier lo vis;
Dist as messages : « Vos avez molt bien dit.
Li reis Marsilies est molt mes enemis.
De cez paroles que vos avez ci dit
En quel mesure en podrai estre fiz ?
— Ço 'st par ostages, ço dist li Sarrazins,
Dont vos avrez o dis o quinze o vint.
Par nom d' ocidre i metrai un mien fil,
Et sin avrez, ço cuit, de plus gentilz.
Quant vos serez el palais seignoril
A la grant feste saint Michiel del Peril,
Mes avoéz la vos sivrat, ço dit.
Enz en voz bainz que Deus por vos i fist,
La voldrat il chrestiiens devenir. »
Charles respont : « Encor podrat guarir. »

Bels fut li vespres et li soleilz fut clers.
Les dis mulez fait Charles establer;
El grant vergier fait li reis tendre un tref,
Les dis messages at fait enz hosteler;
Doze serjant les ont bien conredez.
La nuit demorent tresque vint al jorn cler.
Li emperédre est par matin levez ;
Messe et matines at li reis escoltét.
Desoz un pin en est li reis alez,

Ses barons mandet por son conseil finer :
Par cels de France voelt il del tot edrer.
Li emperédre s'en vait desoz un pin,
Ses barons mandet por son conseil fenir.
Ogiers i vint, l'arcevesques Turpins,
Richarz li vielz od son nevot Henri,
Et de Gascoigne li proz cuens Acelins,
Tedbalz de Reins et Miles ses cosins,
Et si i furent et Geriers et Gerins.
Ensembl' od els li cuens Rollanz i vint,
Et Oliviers li proz et li gentilz ;
Des Frans de France en i at plus de mil.
Guènes i vint, qui la tradison fist.
Des or comencet li conseilz qui mal prist.
« Seignor baron, dist l' emperédre Charles,
Li reis Marsilies m'at tramis ses messages ;
De son aveir me voelt doner grant masse,
Ors et leons et veltres chadeignables,
Set cenz chameilz et mil ostors mudables,
Quatre cenz mulz chargiez de l'or d'Arabe,
Avoec iço plus de cinquante charres.
Mais il me mandet que en France m'en alge ;
Il me sivrat ad Ais a mon estage,
Si recevrát la nostre lei plus salve,
Chrestiiens iert, de mei tendrat ses marches.
Mais jo ne sai quels en est ses corages. »
Dient Franceis : « Il nos i covient guarde ! »
Li emperédre out sa raison fenide.
Li cuens Rollanz, qui ne l' otreiet mie,
En piez se drécet, si li vint contredire.
Il dist al rei : « Ja mar credrez Marsilie.
Set anz at pleins qu' en Espaigne venimes ;
Jo vos conquis et Noples et Commibles,

Pris ai Valterre et la terre de Pine,
Et Balaguer et Tudèle et Sezilie.
Li reis Marsilies i fist molt que traditre :
De ses paiiens il vos enveiat quinze,
Chascuns portout une branche d'olive,
Nonciérent vos cez paroles medismes.
A voz Franceis un conseil en presistes,
Lodérent vos alques de legerie.
Dous de voz contes al paiien tramesistes,
L'uns fut Basans et li altre Basilies :
Les chiés en prist es puis soz Haltodide.
Faites la guerre com vos l'avez emprise,
En Sarragoce menez votre ost banide,
Metez le siége a tote vostre vide,
Si vengiez cels que li fel fist ocidre. »
Li emperédre en tint son chief embronc,
Si duist sa barbe, afaitat son gernon,
Ne bien ne mal son nevot ne respont.
Franceis se taisent, ne mais que Guenelon ;
En piez se drécet, si vint devant Charlon,
Molt fierement comencet sa raison,
Et dist al rei : « Ja mar credrez bricon,
Ne mei ne altre, se de vostre prot non.
Quant ço vos mandet li reis Marsilïon
Qu'il devendrat jointes ses mains vostre hom,
Et tote Espaigne tendrat par vostre don,
Puis recevrat la lei que nos tenons,
Qui ço vos lodet que cest plait dejetons,
Ne li chalt, sire, de quel mort nos morions.
Conseilz d'orgoeil n'est dreiz que a plus mont.
Laissons les fols, as sages nos tenons. »
Après iço i est Naimes venuz :
Meillor vassal n'aveit en la cort nul.

Et dist al rei : » Bien l'avez entendut,
Guènes li cuens ço vos at respondut ;
Saveir i at, mais qu'il seit entenduz.
Li reis Marsilies est de guerre vencuz ;
Vos li avez toz ses chastels toluz,
Od voz chadables avez froissiét ses murs,
Ses citez arses et ses homes vencuz.
Quant il vos mandet qu'aiiez mercit de lui,
Pechiét fereit qui donc li fesist plus,
Se par ostages vos voelt faire seür.
Ceste grant guerre ne deit monter a plus. »
Dient Franceis : « Bien at parlét li dus. »
« Seignor baron, cui i enveierons,
En Sarragoce al rei Marsilïon ? »
Respont dus Naimes : « J' irai par vostre don ;
Livrez m'en ore le guant et le baston. »
Respont li reis : « Vos estes saives hom ;
Par ceste barbe et par cest mien gernon,
Vos n'irez pas oan de mei si loing.
Alez sedeir quant nuls ne vos somont. »
« Seignor baron, cui podrons enveiier
Al Sarrazin qui Sarragoce tient ? »
Respont Rollanz : « J' i puis aler molt bien.
— Nel ferez certes, dist li cuens Oliviers,
Vostre corages est molt pesmes et fiers,
Jo me crendreie que vos vos meslissiez.
Se li reis voelt, jö i puis aler bien. »
Respont li reis : « Andoi vos en taisiez,
Ne vos ne il n'i porterez les piez.
Par ceste barbe que vedez blancheiier,
Li doze per mar i seront jugiét ! »
Franceis se taisent, es les vos aqueisiez.
Turpins de Reins en est levez del renc,

Et dist al rei : « Laissiez ester voz Frans.
En cest païs avez estét set anz,
Molt ont oüt et peines et ahans.
Donez m'en, sire, le baston et le guant,
Et jo irai al Sarrazin Espan,
Sin vois vedeir alques de son semblant. »
Li emperédre respont par maltalent :
« Alez sedeir desor cel paille blanc ;
Ne parlez mais, se jo nel vos comant. »
« Franc chevalier, dist l'emperédre Charles,
Car m'eslisez un baron de ma marche,
Marsilïon me portast mon message. »
Ço dist Rollanz : « C' iert Guènes, mes padrastre. »
Dient Franceis : « Car il le poet bien faire.
Se lui laissiez, n'i trametrez plus saive. »

IV.

Ganelon n'est point un lâche, comme il le montrera plus tard (vers 441 à 485); mais la mission qui lui est confiée est particulièrement dangereuse. Lorsque Roland invoquait la triste fin de Basan et de Basile (voyez ci-dessus pages 5-6) pour repousser les propositions de Marsile, Ganelon avait dédaigné cet argument. Chargé de la même mission que ces deux infortunés, il commence à redouter leur sort, et, comme il doit à Roland ce périlleux honneur, il en conçoit une vive irritation contre lui et contre tous ses amis, Olivier et les douze pairs, et il manifeste très vivement l'intention de se venger d'eux. Il s'attendrit à la pensée de sa femme (la sœur de Charlemagne et la mère de Roland) et de son fils Baudouin, qu'il ne revrera peut-être plus, et il les recommande à l'Empereur. Lorsque Roland lui propose d'aller à sa place vers les Sarrazins, il repousse fièrement cette offre, et sa colère redouble quand il voit que Roland s'en rit. Charlemagne lui remet une lettre pour Marsile avec son gant droit et le bâton symbolique (voyez ci-dessus, page 6), mais au moment de recevoir le gant, il le laisse tomber à terre, et les Français voient dans cet incident un présage malheureux. Ganelon se rend à son campement, revêt ses meilleures armes, chausse ses éperons d'or, ceint son épée Murglais, et monte sur son cheval Tachebrun. Ses chevaliers pleurent autour de lui, et lui demandent de les emmener; mais il répond qu'il veut mourir seul. Puis il part.

Après le vers 330, il doit manquer une laisse, où Charlemagne chargeait Ganelon du message oral qu'il remplira plus tard devant Marsile (vers 425 et suivants).

Ço dist li reis : « Guènes, venez avant;
Si recevez le baston et le guant.
Odit l' avez, sor vos le jugent Franc.
— Sire, dist Guènes, ço at tot fait Rollanz.
Ne l'amerai a trestot mon vivant,
Ne Olivier, por ço qu' est ses compaing,
Les doze pers, por ço qu'il l'aiment tant.
Desfi les en, sire, vostre veiant. »
Ço dist li reis : « Trop avez maltalent.
Or irez vos certes quant jol comant.
— J' i puis aler, mais n'i avrai guarant;
Nul out Basilies ne ses frédre Basans. »
« En Sarragoce sai bien qu' aler m'estoet ;
Hom qui la vait repaidrier ne s'en poet.
Ensorquetot si ai jo vostre soer,
Sin ai un fil, ja plus bels n'en estoet :
Ço 'st Baldevins ; se vit, il iert prozhoem.
A lui lais jo mes honors et aloez,
Guardez le bien, ja nel vedrai des oelz. »
Charles respont : « Trop avez tendre coer.
Puis quel comant, aler vos en estoet. »
Et li cuens Guènes en fut molt angoissables ;
De son col jiétet ses grandes pels de martre,
Et est remés en son blialt de paille.

Vairs out les oelz et molt fier le visage,
Gent out le cors et les costez out larges ;
Tant par fut bels, tuit si per l'en esguardent.
Dist a Rollant : « Tot fols, por quei t'esrages ?
Ço sét hom bien que jo sui tes padrastre.
Si as jugiét qu'a Marsilïon alge !
Se Deus ço donet que jo de la repaidre,
Jo t'en movrai un si molt grant contraire,
Qui durerat a trestot ton edage. »
Respont Rollanz : « Orgoeil oi et folage.
Ço sét hom bien, n'ai cure de menace.
Mais saives hom i deit faire message :
Se li reis voelt, prez sui por vos le face. »

Guènes respont : « Por mei n'iras tu mie.
Tu n'iés mes hom, ne jo ne sui tes sire.
Charles comandet que face son servise :
En Sarragoce en irai a Marsilie.
Ainz i ferai un poi de legerie
Que jo n'esclair ceste meie grant ire. »
Quant l'ot Rollanz, si començat a ridre.

Quant ço veit Guènes qu'ore s'en rit Rollanz,
Donc at tel doel, por poi d'ire ne fent.
A bien petit que il ne pert le sens,
Et dit al conte : « Jo ne vos aim nïent :
Sor mei avez tornét fals jugement.
Dreiz emperédre, vedez mei en present,
Ademplir voeil vostre comandement. »

Li emperédre li tent son guant le destre ;
Mais li cuens Guènes iloec ne volsist estre ;
Quant le dut prendre, si li chadit a terre.
Dient Franceis : « Deus ! que podrat ço estre !
De cest message nos avendrat grant perte.
— Seignor, dist Guènes, vos en odrez novèles. »

« Sire, dist Guènes, donez mei le congiét ;
Quant aler dei, n'i ai plus que targier. »
Ço dist li reis : « Al Jesu et al mien ! »
De sa main destre l'at asols et seigniét,
Puis li livrat le baston et le brief.
Guènes li cuens s'en vait a son hostel,
De guarnemenz se prent a conreder,
De ses meillors que il pout recovrer.
Esperons d'or at en ses piez fermez,
Ceinte Murglais s'espéde a son costét,
En Tachebrun son destrier est montez,
L'estreu li tint ses oncles Guinemers.
La vedissez tanz chevaliers plorer,
Qui tuit li dient : « Tant mare fustes, ber !
En cort a rei molt i avez estét,
Noble vassal vos i soelt hom clamer.
Qui ço jujat que deüssez aler,
Par Charlemaigne n'iert guariz ne tensez.
Li cuens Rollanz nel se deüst penser,
Que estraiz estes de molt grant parentét. »
Emprès li dient : « Sire, car nos menez. »
Ço respont Guènes : « Ne placet damne Deu !
Mielz est sols moerge que tant bon bacheler.
En dolce France, seignor, vos en irez,
De meie part ma moillier saludez,
Et Pinabel, mon ami et mon per,
Et Baldevin, mon fil, que vos savez,
Et lui aidiez, et por seignor tenez. »
Entret en sa veie, si s'est acheminez.

V.

Ganelon chevauche sous de hauts oliviers. Il a rejoint les messagers sarrazins qui retournent vers Marsile; mais Blanchandrin et lui restent en arrière de la troupe, et causent entre eux. « Charles est un homme merveilleux, dit Blanchandrin, il a fait de belles conquêtes, il a forcé l'Angleterre à payer tribut au pape [1]; mais pourquoi vient-il nous chercher querelle dans notre pays? — C'est son neveu Roland qui l'y pousse, répond Ganelon. Il est avide de conquêtes, et les Français, qui lui doivent tant de riches butins, lui sont tout dévoués. C'est l'homme le plus orgueilleux du monde. Un jour, près de Carcassonne, il a offert une pomme à Charlemagne en lui disant : « Je vous présente les couronnes de tous les rois. » Si quelqu'un le tuait, nous aurions la paix. » C'est ainsi que Ganelon est amené à exprimer devant un Sarrasin son désir de voir périr Roland. Le poète ne nous fait pas connaître la suite de cette conversation, dont les détails auraient sans doute froissé les sentiments des auditeurs. Par un artifice digne d'une littérature plus raffinée, au lieu de s'attarder dans le récit pénible de la trahison, il nous la présente comme accomplie : « Tant chevauchèrent, dit-il, Ganelon et Blanchandrin, qu'ils s'engagèrent leur foi l'un à l'autre. » On arrive à Saragosse. Sous un pin se trouve placé le trône de Marsile, couvert d'un tapis d'Alexandrie. Autour du roi vingt mille hommes se tiennent silencieux, impatients d'apprendre des nouvelles de l'ambassade. Blanchandrin, tenant Ganelon par la main, s'avance vers Marsile, qu'il salue au nom de Mahomet et d'Apollon et auquel il présente l'envoyé de Charles. Ganelon salue le roi au nom de Dieu, et s'acquitte exactement de son message : Charlemagne accepte les propositions de paix, mais Marsile n'aura en fief que la moitié de l'Espagne (l'autre doit être pour Roland), et si le roi païen venait à manquer à ses promesses, il serait pris et lié, conduit à Aix-la-Chapelle, et mis à mort. A ces paroles de menace, Marsile, qui tenait à la main un javelot garni d'or, veut en frapper Ganelon. Celui-ci met la main à son épée et déclare qu'il vendra chèrement sa vie. Les Sarrasins retiennent leur roi et le décident à se rasseoir et à écouter jusqu'au bout. « Pour tout l'or du monde, dit Ganelon, je ne manquerais à la

1. Il est presque inutile de faire remarquer que les conquêtes de Charlemagne auxquelles il est fait allusion ici et ailleurs sont, la plupart du moins, purement légendaires. Plusieurs d'entre elles étaient racontées dans d'autres chansons de gestes. Quelques-unes de ces chansons existent encore, les autres sont perdues.

mission dont je suis chargé. » Il jette son manteau à terre. Puis, l'épée à la main, il répète son message et remet au roi la lettre de Charlemagne. Marsile, pâle de colère, brise le sceau de cire et lit : l'empereur lui rappelle la mort de Basan et de Basile (voyez pages 5-6) et lui demande comme otage son oncle le calife. Indigné, le fils de Marsile prie son père de lui livrer Ganelon, qui aussitôt brandit son épée et va s'appuyer contre le pin pour faire face à l'ennemi. Mais les Sarrasins, instruits par Blanchandrin, vont changer de sentiments pour l'envoyé de Charles.

Il doit manquer deux vers après le vers 432 et un après le vers 433. Le sens de ces vers omis est donné par la troisième laisse suivante (vers 473, 474 et 476), où Ganelon répète son message.

Guènes chevalchet soz une olive halte,
Assemblez s'est as sarrazins messages.
Mais Blanchandrins dejoste lui s'atarget.
Par grant saveir parolet l' uns a l'altre.
Dist Blanchandrins : « Merveillos hom est Charles,
Qui conquist Poille et trestote Calabre ;
Vers Engleterre passat il la mer salse,
Ad oes saint Piédre en conquist le chevage.
Que nos requiert ça en la nostre marche ? »
Guènes respont : « Itels est ses corages.
Jamais n'iert hom qui encontre lui vaillet. »
Dist Blanchandrins : « Franc sont molt gentil home.
Molt grant mal font et cil duc et cil conte
A lor seignor, qui tel conseil li donent :
Lui et altrui travaillent et confondent. »
Guènes respont : « Jo ne sai veirs nul home,
Ne mais Rollant, qu' encore en avrat honte.
Hier main sedeit l' emperédre soz l'ombre ;
Vint i ses niés, out vestude sa broigne,
Et out predét dejoste Carcasoigne ;

En sa main tint une vermeille pome :
« Tenez, bels sire, dist Rollanz a son oncle,
De trestoz reis vos present les corones. »
Li soens orgoelz le devreit bien confondre,
Car chascun jorn a mort si s'abandonet.
Seit qui l' ocidet, tuit paiz puis avrïomes. »
Dist Blanchandrins : « Molt est pesmes Rollanz,
Qui tote gent voelt faire recredant,
Et totes terres met en chalengement.
Et par quel gent cuidet il espleitier tant ? »
Guènes respont : « Par la franceise gent.
Il l'aiment tant ! Ne li faldront nïent.
Or et argent lor met tant en present,
Muls et destriers, pailles et guarnemenz.
Li emperédre at tot a son talent,
Conquerrat li d'ici qu'en orient. »
Tant chevalchiérent Guènes et Blanchandrins,
Que l'uns a l'altre la soë feit plevit,
Que il querreient que Rollanz fust ocis.
Tant chevalchiérent et veies et chemins
Qu' en Sarragoce descendent soz un if.
Un faldestoel out soz l'ombre d'un pin,
Envolepét d'un paille alexandrin :
La fut li reis qui tote Espaigne tint,
Tot entorn lui vint milie Sarrazin ;
N'i at celui qui mot sont ne mot tint,
Por les novèles qu' il voldreient odir.
Atant es vos Guènes et Blanchandrins.
Blanchandrins vint devant Marsilïon.
Par le poing tint le conte Guenelon,
Et dist al rei : « Sals seiiez de Mahom
Et d'Apollin, cui saintes leis tenons !
Vostre message fesimes a Charlon :

Ambes ses mains en levat contremont,
Lodat son Deu, ne fist altre respons.
Ci vos enveiet un soen noble baron,
Qui est de France ; si est molt riches hom.
Par lui odrez si avrez pais o non. »
Respont Marsilies : « Or diet, nos l'odrons. »
Mais li cuens Guènes se fut bien porpensez ;
Par grant saveir comencet a parler,
Come celui qui bien faire le sét,
Et dist al rei : « Salvez seiiez de Deu,
Le glorios, cui devons adorer !
Iço vos mandet Charlemaignes li ber,
Que receviez sainte chrestïentét.
Demi Espaigne vos voelt en fieu doner.
Se ceste acorde otreiier ne volez,
Pris et leiiez serez par podestét,
Al siége ad Ais en serez amenez,
Par jugement serez iloec finez,
La morrez vos a honte et a viltét. »
Li reis Marsilies en fut molt esfredez.
Un atgier tint, qui d'or fut empenez,
Ferir l'en volt, se n'en fust destornez.
Li reis Marsilies at la color mudéde,
De son atgier at la hanste crolléde.
Quant le vit Guènes, mist la main a l'espéde,
Contre dous deiz l'at del foedre jetéde,
Si li at dit : « Molt estes bèle et clére ;
Tant vos avrai en cort a rei portéde,
Ja nel dirat de France l' emperédre
Que sols i moerge en l'estrange contréde ;
Ainz vos avront li meillor comperéde. »
Dient paiien : « Desfaimes la meslède ! »
Tant li preiiérent li meillor Sarrazin

Qu'el faldestoel s'est Marsilies assis.
Dist l'algalifes : « Mal nos avez baillit,
Que le Franceis asmastes a ferir.
Le deüssez escolter et odir.
— Sire, dist Guènes, mei l' enuiet a sofrir.
Jo ne lairreie, por tot l'or que Deus fist,
Por tot l'aveir qui seit en cest païs,
Que ne li die, se tant ai de leisir,
Que Charlemaignes li reis podestedis
Par mei li mandet son mortel enemi. »
Afublez est d'un mantel sabelin,
Qui fut coverz d'un paille alexandrin :
Jiétet l' a terre, sil receit Blanchandrins.
Mais de s'espéde ne volt mie guerpir,
En son poing destre par l'orie pont la tint.
Dient paiien : « Noble baron at ci. »

Envers le rei s'est Guènes aproismiez,
Si li at dit : « A tort vos corrociez ;
Car ço vos mandet Charles, qui France tient,
Que receviez la lei de chrestiiens.
Demi Espaigne vos donrat il en fieu ;
L'altre meitiét avrat Rollanz ses niés :
Molt i avrez orgoillos parçonier.
Se ceste acorde ne volez otreiier,
En Sarragoce vos vendrat assegier :
Par podestét serez pris e leiiez,
Menez serez tot dreit ad Ais le siét ;
Vos n'i avrez palefreit ne destrier,
Ne mul ne mule que poissiez chevalchier :
Jetez serez sor un malvais somier ;
Par jugement iloec perdrez le chief.
Nostre emperédre vos enveiet cest brief. »
El destre poing l'at livrét al paiien.

Marsilies fut escolorez de l' ire.
Fraint le seel, jetét en at la cire,
Guardet al brief, vit la raison escrite:
« Charles me mandet, qui France at en baillie,
Que me remembre de sa dolor et ire,
Ço 'st de Basan et son frédre Basilie,
Dont pris les chiés as puis de Haltodide.
Se de mon cors voeil aquiter la vide,
Donc li envei mon oncle l'algalife,
O altrement ne m'amerat il mie. »
Après parlat ses filz envers Marsilie,
Et dist al rei : « Guènes at dit folie.
Tant vos at dit, nen est dreiz que plus vivet;
Livrez le mei, j'en ferai la justise. »
Quant l'odit Guènes, l'espéde en at brandide,
Vait s'apoiier soz le pin a la tige.

VI.

Marsile s'éloigne sous les arbres avec ses meilleurs hommes. Blanchandrin lui annonce alors que Ganelon est gagné aux intérêts sarrazins; puis il l'amène au roi. On va régler les conditions de la trahison, mais on n'en parle pas tout d'abord ouvertement. Marsile commence par faire des excuses pour son mouvement de colère, et donne au traître, en réparation, des peaux de martre qui valent plus de cinq cents livres d'or. « Parlons un peu de Charlemagne, ajoute-t-il ; il doit être bien vieux, il doit avoir plus de deux cents ans! Quand sera-t-il fatigué de combattre? — Charles, répond Ganelon, n'est pas tel que vous le dites : aucune parole ne saurait donner l'idée de sa valeur! Il ne cessera de guerroyer tant que vivra son neveu Roland. — Je pourrais, dit Marsile, combattre avec quatre cent mille chevaliers. — N'en faites rien, réplique Ganelon, cette fois encore vous seriez vaincu. Mais envoyez à Charles de riches présents et vingt otages; il reprendra le chemin de France, laissant derrière lui son arrière-garde où sera, je crois bien, le comte

Roland et son ami Olivier. Si l'on veut m'en croire, les deux comtes sont morts, et jamais plus Charlemagne ne vous fera la guerre. » Puis il donne des conseils plus précis : il faudra livrer deux batailles successives à l'arrière-garde ; lassé par la première, Roland ne pourra résister à la seconde, engagée par les Sarrazins avec des troupes fraîches. La trahison est scellée par un double serment. Sur les reliques que contient le pommeau de son épée, Ganelon jure qu'il fera tous ses efforts pour que Roland soit à l'arrière-garde, et, s'il y est, pour éloigner de lui tout secours. Puis on apporte et on place sur un siège d'ivoire le livre de Mahomet et de Tervagan (voyez page 1), et sur ce livre Marsile jure à son tour de combattre l'arrière-garde avec toute son armée.

Enz el vergier s'en est alez li reis,
Ses meillors homes en meinet ensembl' od sei :
Et Blanchandrins i vint, al chanut peil,
Et Jorfaleus, qui 'st ses filz et ses heirs,
Et l'algalifes, ses oncles et ses fedeilz.
Dist Blanchandrins : « Apelez le Franceis.
De nostre prot m'at plevide sa feit. »
Ço dist li reis : « E vos l'i ameneiz ! »
Guenelon prist par la main destre as deiz,
Enz el vergier l'en meinet josqu'al rei.
La porparolent la tradison senz dreit.
« Bels sire Guènes, ço li at dit Marsilies,
Jo vos ai fait alques de legerie,
Quant por ferir vos demostrai grant ire.
Faz vos en dreit par cez pels sabelines,
Mielz en valt l'ors que ne font cinc cenz livres.
Ainz demain nuit bèle en iert l'amendise. »
Guènes respont : « Jo nel desotrei mie.
Deus, se lui plaist, a bien le vos mercidet ! »
Ço dist Marsilies : « Guènes, par veir credez,
En talent ai que molt vos voeille amer.

De Charlemaigne vos voeil odir parler :
Il est molt vielz, si at son tens usét?
Mien escïent, dous cenz anz at passét :
Par tantes terres at son cors demenét,
Tanz cols at pris sor son escut bocler,
Tanz riches reis conduit a mendistiét!
Quant iert il mais recredanz d'osteiier? »
Guènes respont : « Charles n'est mie tels.
N'est hom quil veit et conoistre le sét,
Que ço ne diet que l'emperédre est ber.
Tant nel vos sai ne preisier ne loder,
Que plus n'i at d'honor et de bontét.
Ses granz valors quis podreit aconter?
De tel barnage l'at Deus enluminét,
Mielz voelt morir que guerpir son barnét. »

Dist li paiiens : « Molt me puis merveillier
De Charlemaigne qui est chanuz et vielz.
Mien escïentre, dous cenz anz at et mielz.
Par tantes terres at son cors travailliét,
Tanz cols at pris de lances et d'espiez,
Tanz riches reis conduiz a mendistiét!
Quant iert il mais recredanz d'osteiier?
— Ço n'iert, dist Guènes, tant com vivet ses niés :
N'at tel vassal soz la chape del ciel.
Molt par est proz ses compaing Oliviers.
Li doze per, que Charles at tant chiers,
Font les enguardes a vint mil chevaliers.
Seürs est Charles, que nul home ne crient. »

Dist li paiiens : « Merveille en ai jo grant,
De Charlemaigne qui est chanuz et blans.
Mien escïentre, plus at de dous cenz anz.
Par tantes terres est alez conquerant,
Tanz cols at pris de bons espiez trenchanz,

Tanz riches reis morz et vencuz en champ!
Quant iert il mais d'osteiier recredanz?
— Ço n'iert, dist Guènes, tant com vivet Rollanz :
N'at tel vassal d'ici qu'en Orient.
Molt par est proz Oliviers ses compaing.
Li doze per, que Charles aimet tant,
Font les enguardes a vint milie de Frans.
Seürs est Charles, ne crient home vivant. »
« Bels sire Guènes, dist Marsilies li reis,
Jo ai tel gent, plus bèle ne vedreiz.
Quatre cenz milie chevaliers puis aveir :
Puis m'en combatre a Charle et a Franceis. »
Guènes respont : « Ne mie a ceste feiz!
De voz paiiens molt grant perte i avreiz.
Laissiez folie, tenez vos al saveir.
L'emperedor tant li donez aveir,
N'i ait Franceis qui tot ne s'en merveilt.
Par vint ostages, que li enveiereiz,
En dolce France s'en repairrat li reis;
Sa redreguarde lairrat deriédre sei :
Iert i ses niés li cuens Rollanz, ço creit,
Et Oliviers, li proz et li corteis.
Mort sont li conte, se est qui mei en creit.
Charles vedrat son grant orgoeil chadeir,
N'avrat talent que jamais vos guerreit. »
« Bels sire Guènes, ço dist li reis Marsilies,
Confaitement podrai Rollant ocidre? »
Guènes respont : « Ço vos sai jo bien dire :
Li reis serat as meillors porz de Sizre,
Sa redreguarde avrat detrés sei mise :
Iert i ses niés li cuens Rollanz li riches,
Et Oliviers, en cui il tant se fidet;
Vint milie Frans ont en lor compaignie.

De voz paiiens lor enveiiez cent milie.
Une bataille lor i rendent cil primes :
La gent de France iert bleciéde et blesmide.
Nel di por ço des voz n'ait la martirie.
Altre bataille lor livrez de medisme :
De quel que seit Rollanz n'estordrat mie.
Donc avrez faite gente chevalerie,
N'avrez mais guerre en tote vostre vide. »
« Qui podreit faire que Rollanz i fust morz,
Donc perdreit Charles le destre braz del cors.
Si remandreient les merveilloses oz,
N'assemblereit jamais si grant esforz,
Terre Maior remandreit en repos. »
Quant l'ot Marsilies, si l'at baisiét el col.
Puis si comencet ad ovrir ses tresors.
Ço dist Marsilies : « Qu'en parlerai jo mais ?
Conseilz n'est proz dont hom seürs nen est :
La tradison me jurrez s'il i est. »
Ço respont Guènes : « Issi seit com vos plaist. »
Sor les reliques de s'espéde Murglais
La tradison jurat. Si s'est forsfaiz.
Un faldestoel i out d'un olifant.
Marsilies fait porter un livre avant,
La lei i fut Mahom et Tervagan :
Sor lui jurat li Sarrazins Espans,
S'en redreguarde troevet le cors Rollant,
Combatrat sei a trestote sa gent,
Et, se il poet, morrat i veirement.
Guènes respont : « Bien seit nostre covenz ! »

VII.

Deux des principaux barons de Marsile font de beaux cadeaux à Ganelon et l'embrassent sur la joue et sur la bouche. Le premier lui donne une riche épée, l'autre un heaume. La reine Bramimonde lui remet aussi pour sa femme deux colliers ornés de pierres précieuses ; il s'empresse de les serrer dans sa botte. Les présents et les otages destinés à Charles sont bientôt prêts. Marsile, tenant Ganelon par l'épaule, lui rappelle le serment qu'il a prêté, et promet de lui envoyer chaque année dix mulets chargés d'or. Puis il lui donne, pour qu'il les présente à l'empereur, les clefs de Saragosse, et Ganelon reprend le chemin du camp français.

Atant i vint uns paiiens, Valdabrons :
Icil levat le rei Marsilïon;
Cler en ridant l'at dit a Guenelon:
« Tenez m'espéde, meillor n'en at nuls hom,
Entre les helz at plus de mil mangons :
Par amistiét, bels sire, la vos doins,
Que nos aidiez de Rollant le baron,
Qu'en redreguarde trover le podussons.
— Bien serat fait », li cuens Guènes respont ;
Puis se baisiérent es vis et es mentons.
Après i vint uns paiiens, Climborins ;
Cler en ridant a Guenelon l'a dit:
« Tenez mon helme, onques meillor ne vi.
Si nos aidiez de Rollant le marchis,
Par quel mesure le podussons honir.
— Bien serat fait, » Guènes li respondit ;
Puis se baisiérent es boches et es vis.
Puis la reïne i vint, ço 'st Bramimonde :
« Jo vos aim molt, sire, dist éle al conte,
Car molt vos priset mes sire et tuit si home.
A vostre femme enveierai dous nosches,
Bien i at or, matistes et jaconces,
Et valent mielz que toz l'aveirs de Rome :
Vostre emperédre si bones n'en out onques. »

Il les at prises, en sa hoese les botet.
Li reis apèlet Malduit son tresorier :
« L'aveirs Charlon est il apareilliez ? »
Et cil respont : « Oïl, sire, assez bien :
Set cent chameil d'or et d'argent chargiét,
Et vint ostage des plus gentilz soz ciel. »
Marsilies tint Guenelon par l'espalle,
Si li at dit : « Molt par iés ber et sages.
Par céle lei que vos tenez plus salve,
Guardez de nos ne tornez le corage !
De mon aveir vos voeil doner grant masse,
Dis muls chargiez del plus fin or d'Arabe.
Jamais n'iert anz altretel ne vos face.
Tenez les clés de ceste citét large,
Le grant aveir presentez al rei Charle,
Puis me jugiez Rollant a redreguarde.
Sel puis trover a port ne a passage,
Liverrai lui une mortel bataille. »
Guènes respont : « Mei est vis que trop targe. »
Puis est montez, entret en son veiage.

VIII.

L'empereur a commencé son mouvement de retraite. Il est à Valtierra, ville jadis conquise par Roland, où il attend le retour de Ganelon. Un matin, après avoir entendu messe et matines, il se tenait dans un pré devant sa tente, au milieu de ses barons, lorsque Ganelon arrive pour rendre compte de sa mission. Comme il n'amène pas le calife, que Charlemagne réclamait dans sa lettre à Marsile (voyez page 17), il raconte que celui-ci, ne voulant pas se convertir, s'est embarqué avec trois cent mille hommes pour quitter l'Espagne, et qu'une tempête a détruit toute sa flotte en vue des côtes. L'empereur félicite Ganelon, et on lève le camp. Le poète nous montre alors les Français s'acheminant vers la France, suivis à distance par quatre cent mille païens : « Dieu ! quel malheur qu'ils ne le sachent pas ! » Cette nuit-là Charlemagne vit en songe Ganelon qui s'emparait entre ses mains d'une lance en bois de frêne et qui la brisait en mille éclats. Dans un autre songe il se voyait en France, à Aix-la-Chapelle, aux prises avec un ours et un léopard, lorsqu'un lévrier arrivait au galop, coupait une oreille à l'ours, et livrait combat au léopard, sous les yeux des Français inquiets. L'empereur aura plus tard un songe semblable et de même signification dans la nuit qui suivra la mort de Roland (voyez page 93) Le lendemain, devant les défilés des Pyrénées, Charlemagne demande à ses barons de désigner celui d'entre eux qui sera chargé de l'arrière-garde : « Ce sera Roland mon beau-fils, dit Ganelon, et Ogier le Danois commandera l'avant-garde. » L'empereur est courroucé contre Ganelon. Quant à Roland, il voit bien que son beau-père l'a désigné par vengeance pour ce poste dangereux, et il s'irrite, non sans doute contre le danger, mais contre l'action de Ganelon. Il le remercie d'abord ironiquement, puis il l'insulte, lui rappelant qu'il a laissé tomber le gant[1] devant Charles (voyez page 13). L'empereur donne son arc à son neveu. Puis il veut lui laisser la moitié de son armée. Roland n'accepte que vingt mille hommes, mais dans cette arrière-garde figurent les douze pairs et l'archevêque Turpin; Gautier de l'Hom est chargé d'occuper avec mille hommes les défilés et les tertres. Cependant l'armée de Charles passe les Pyrénées. Arrivés en vue de la Gascogne, les Français pleurent d'attendrissement en pensant à leurs domaines, à leurs filles et à leurs femmes, qu'ils vont revoir après une longue absence. L'empereur pleure aussi en pensant à son neveu Roland, qu'il a laissé à l'arrière-garde ; il cache sa douleur sous son manteau, et il confie au duc Naimes, qui chevauche près de lui, ses tristes pressentiments.

Après le vers 796, il doit manquer un vers, qui se trouve dans les autres manuscrits, et qui ajoute Ive et Ivoire à l'énumération des barons qui suivent Roland.

1. Les vers 765 et 770, dans le manuscrit d'Oxford, disent : le bâton. Mais la laisse qui contient le vers 765 est peut-être interpolée, et le texte du vers 770 se prête à une correction facile, que nous avons faite.

Li emperédre apruismet son repaidre
Venuz en est a la cit de Valterre.
Li cuens Rollanz il l'at et prise et fraite
Puis icel jorn en fut cent anz deserte.
De Guenelon atent li reis novèles,
Et le treüt d'Espaigne la grant terre.
Par main en l'albe, si com li jorz esclairet,
Guènes li cuens est venuz as herberges.

Li emperédre est par matin levez.
Messe et matines at li reis escoltét,
Sor l'herbe verte estat devant son tref.
Rollanz i fut et Oliviers li ber,
Naimes li dus et des altres assez.
Guènes i vint, li fel, li parjurez ;
Par grant veisdie comencet a parler,
Et dist al rei : « Salvez seiiez de Deu!
De Sarragoce ci vos aport les clés,
Molt grant aveir vos en faz amener,
Et vint ostages, faites les bien guarder.
Et si vos mandet reis Marsilies li ber,
De l'algalife nel devez pas blasmer:
A mes oelz vi quatre cenz milie armez,
Halbers vestuz, helmes d'acier fermez,
Ceintes espédes as ponz d'or neielez,
Qui l'en conduistrent entresque en la mer.
Il s'en fuïrent por la chrestïentét,
Que il ne voelent ne tenir ne guarder.
Ainz qu'il oüssent quatre lieues siglét,
Sis acoillit et tempeste et orez ;
La sont neiiét, jamais nes revedrez.
Se il fust vis, jo l'oüsse amenét.
Del rei paiien, sire, par veir credez,
Ja ne vedrez cest premier meis passét

Qu'il vos sivrat en France le regnét,
Si recevrat la lei que vos tenez ;
Jointes ses mains, iert vostre comandez,
De vos tendrat Espaigne le regnét. »
Ço dist li reis : « Graciiez en seit Deus !
Bien l'avez fait, molt grant prot i avrez. »
Parmi céle ost font mil graisles soner ;
Franc desherbergent, font lor somiers trosser,
Vers dolce France tuit sont acheminét.

Charles li maignes at Espaigne guastéde,
Les chastels pris, les citez violédes.
Ço dit li reis que sa guerre out finéde.
Vers dolce France chevalchet l'emperédre.
Li cuens Rollanz at l'enseigne ferméde,
En som un tertre contre le ciel levéde ;
Franc se herbergent par tote la contréde.
Paiien chevalchent par cez graignors valédes,
Halbers vestuz et lor broignes doblédes,
Helmes laciez et ceintes lor espédes,
Escuz as cols et lances adobédes.
Enz en un broeil par som les puis reméstrent,
Quatre cent milie atendent l'ajornéde.
Deus ! quel dolor que li Franceis nel sévent !

Tresvait li jorz, la nuit est asseride.
Charles se dort, li emperédre riches ;
Sonjat qu'il éret as graignors porz de Sizre :
Entre ses poinz tient sa hanste fraisnine ;
Guènes li cuens l'at desor lui saiside,
Par tel adir l'at trosséde et brandide,
Qu'envers le ciel en volent les esclices.
Charles si dort qu'il ne s'esveillet mie.

Après iceste, altre avison sonjat,
Qu'il ert en France a sa chapéle ad Ais ;

El destre braz le morst uns ors si mals.
Devers Ardène vit venir un leupart,
Son cors domeigne molt fierement assalt.
D'enz de la sale uns veltres avalat,
Que vint à Charle les galos et les salz :
La destre oreille a l'ors premiers trenchat,
Iriédement se combat al leupart ;
Dient Franceis que grant bataille i at.
Mais il ne sét li quels d'els la veintrat.
Charles se dort, mie ne s'esveillat.

Tresvait la nuit, et apert la clére albe.
Li emperédre molt fierement chevalchët ;
Parmi cele ost sonent molt halt li graisle.
« Seignor baron, dist l'emperédre Charles,
Vedez les porz et les destreiz passages.
Car me jugiez qui iert en redreguarde. »
Guènes respont : « Rollanz, cist miens filiastre :
N'avez baron de si grant vasselage. »
Quand l'ot li reis, fierement le reguardet,
Si li at dit : « Vos estes vis dïables ;
El cors vos est entréde mortel rage.
Et qui serat devant mei en l'ainzguarde? »
Guènes respont : « Ogiers de Danemarche ;
N'avez baron qui mielz de lui la facet. »

Li cuens Rollanz, quand il s'odit jugier,
Donc at parlét a lei de chevalier :
« Sire padrastre, molt vos dei aveir chiër.
La redreguarde avez sor mei jugiét :
N'i perdrat Charles, li reis qui France tient,
Mien escïentre, palefreit ne destrier,
Ne mul ne mule qu' hom deiet chevalchier,
Ne n'i perdrat ne roncin ne sòmier,
Que as espédes ne seit ainz eslegiét. »

Guènes respont : « Veir dites, jol sai bien. »
Quant ot Rollanz qu'il iert en redreguarde,
Iriédement parlat a son padrastre :
« Ahi ! colverz, malvais hom de pute aire,
Cuidas li guanz me chadist en la place,
Com fist a tei li baston devant Charle. »
Li cuens Rollanz en apèlet Charlon :
« Donez mei l'arc que vos tenez el poing ;
Mien escïentre, nel me reproveront
Que il me chiédet com fist a Guenelon
Vostre guanz destre, quant reçut le baston. »
Li emperédre en tint son chief embronc,
Si duist sa barbe et detorst son gernon,
Ne poet muder que de ses oelz ne plort.
Emprès iço i est Naimes venuz :
Meillor vassal n'out en la cort de lui.
Et dist al rei : « Bien l'avez entendut,
Li cuens Rollanz il est molt irascuz.
La redreguarde est jugiéde sor lui :
N'avez baron qui jamais l'en remut.
Donez li l'arc que vos avez tendut ;
Si li trovez qui tres bien li aiut. »
Li reis li donet, et Rollanz le reçut.
Li emperédre en apèlet Rollant :
« Bels sire niés, or sachiez veirement,
Demi mon ost vos lairrai en present ;
Retenez les, ço 'st vostre salvemenz. »
Ço dit li cuens : « Jo n'en ferai nïent.
Deus me confondet, se la geste en desment !
Vint milie Frans retendrai bien vaillanz.
Passez les porz trestot seürement,
Ja mar crendrez nul home a mon vivant. »
Li cuens Rollanz est montez el destrier.

Contre lui vient ses compaing Oliviers;
Vint i Gerins et li proz cuens Geriers,
Et vint i Otes, si i vint Berengiers,
Et vint Sanson et Anseïs li fiers;
Vint i Gerarz de Rossillon li vielz,
Venuz i est li Guascoinz Engeliers.
Dist l'arcevesques: « Jo irai, par mon chief! »
« Et jo od vos, » ço dist li cuens Gualtiers,
« Hom sui Rollant, jo ne le dei laissier. »
Entre els eslisent vint milie chevaliers.

Li cuens Rollanz Gualtier de l'Hum apèlet:
« Prenez mil Frans de France nostre terre.
Si porprenez les destreiz et les tertres,
Que l'emperédre nisun des soens n'i perdet. »
Respont Gualtiers: « Por vos le dei bien faire. »
Od mil Franceis de France la lor terre
Gualtiers desrenget les destreiz et les tertres.
N'en descendrat por malvaises novèles,
Anceis qu'en seient set cenz espédes traites.
Reis Almaris del règne de Belferne
Une bataille lor livrat le jorn pesme.

Halt sont li pui, et li val tenebros,
Les roches bises, li destreit merveillos.
Le jorn passérent Franceis a grant dolor,
De quinze lieues en ot hom la rumor.
Puis que il viénent a la Terre Maior,
Vidrent Guascoigne la terre lor seignor.
Donc lor remembret des fieus et des honors,
Et des pulcèles et des gentilz oissors:
Cel n'en i at qui de pitiét ne plort.
Sor toz les altres est Charles angoissos.
As porz d'Espaigne at laissiét son nevot,
Pitiét l'en prent, ne poet muder n'en plort.

Li doze per sont remés en Espaigne,
Vint milie Frans ont la lor compaigne.
Nen ont poor, ne de morir dotance.
Li emperédre s'en repaidret en France;
Soz son mantel en fuit la contenance.
Dejoste lui chevalchet li dus Naimes,
Et dit al rei : « De quei avez pesance ? »
Charles respont : « Tort fait quil me demandet.
Si grant doel ai ne puis muder nel plaigne :
Par Guenelon serat destruite France !
Anuit m'avint une avison d'un angele,
Qu' entre mes poinz me depeçout ma hanste
Qui at jugiét Rollant a redreguarde.
Jo l'ai laissiét en une marche estrange.
Deus ! se jol pert, ja n'en avrai eschange. »

IX.

Pendant que Charlemagne et ses Français se désolent à la pensée des dangers que court Roland, l'armée de Marsile s'avance, et bientôt elle aperçoit les gonfanons des douze pairs. En trois jours Marsile avait réuni quatre cent mille hommes, et cette immense armée était partie à la poursuite de Roland, après avoir rendu ses hommages à la statue de Mahomet, qu'on avait dressée au son des tambours sur la plus haute tour de Saragosse. Avant la bataille le neveu de Marsile, Aelroth, monté sur un mulet, s'avance vers son oncle : en récompense de ses longs services, il lui demande l'honneur de frapper Roland. Il assimile cet honneur à un fief, et Marsile lui remet le gant, symbole de concession féodale. Aelroth remercie son oncle, et le prie de choisir onze de ses hommes, avec lesquels il combattra les douze pairs. Onze barons se présentent successivement, chacun d'eux se fait fort de remporter une éclatante victoire. Il y a là une série de portraits et de vanteries, que le poète a su varier plus qu'on ne pouvait s'y attendre. On remarquera le beau Margaris de Séville, ami des dames, et le terrible Chernuble, dont les cheveux balayent la terre, et qui vient d'un pays infernal que n'éclaire pas le soleil et que n'arrose jamais la pluie. C'est ainsi que se constituent les douze pairs de Marsile; ils prennent cent mille Sarrasins avec eux, et vont s'armer dans un bois de sapin.

Le vers 856 contient une erreur géographique : la Cerdagne n'est pas sur le chemin de Saragosse à Roncevaux.

Charles li maignes ne poet muder n'en plort.
Cent milie Franc por lui ont grant tendror,
Et de Rollant merveillose poor.
Guenes li fel en at fait tradison;
Del rei paiien en at oüt granz dons,
Or et argent, pailles et ciclatons,
Muls et chevals, et chameilz et leons.
Marsilies mandet d'Espaigne les barons,
Contes, vezcontes et dus et almaçors,
Les amirafles et les filz as contors :
Quatre cenz milie en ajostet en treis jorz.
En Sarragoce fait soner ses tabors;
Mahomét liévent en la plus halte tor,
N'i at paiien nel prist et ne l' adort.
Puis si chevalchent par molt grant contençon
De la Certaigne et les vals et les monz.
De cels de France vidrent les gonfanons,
La redreguarde des doze compaignons;
Ne laisserat bataille ne lor doinst.
Li niés Marsilie il est venuz avant,
Sor un mulét od un baston tochant.
Dist a son oncle belement en ridant :
« Bels sire reis, jo vos ai servit tant,
Sin ai oüt et peines et ahans,
Faites batailles et vencudes en champ;
Donez m' un fieu : co 'st li cols de Rollant

Jo l' ocidrai a mon espiét trenchant,
Se Mahomét me voelt estre guaranz.
De tote Espaigne aquiterai les pans,
Des les porz d'Aspre entresqu'a Durestant.
Lasserat Charles, si recredront si Franc;
N'avrez mais guerre en tot vostre vivant. »
Li reis Marsilies l'en at donét le guant.
Li niés Marsilie tient le guant en son poing,
Son oncle apèlet de molt fiére raison :
« Bels sire reis, fait m'avez un grant don.
Eslisez mei onze de voz barons,
Sim combatrai as doze compaignons. »
Tot premerains l'en respont Falsaron :
— Icil ert frédre al rei Marsilïon —
« Bels sire niés, et jo et vos irons.
Ceste bataille, veirement la ferons.
La redreguarde de la grant ost Charlon
Il est jugiét que nos les ocidrons. »
Reis Corsablis il est de l'altre part;
Barbarins est et molt de males arz.
Cil at parlét a lei de bon vassal,
Por tot l'or Deu ne voelt estre codarz.
Es vos poignant Malprimis de Brigal,
Plus cort a piét que ne fait uns chevals.
Devant Marsilie cil s'escridet molt halt :
« Jo conduirai mon cors en Rencesvals;
Se truis Rollant, ne lairrai que nel mat. »
Un amirafle i at de Balaguer;
Cors at molt gent et le vis fier et clēr.
Puis que il est sor son cheval montez,
Molt se fait fiers de ses armes porter;
De vasselage est il bien alosez :
Fust chrestiiens, assez oüst barnét.

Devant Marsilie cil s'en est escridez :
« En Rencesvals irai mon cors guider.
Se truis Rollant, de mort serat finez,
Et Oliviers et tuit li doze per.
Franceis morront a doel et a viltét.
Charles li maignes vielz est et redotez,
Recredanz ert de sa guerre mener :
Nos remandrat Espaigne en quitedét. »
Li reis Marsilies molt l'en at mercidét.
  Un almaçor i at de Moriane :
N'at plus felon en la terre d'Espaigne.
Devant Marsilie at faite sa vantance :
« En Rencesvals guiderai ma compaigne :
Vint milie sont ad escuz et a lances.
Se truis Rollant, de mort li doins fidance ;
Jamais n'ert jorz que Charles ne s'en plaignet. »
  D'altre part est Turgis de Tortelose.
Cil est uns cuens, si est la citét soë ;
De chrestiiens voelt faire male vode.
Devant Marsilie as altres si s'ajostet,
Ço dist al rei : « Ne vos esmaiiez onques !
Plus valt Mahom que sainz Piédres de Rome :
Se lui servez, l'honor del champ avromes.
En Rencesvals a Rollant irai joindre;
De mort n'avrat guarantison por home.
Vedez m'espéde qui est et bone et longe :
A Durendal jo la metrai encontre;
Assez odrez la quel irat desore.
Franceis morront, si a nos s'abandonent ;
Charles li vielz avrat et doel et honte,
Jamais en teste ne porterat corone. »
  D'altre part est Escremiz de Valterre :
Sarrazins est, si est soë la terre.

Devant Marsilie s'escridet en la presse :
« En Rencesvals irai l'orgoeil desfaire.
Se truis Rollant, n'en porterat la teste,
Ne Oliviers, qui les altres chadèlet :
Li doze per tuit sont jugiét a perdre.
Franceis morront, et France en ert deserte ;
De bons vassals avrat Charles sofraite. »

D'altre part est uns paiiens Estorganz,
Estramariz i est, uns soens compaing :
Cil sont felon traditor soduisant.
Ço dist Marsilies : « Seignor, venez avant !
En Rencesvals irez as porz passant,
Si aiderez a conduire ma gent. »
Et cil respondent : « Sire, a vostre comant.
Nos assaldrons Olivier et Rollant,
Li doze per n'avront de mort guarant.
Car noz espédes sont bones et trenchanz,
Nos les ferons vermeilles de chalt sanc.
Franceis morront, Charles en iert dolenz :
Terre Maior vos metrons en present.
Venez i, reis, sil vedrez veirement,
L'emperedor vos rendrons recredant. »

Corant i vint Margariz de Sibilie :
Cil tient la terre entresqu'a la marine.
Por sa beltét dames li sont amies,
Céle nel veit vers lui ne s'esclarcisset :
Voeillet o non, ne poet muder ne riet.
N'i at paiien de tel chevalerie.
Vint en la presse, sor les altres s'escridet,
Et dist al rei : « Ne vos esmaiiez mie !
En Rencesvals irai Rollant ocidre,
Ne Oliviers n'en porterat la vie ;
Li doze per sont remés en martirie.

Vedez m'espéde qui d'or est enheldide,
Si la tramist li amiralz de Primes :
Jo vos plevis qu'en vermeil sanc iert mise.
Franceis morront et France en iert honide.
Charles li vielz, a la barbe floride,
Jamais n'iert jorz qu'il n'en ait doel et ire.
Josqu'ad un an avrons France saiside,
Gesir podrons el borc de Saint Denise. »
Li reis paiiens parfondement l'enclinet.
D'altre part est Chernubles de Valneire.
Josqu'a la terre si chevel li baleient;
Graignor fais portet par jiou, quant il s'enveiset,
Que set mulét ne font quant il someient.
Icéle terre, ço dit, dont il se seivret,
Soleilz n'i luist, ne blez n'i poet pas creistre,
Pluie n'i chiét, roséde n'i adeiset,
Piédre n'i at que tote ne seit neire;
Dient alquant que dïable i mainent.
Ço dist Chernubles : « Ma bone espéde ai ceinte,
En Rencesvals jo la teindrai vermeille;
Se truis Rollant le prot enmi ma veie,
Se ne l' assail, donc ne faz jo que creidre.
Si conquerrai Durendal od la meie.
Franceis morront, et France en iert destreite. »
Ad icez moz li doze per s'aleient :
Itels cent milie Sarrazins od els meinent,
Qui de bataille s'argudent et hasteient.
Vont s'adober desoz une sapeide.

X.

Les cent mille Sarrasins qui doivent donner les premiers revêtent leurs hauberts, lacent leurs heaumes, ceignent leurs épées, prennent leurs écus et leurs lances aux gonfanons peints, et laissant là mulets et bêtes de voyage, montent sur leurs chevaux de bataille. Ils se mettent en marche, sous le soleil qui fait flamboyer leurs armures, au son de mille clairons. Les Français les entendent : « Nous aurons bataille, dit Olivier. — Tant mieux ! répond Roland. Le droit est pour nous. Nous saurons nous battre de telle sorte qu'on ne puisse chanter sur nous de mauvaise chanson. » Quand Olivier, gravissant un tertre, aperçoit la grande armée des païens, il devine la trahison de Ganelon, mais Roland le fait taire : « C'est mon beau-père ; je ne veux pas que tu en parles. » Toutefois un peu plus loin (vers 1147) il répétera lui-même l'accusation. Ici se place l'épisode célèbre où Olivier conjure son ami de sonner du cor pour appeler Charlemagne au secours ; mais Roland croirait se déshonorer, et refuse. La bataille va s'engager. L'archevêque Turpin, du haut d'une colline, fait un court sermon, où il promet le paradis aux vaillants ; puis il donne aux Français agenouillés une absolution générale : « Pour votre pénitence, leur dit-il, frappez fort. » Ainsi réconfortés et absous, les Français remontent à cheval : « Le roi Marsile, dit Roland, a fait marché de nous : nous le payerons à coups d'épées. »

Paiien s'adobent d'halbers sarrazineis :
Tuit li plusor en sont doblét en treis.
Lacent lor helmes molt bons sarragozeis,
Ceignent espédes de l'acier vïeneis,
Escuz ont genz, espiez valentineis,
Et gonfanons blans et blois et vermeilz.
Laissent les muls et toz les palefreiz,
Es destriers montent, si chevalchent estreit.
Clers fut li jorz, et bels fut li soleilz ;
N'ont guarnement que tot ne reflambeit.
Sonent mil graisle por ço que plus bel seit.
Grant est la noise, si l' odirent Franceis ;
Dist Oliviers : « Sire compaing, ço crei,
De Sarrazins podrons bataille aveir. »
Respont Rollanz : « E ! Deus la nos otreit !
Bien devons ci ester por nostre rei ;

Por son seignor deit hom sofrir destreiz,
Et endurer et granz chalz et granz freiz,
Sin deit hom perdre et del cuir et del peil.
Or guart chascuns que granz cols i empleit,
Male chançon ja chantéde n'en seit.
Paiien ont tort et chrestiien ont dreit.
Malvaise essemple n'en serat ja de mei. »
Oliviers montet desor un pui halçor,
Guardet soz destre parmi un val herbos,
Si veit venir céle gent paienor,
Sin apelat Rollant son compaignon :
« Devers Espaigne vei venir tel brunor,
Tanz blans halbers, tanz helmes flambeios !
Icist feront noz Franceis grant iror.
Guènes li fel at faite tradison,
Qui nos jujat devant l'emperedor. »
— « Tais, Oliviers, li cuens Rollanz respont,
Mes padrastre est, ne voeil que mot en sons. »
Oliviers est desor un pui montez.
Or veit il bien d'Espaigne le regnét,
Et Sarrazins qui tant sont assemblét.
Luisent cil helme, qui ad or sont gemét,
Et cil escut et cil halberc safrét,
Et cil espiét, cil gonfanon fermét.
Sol les eschiéles ne poet il aconter :
Tant en i at que mesure n'en sét.
En lui medisme en est molt esguarez ;
Com il ainz pout, del pui est avalez,
Vint as Franceis, tot lor at acontét.
Dist Oliviers : « Jo ai paiiens veduz,
Onc mais nuls hom en terre n'en vit plus.
Cil devant sont bien cent milie ad escuz,
Helmes laciez et blans halbers vestuz,

Dreites cez hanstes, luisent cil espiét brun.
Bataille avrez, onques mais tel ne fut.
Seignor Franceis, de Deu aiiez vertut !
El champ estez, que ne seions vencut ! »
Dient Franceis : « Dehait ait qui s'en fuit !
Ja por morir ne vos en faldrat uns. »

Dist Oliviers : « Paiien ont grant esforz,
De noz Franceis m'i semblet aveir molt poi ;
Compaing Rollanz, car sonez vostre corn !
Si l'odrat Charles, si retornerat l'ost. »
Respont Rollanz : « Jo fereie que fols ;
En dolce France en perdreie mon los.
Sempres ferrai de Durendal granz cols,
Sanglenz en iert li branz entresqu'a l'or.
Felon paiien mar i vindrent as porz ;
Jo vos plevis, tuit sont jugiét a mort. »

« Compaing Rollanz, l'olifant car sonez !
Si l'odrat Charles, ferat l'ost retorner,
Socorrat nos li reis od son barnét. »
Respont Rollanz : « Ne placet damne Deu
Que mi parent por mei seient blasmét,
Ne France dolce ja chiédet en viltét !
Ainz i ferrai de Durendal assez,
Ma bone espéde que ai ceint al costét ;
Tot en vedrez le brant ensanglentét.
Felon paiien mar i sont assemblét ;
Jo vos plevis, tuit sont a mort livrét. »

« Compaing Rollanz, sonez vostre olifant !
Si l'odrat Charles, qui est as porz passanz.
Jo vos plevis, ja retorneront Franc.
— Ne placet Deu, ço li respont Rollanz,
Que ço seit dit de nul home vivant
Empor paiiens que ja seie cornanz !

Ja n'en avront reproche mi parent.
Quant jo serai en la bataille grant,
Et jo ferrai et mil cols et set cenz,
De Durendal vedrez l'acier sanglent.
Franceis sont bon, si ferront vassalment;
Ja cil d'Espaigne n'avront de mort guarant. »
Dist Oliviers : « D'içọ ne sai jo blasme.
Jo ai vedut les Sarrazins d'Espaigne :
Covert en sont li val et les montaignes,
Et li lariz et trestotes les plaignes.
Granz sont les oz de céle gent estrange ;
Nos i avons molt petite compaigne. »
Respont Rollanz : « Mes talenz en engraignet.
Ne placet Deu ne ses saintismes angeles
Que ja por mei perdet sa valor France !
Mielz voeil morir que hontages m'ataignet.
Por bien ferir l'emperédre nos aimet. »
Rollanz est proz et Oliviers est sages,
Ourent andoi merveillos vasselage.
Puis que il sont as chevals et as armes,
Ja por morir n'eschiveront bataille.
Bon sont li conte, et lor paroles haltes.
Felon paiien par grant iror chevalchent.
Dist Oliviers : « Rollanz, vedez en alques !
Cist nos sont près, mais trop nos est loinz Charles
Vostre olifant soner vos nel deignastes ;
Fust i li reis, n'i oüssons damage.
Guardez amont ça devers les porz d'Aspre,
Vedeir podez dolente redreguarde.
Qui ceste fait, jamais n'en ferat altre ! »
Respont Rollanz : « Ne dites tel oltrage !
Mal seit del coer qui el piz se codardet !
Nos remandrons en estal en la place :

Par nos i iert et li cols et li chaples. »
Quant Rollanz veit que bataille serat,
Plus se fait fiers que leon ne leuparz.
Franceis escridet, Olivier apelat :
« Sire compaing, amis, nel dire ja !
Li emperédre, qui Franceis nos laissat,
Itels vint milie en mist ad une part,
Son escïentre nen i out un codart.
Por son seignor deit hom sofrir granz mals,
Et endurer et forz freiz et granz chalz,
Sin deit hom perdre del sanc et de la charn.
Fier de ta lance, et jo de Durendal,
Ma bone espéde, que li reis me donat.
Se jo i moerc, dire poet qui l'avrat
Que éle fut a nobilie vassal. »
D'altre part est l'arcevesques Turpins.
Son cheval brochet, et montet un lariz ;
Franceis apèlet, un sermon lor at dit :
« Seignor baron, Charles nos laissat ci :
Por nostre rei devons nos bien morir.
Chrestïentét aidiez a sostenir !
Bataille avrez, vos en estes tuit fit,
Car a voz oelz vedez les Sarrazins.
Clamez voz colpes, si preiiez Deu mercit.
Asoldrai vos por vos anmes guarir.
Se vos morez, esterez saint martir,
Siéges avrez el graignor paredis. »
Franceis descendent, a terre se sont mis,
Et l'arcevesques de Deu les benedist.
Par penitence lor comandet a ferir.
Franceis se drécent, si se métent sor piez.
Bien sont asols, quite de lor pechiez,
Et l'arcevesques de Deu les at seigniez.

Puis sont montét sor lor coranz destriers.
Adobét sont a lei de chevaliers,
Et de bataille sont tuit apareilliét.
Li cuens Rollanz apèlet Olivier :
« Sire compaing, molt bien le disiiez
Que Guenelon nos at toz espiiez,
Pris en at or et aveir et deniers.
Li emperédre nos devreit bien vengier.
Li reis Marsilies de nos at fait marchiét,
Mais as espédes l'estovrat eslegier. »

XI.

Le récit de la bataille débute par un beau portrait de Roland, qui s'avance sur son cheval Veillantif, suivi d'Olivier. Tous les deux haranguent les barons, qui poussent le cri de guerre de Charlemagne : Monjoie ! Ce cri, dont l'origine est expliquée plus loin (page 93, en note), devint le nom de l'oriflamme, c'est-à-dire de la bannière que prenaient les rois de France avant de partir en guerre (voyez page 111, en note). Nous assistons alors à une série de combats singuliers, avec des coups merveilleux, fendant cavaliers et chevaux en deux. Celui qui attaque adresse ordinairement à l'ennemi un insolent défi, et le vainqueur insulte le cadavre du vaincu. Roland tue d'abord le neveu de Marsile, qui s'était réservé l'honneur de combattre contre lui (voyez le résumé IX) ; Olivier se charge du frère de Marsile, l'archevêque Turpin du roi Corsablis. Bientôt des douze pairs Sarrasins deux seuls restent vivants : Margaris et Chernuble (voyez le résumé IX).

As porz d'Espaigne en est passez Rollanz
Sor Veillantif son bon cheval corant.
Portet ses armes, molt li sont avenanz,
Et son espiét vait li ber palmeiant,
Contre le ciel vait l'amore tornant,
Laciét en som un gonfanon tot blanc ;
Les renges d'or li batent josqu'as mains.

Cors at molt gent, le vis cler et ridant.
Et ses compaing après le vait sivant,
Et cil de France le claiment a guarant.
Vers Sarrazins reguardet fierement,
Et vers Franceis et humle et dolcement.
Si lor at dit un mot corteisement :
« Seignor baron, soéf alez tenant !
Cist paiien vont grant martirie querant.
Encui avrons un eschiec bel et gent,
Nuls reis de France n'out onques si vaillant. »
A cez paroles vont les oz ajostant.

Dist Oliviers : « N'ai cure de parler.
Vostre olifant ne deignastes soner,
Ne de Charlon mie vos nen avez.
Il n'en sét mot, n'i at colpe li ber :
Cil qui la sont ne font mie a blasmer.
Car chevalchiez a quant que vos podez !
Seignor baron, el champ vos retenez !
Por Deu vos pri, en seiiez porpensét
De cols ferir, et receivre et doner.
L'enseigne Charle n'i devons oblider. »
Ad icest mot sont Franceis escridét.
Qui donc odist Monjoie demander,
De vasselage li podust remembrer.
Puis si chevalchent, Deus ! par si grant fiertét !
Brochent ad ait por le plus tost aler.
Si vont ferir, — que fereient il el ? —
Et Sarrazin nes ont mie dotez.
Frans et paiiens es les vos ajostez.

Li niés Marsilie, il at nom Adelroth,
Tot premerains chevalchet devant l'ost.
De noz Franceis vait disant si mals moz :
« Felon Franceis, hui josterez as noz !

Tradit vos at qui a guarder vos out ;
Fols est li reis qui vos laissat as porz.
Encui perdrat France dolce son los,
Charles li maignes le destre braz del cors. »
Quant l'ot Rollanz, Deus! si grant doel en out!
Son cheval brochet, laisset corre ad esforz ;
Vait le ferir li cuens quant que il pout,
L'escut li fraint et l'halberc li desclot,
Trenchet le piz, si li briset les os,
Tote l'eschine li deseivret del dos,
Od son espiét l'anme li jiétet fors,
Empeint le bien, fait li brandir le cors,
Pleine sa hanste del cheval l'abat mort ;
En dous meitiez li at brisiét le col.
Ne laisserat, ço dit, que n'i parolt :
« Oltre, colverz! Charles n'est mie fols,
Ne tradison onques amer ne volt.
Il fist que proz, qu'il nos laissat as porz ;
Hui n'en perdrat France dolce son los.
Ferez i, Franc! Nostre est li premiers cols.
Nos avons dreit, mais cist gloton ont tort. »
Uns dus i est, si at nom Falsaron.
Icil ert frédre al rei Marsilïon,
Il tint la terre Dathan et Abiron.
Soz ciel nen at plus encriéme felon ;
Entre les oelz molt out large le front.
Grant demi piet mesurer i pout hom.
Assez at doel, quant vit mort son nevot.
Ist de la presse, si se met en bandon,
Et si escridet l'enseigne paienor.
Envers Franceis est molt contrarïos :
« Encui perdrat France dolce s'honor! »
Ot l' Oliviers, sin at molt grant iror.

Le cheval brochet des ories esperons,
Vait le ferir en guise de baron.
L'escut li fraint et l'halberc li deront,
El cors li met les pans del gonfanon,
Pleine sa hanste l'abat mort des arçons.
Guardet a terre, veit gesir le gloton,
Si li at dit par molt fiére raison :
« De voz menaces, colverz, jo n'en ai soing,
Ferez i, Franc! car tres bien les veintrons. »
Monjoie escridet, ço 'st l'enseigne Charlon.

Uns reis i est, si at nom Corsablis,
Barbarins est d'un estrange païs.
Si apelat les altres Sarrazins :
« Ceste bataille bien la podons tenir,
Car de Franceis i at assez petit.
Cels qui ci sont devons aveir molt vils :
Ja por Charlon n'i iert uns sols guariz.
Or est li jorz quels estovrat morir. »
Bien l'entendit l'arcevesques Turpins :
Soz ciel n'at home que tant voeillet hadir.
Son cheval brochet des esperons d'or fin,
Par grant vertut si l'est alez ferir,
L'escut li frainst, l'halberc li desconfist,
Son grant espiét parmi le cors li mist,
Empeint le bien, que molt le fait brandir,
Pleine sa hanste l'abat mort el chemin.
Guardet a terre, veit le gloton gesir,
Ne laisserat que n'i parolt, ço dit :
« Colverz paiiens, vos i avez mentit,
Charles mes sire nos est guaranz toz dis ;
Nostre Franceis n'ont talent de fuïr :
Voz compaignons ferons trestoz restis.
Novèle mort vos estovrat sofrir.

Ferez, Franceis, nuls de vos ne s'oblit!
Cist premiers cols est nostre, Deu mercit! »
Monjoie escridet por le champ retenir.

Et Gerins fiert Malprimis de Brigal.
Ses bons escuz un denier ne li valt,
Tote li fraint la bocle de cristal,
L'une meitiét li tornet contreval.
L'halberc li ront entresque a la charn,
Son bon espiét enz el cors li embat.
Li paiiens chiét contreval ad un quat,
L'anme de lui en portet Satanas.

Et ses compaing Geriers fiert l'amirafle,
L'escut li fraint et l'halberc li desmaillet,
Son bon espiét li met en la coraille,
Empeint le bien, parmi le cors li passet,
Que mort l'abat el champ, pleine sa hanste.
Dist Oliviers : « Gente est nostre bataille. »

Sanson li dus vait ferir l'almaçor,
L'escut li frainst qui 'st ad or et a flors,
Li bons halbers ne li est guaranz prot,
Le coer li trenchet, le feie et le polmon,
Que mort l'abat, cui qu'en peist o cui non.
Dist l'arcevesques : « Cist cols est de baron. »

Et Anseïs laisset le cheval corre,
Si vait ferir Turgis de Tortelose,
L'escut li fraint desoz l'oréde bocle,
De son halberc li derompit les dobles,
Del bon espiét el cors li met l'amore,
Empeinst le bien, tot le fer li mist oltre,
Pleine sa hanste el champ mort le trestornet.
Ço dist Rollanz : « Cist cols est de prodhome. »

Et Engeliers, li Guascoinz de Bordèle,
Son cheval brochet, si li laschet la resne.

Si vait ferir Escremiz de Valterre,
L'escut del col li fraint et eschantèlet,
De son halberc li rompit la ventaille,
Sil fiert el piz entre les dous forcèles,
Pleine sa hanste l'abat mort de la sèle.
Après li dist : « Tornét estes a perdre. »
Et Otes fiert un paiien, Estorgant,
Sor son escut en la pène devant,
Que tot li trenchet le vermeil et le blanc.
De son halberc li at romput les pans,
El cors li met son bon espiét trenchant,
Que mort l'abat de son cheval corant.
Après li dist : « Ja n'i avrez guarant. »
Et Berengiers il fiert Estramariz,
L'escut li frainst, l'halberc li desconfist,
Son fort espiét parmi le cors li mist,
Que mort l'abat entre mil Sarrazins.
Des doze pers li dis en sont ocis :
Ne mais que dous n'en i at remés vis,
Ço est Chernubles et li cuens Margariz.

XII.

Margaris brise l'écu et la lance d'Olivier. Roland, dont la lance est aussi en morceaux, tire son épée Durendal, tue Chernuble, et frappe sans relâche sur les Sarrasins; bientôt son haubert et son cheval ruissellent de sang. Olivier tue un païen avec le tronçon de sa lance, puis il tire son épée Hauteclaire, et continue le carnage. Les autres pairs et l'archevêque secondent vaillamment les deux amis. Mais, hélas ! que de Français ne reverront plus leur famille, ni Charlemagne qui les attend aux défilés ! C'est à bon droit que Ganelon payera plus tard de la vie sa trahison. Pendant ce temps une merveilleuse tempête, accompagnée de tremblement de terre, s'étend sur la France entière. « C'est la fin du monde ! » s'écrient les Français épouvantés. Ils ne peuvent savoir : c'est le grand deuil pour la mort de Roland !

Margariz est molt vaillanz chevaliers,
Et bels et forz, et isnels et legiers.
Le cheval brochet, vait ferir Olivier,
L'escut li fraint soz la bocle d'or mier,
Lez le costét li conduist son espiét :
Deus le guarit, qu'el cors ne l'at tochiét.
La hanste froisset, mie n'en abatiét.
Oltre s'en vait, qu'il n'i at destorbier;
Sonet son graisle por les soens raleiier.

La bataille est merveillose et comune.
Li cuens Rollanz mie ne s'asseüret,
Fiert de l'espiét tant com hanste li duret :
A quinze cols fraite l'at et perdude.
Trait Durendal, sa bone espéde nude.
Son cheval brochet, si vait ferir Chernuble,
L'helme li fraint ou li charboncle luisent,
Trenchet la coife et la cheveledure,
Si li trenchat les oelz et la faiture,
Le blanc halberc dont la maille est menude,
Et tot le cors tresqu'en la forchedure,
Enz en la sèle, qui est ad or batude.
El cheval est l'espéde arestedude,
Trenchet l'eschine, onc n'i out quis jointure,
Tot abat mort el prét sor l'herbe drude.
Après li dist : « Colverz, mar i moüstes,
De Mahomét ja n'i avrez aiude.
Par tel gloton n'iert bataille hui vencude. »

Li cuens Rollanz parmi le champ chevalchet,
Tient Durendal, qui bien trenchet et taillet;
Des Sarrazins lor fait molt grant damage.
Qui lui vedist l'un jeter mort sor l'altre,
Le sanc tot cler glacier par céle place!
Sanglent en at et l'halberc et la brace,

Ses bons chevals le col et les espalles.
Et Oliviers de ferir ne se target,
Li doze per n'en deivent aveir blasme,
Et li Franceis i fiérent et si chaplent.
Moerent paiien et alquant en i pasment.
Dist l'arcevesques : « Bien ait nostre barnages! »
Monjoie escridet, ço est l'enseigne Charle.
Et Oliviers chevalchet par l'estorn,
Sa hanste est fraite, n'en at que un tronçon;
Et vait ferir un paiien Malsaron.
L'escut li fraint, qui 'st ad or et a flor,
Fors de la teste li met les oelz ansdous,
Et la cervéle li chiét as piez desoz;
Mort le trestornet entre set cenz des lor.
Puis at ocis Turgin et Estorgos,
La hanste briset, s'esclicet josqu'as poinz.
Ço dist Rollanz : « Compaing, que faites vos?
En tel bataille n'ai cure de baston,
Fers et aciers i deit aveir valor.
Ou 'st vostre espéde qui Halteclére at nom?
D'or est li helz, et de cristal li ponz.
— Ne la puis traire, Oliviers li respont,
Car de ferir ai jo si grant besoing! »
Danz Oliviers trait at sa bone espéde,
Que ses compaing li at tant demandéde,
Et il li at com chevaliers mostréde.
Fiert un paiien, Justin de Val Ferréde,
Tote la teste li at parmi sevréde,
Trenchet le cors et la broigne safréde,
La bone sèle qui ad or est geméde,
Et al cheval at l'eschine colpéde,
Tot abat mort devant lui en la préde.
Ço dist Rollanz : « Or vos receif jo frédre!

Por itels cols nos aimet l'emperédre. »
De totes parz est Monjoie escridéde.

Li cuens Gerins siét el cheval Sorel,
Et ses compaing Geriers en Passe-Cerf.
Laschent lor resnes, brochent andoi ad ait,
Et vont ferir un paiien Timozel,
L'uns en l'escut, et li altre en l'halberc.
Lor dous espiez enz el cors li ont frait,
Mort le trestornent tres enmi un guarèt.
Ne l'odi dire, ne jo mie nel sai,
Li quels d'els dous en fut li plus isnels.
Esperveris i fut, li filz Borel :
Icel ocist Engeliers de Bordel.
Et l'arcevesques lor ocist Siglorel,
L'enchantedor, qui ja fut en enfern :
Par artimaille l'i conduist Jupiter.
Ço dist Turpins : « Icist nos ert forsfaiz. »
Respont Rollanz : « Vencuz est li colverz.
Oliviers frédre, itel colp me sont bel. »

La bataille est aduréde endementres,
Franc et paiien merveillos cols i rendent,
Fiérent li un, li altre se defendent,
Et tante hanste i at fraite et sanglente,
Tant gonfanon romput et tante enseigne !
Tant bon Franceis i perdent lor jovente :
Ne revedront lor médres ne lor femmes,
Ne cels de France qui as porz les atendent.
Charles li maignes en ploret, sis dementet.
De ço cui chalt ? N'en avront socorance.
Malvais servise le jorn li rendit Guènes
Qu'en Sarragoce sa maisniéde alat vendre.
Puis en perdit et sa vide et ses membres :
El plait ad Ais en fut jugiez a pendre,

De ses parenz ensembl'od lui tel trente,
Qui de morir nen ourent espargnance.
La bataille est merveillose et pesant.
Molt bien i fiert Oliviers et Rollanz,
Li arcevesques plus de mil cols i rent,
Li doze per ne s'en targent nïent,
Et li Franceis fiérent comunement.
Moerent paiien a miliers et a cenz.
Qui ne s'en fuit de mort n'i at guarant :
Voeillet o non, tot i laisset son tens.
Franceis i perdent lor meillors guarnemenz.
Ne revedront ne pédres ne parenz,
Ne Charlemaigne qui as porz les atent.
En France en at molt merveillos torment :
Orez i at de toneidre et de vent,
Pluie et gresilz desmesurédement.
Chiédent i foildres et menut et sovent,
Et terremoete ço i at veirement
De saint Michiel del Peril josqu'as Sainz,
De Besençon tresqu'as porz de Guitsant :
Nen at recèt dont li murs ne cravent.
Contre midi tenèbres i at granz,
N'i at clartét, se li ciels nen i fent.
Hom ne le veit qui molt ne s'espaent.
Dient plusor : « Ço 'st li definemenz,
La fin del siécle qui nos est en present. »
Il ne le sévent, ne dient veir nïent :
Ço 'st la dolor por la mort de Rollant.

XIII.

Sur cent mille Sarrasins un seul survit (Margaris). Les Français vainqueurs se répandent sur le champ de bataille et reconnaissent les leurs. Mais voilà que Marsile paraît avec sa grande armée divisée en vingt colonnes : sept mille clairons sonnent la « menée. » L'archevêque encourage de nouveau les barons français : « Nous allons mourir, leur dit-il; mais, si vous combattez vaillamment, le paradis sera votre récompense, vous prendrez place aux milieu des bienheureux. » La série des combats singuliers recommence, avec des alternatives de victoires et de défaites. Enfin les païens vaincus prennent la fuite; mais hélas! une partie seulement de la grande armée a donné. Marsile lui-même va entrer en ligne avec une réserve formidable.

Entre les vers 1448 et 1449 plusieurs manuscrits ajoutent deux laisses où il est raconté que Margaris, échappé seul au désastre des siens, s'enfuit vers Marsile, et l'engage à tomber avec ses troupes fraîches sur les Français épuisés par leur propre victoire. Après le vers 1482 les autres manuscrits intercalent aussi plusieurs laisses, qui expliquent que Marsile, pour venir plus facilement à bout des Français, partage ses troupes en deux corps d'armée qui doivent donner successivement.

Franc ont ferut de coer et de vigor.
Paiien sont mort a miliers et a fols,
De cent miliers n'en poedent guarir dous.
Dist l'arcevesques : « Nostre home sont molt prot :
Soz ciel n'at rei plus en ait de meillors.
Il est escrit en la geste Francor
Que vassal sont a nostre emperedor. »
Vont par le champ, si requiérent les lor.
Plorent des oelz, de doel et de tendror,
Por lor parenz, par coer et par amor.
Li reis Marsilies od sa grant ost lor sort.
Marsilies vient parmi une valéde,
Od sa grant ost que il out assembléde,
Car vint eschiéles at li reis anombrédes.
Luisent cil helme as piédres d'or gemédes,
Et cil escut et cez broignes safrédes.
Set milie graisle i sonent la menéde,
Grant est la noise par tote la contréde.

Ço dist Rollanz : « Oliviers, compaing, frédre,
Guènes li fel at nostre mort jurédе.
La tradison ne poet estre celéde,
Molt grant venjance en prendrat l'emperédre.
Bataille avrons et fort et aduréde,
Onques mais hom tel ne vit ajostéde.
Jo i ferrai de Durendal m'espéde,
Et vos, compaing, ferrez de Halteclére.
En tantes terres les avons nos portédes,
Tantes batailles en avons afinédes !
Male chançon n'en deit estre chantéde. »

Quant Franceis veident que paiiens i at tanz,
De totes parz en sont covert li champ,
Sovent regrétent Olivier et Rollant,
Les doze pers, qu'il lor seient guarant.
Et l'arcevesques lor dist de son semblant :
« Seignor baron, nen alez mespensant !
Por Deu vos pri que ne seiiez fuiant,
Que nuls prozhoem malvaisement n'en chant !
Assez est mielz que morions combatant.
Pramis nos est fin prendrons aditant,
Oltre cest jorn ne serons plus vivant ;
Mais d'une chose vos sui jo bien guaranz :
Sainz paredis vos est abandonanz,
As innocenz vos en serez sedant. »
Ad icest mot si s'esbaldissent Franc,
Cel n'en i at Monjoie ne demant.

Un Sarrazin i out de Sarragoce,
De la citét l'une meitiét est soë,
Ço 'st Climborins, qui pas ne fuit por home.
Fidance prist de Guenelon le conte,
Par amistiét l'en baisat en la boche,
Si l'en donat son helme a l'escharboncle.

Terre Maior, ço dit, metrat a honte,
L'emperedor si toldrat la corone.
Siét el cheval qu'il claimet Barbamosche,
Plus est isnels qu' espervìers ne aronde;
Brochet le bien, le frein li abandonet,
Si vait ferir Engelier de Guascoigne:
Nel poet guarir ses escuz ne sa broigne!
De son espiét el cors li met l'amore,
Empeint le bien, tot le fer li mist oltre,
Pleine sa hanste el champ mort le trestornet.
Après escridet: » Cist sont bon a confondre.
Ferez, paiien, por la presse derompre! »
Dient Franceis: « Deus! quel doel de prodhome! »
Li cuens Rollanz en apèlet Olivier:
« Sire compaing, ja est morz Engeliers,
Nos n'avïons plus vaillant chevalier. »
Respont li cuens: « Deus le me doinst vengier! »
Son cheval brochet des esperons d'or mier:
Tient Halteclére, sanglenz en est l'aciers,
Par grant vertut vait ferir le paiien,
Brandist son colp, et li Sarrazins chiét;
L'anme de lui en portent aversier.
Puis at ocis le duc Alphaïien,
Escababi i at le chief trenchiét,
Set Arabiz i at deschevalchiét:
Cil ne sont prot jamais por guerreiier.
Ço dist Rollanz: « Mes compaing est iriez,
Encontre mei fait assez a preisier.
Por itels cols nos at Charles plus chiers. »
A voiz escridet: « Ferez i, chevalier! »
D'altre part est uns paiiens Valdabrons.
Icil levat le rei Marsilïon,
Sire est par mer de quatre cenz drodmonz,

N'i at eschipre quis claint se par lui non.
Jerusalem prist ja par tradison,
Si violat le temple Salomon,
Le patriarche ocist devant les fonz.
Cil out fidance del conte Guenelon,
Il li donat s'espéde a mil mangons.
Siét el cheval qu'il claimet Gramimont,
Plus est isnels que nen est uns falcon;
Brochet le bien des aguz esperons,
Si vait ferir le riche duc Sanson,
L'escut li fraint et l'halberc li deront,
El cors li met les pans del gonfanon,
Pleine sa hanste l'abat mort des arçons:
« Ferez, paiien, car tres bien les veintrons! »
Dient Franceis: « Deus! quel dòel de baron! »
Li cuens Rollanz, quant il veit Sanson mort,
Podez saveir que molt grant doel en out.
Son cheval brochet, si li cort ad esforz.
Tient Durendal, qui plus valt que fins ors,
Si vait ferir le paiien quant qu' il pout
Desor son helme qui gemez fut ad or,
Trenchet la teste et la broigne et le cors,
La bone sèle qui est geméde ad or,
Et al cheval parfondement le dos;
Ambor ocit, qui quel blast ne quil lot.
Dient paiien: « Cist cols nos est molt forz. »
Respont Rollanz: « Ne puis amer les voz,
Devers vos est li orgoelz et li torz. »
D'Afrique i at un African venut,
Ço 'st Malcuidanz li filz al rei Malcut:
Si guarnement sont tot ad or batut,
Contre le ciel sor toz les altres luist.
Siét el cheval qu'il claimet Salt-Perdut,

Beste nen est qui puisset corre a lui.
Il vait ferir Anseïs en l'escut,
Tot li trenchat le vermeil et l'azur,
De son halberc li at les pans romput,
El cors li met et le fer et le fust.
Morz est li cuens, de son tens n'i at plus.
Dient Franceis : « Ber, tant mare te fut ! »

Par le champ vait Turpins li arcevesques.
Tels coronez ne chantat onques messe,
Qui de son cors fesist tantes prodéces.
Dist al paiien : « Deus tot mal te tramétet !
Tel as ocis dont al coer me regréte. »
Son bon cheval i at fait esdemétre,
Si l' at ferut sor l'escut de Toléte,
Que mort l'abat el champ sor l' herbe verte.

De l'altre part est uns paiiens Grandoignes,
Filz Capuel, le rei de Capadoce.
Siét el cheval que il claimet Marmorie,
Plus est isnels que n'est oisels qui volet.
Laschet la resne, des esperons le brochet,
Si vait ferir Gerin par sa grant force,
L'escut vermeil li fraint, del col li portet,
Tote sa broigne aproef li at desclose,
El cors li met tote l'enseigne bloie,
Que mort l'abat lez une halte roche.
Son compaignon Gerier ocit encore,
Et Berengier, Guidon de Saint Antoigne ;
Puis vait ferir un riche duc Austorie,
Qui tint Valence et l'honor sor le Rosne :
Il l'abat mort, paiien en ont grant joie.
Dient Franceis : « Molt dechiédent li nostre. »

Li cuens Rollanz tint s'espéde sanglente.
Bien at odit que Franceis se dementent,

Si grant doel at que parmi cuidet fendre;
Dist al paiien : « Deus tot mal te consentet!
Tel as ocis que molt chier te cuit vendre. »
Son cheval brochet, qui de corre contenset;
Qui quel compert, venut en sont ensemble.
Grandoignes fut et prozhoem et vaillanz,
Et vertuos et vassals combatanz.
Enmi sa veie at encontrét Rollant.
Anceis nel vit, sil conut veirement
Al fier visage et al cors qu'il out gent,
Et al reguart et al contenement.
Ne poet muder qu'il ne s'en espaent;
Fuïr s'en voelt, mais ne li valt nïent.
Li cuens le fiert tant vertuosement,
Tresqu'al nasel tot le helme li fent,
Trenchet le nés et la boche et les denz,
Trestot le cors et l'halberc jazerenc,
De l'orie sèle les dous alves d'argent,
Et al cheval le dos parfondement:
Ambor ocist senz nul recovrement.
Et cil d'Espaigne s'en claiment tuit dolent.
Dient Franceis: « Bien fiert nostre guaranz. »
La bataille est merveillose et hastive,
Franceis i fiérent par vigor et par ire,
Trenchent cez poinz, cez costez, cez eschines,
Cez vestemenz entresque as charz vives :
Sor l'herbe verte li clers sans s'en afilet.
Dient paiien : « Nos nel sofrirons mie.
Terre Maior, Mahomét te maldiet!
Sor tote gent est la toë hardide! »
Cel n'en i at qui ne s'escrit : « Marsilies,
Chevalche, reis, besoing avons d'aïde! »
La bataille est et merveillose et grant,

Franceis i fiérent des espiez brunissanz.
La vedissez si grant dolor de gent,
Tant home mort et nafrét et sanglent!
L'uns gist sor l'altre et envers et adenz.
Li Sarrazin nel poedent sofrir tant;
Voeillent o non, si guerpissent le champ.
Par vive force les enchalciérent Franc.

XIV.

Marsile fait sonner tous ses cors et toutes ses trompettes, et s'avance avec ses nouvelles troupes, en tête desquelles chevauche Abîme, qui est noir comme de la poix fondue. L'archevêque Turpin, monté sur son cheval de bataille, se précipite sur Abîme, et l'abat mort sur la place. Roland, Olivier et tous les autres le secondent de leur mieux. Quatre attaques des Sarrasins sont victorieusement repoussées; mais la cinquième est plus meurtrière : soixante Français seulement y survivent. C'est alors que Roland déclare à Olivier qu'il est disposé à sonner de son cor d'ivoire, de son olifant, pour appeler Charlemagne. Olivier, qui avait donné ce conseil au début de la bataille (voyez page 40), se venge du premier refus de Roland en retournant ironiquement contre lui tous ses arguments, puis il ajoute : « Par ma barbe! si je puis revoir la belle Aude, ma sœur, elle ne sera jamais votre femme. » L'archevêque, qui entend leur dispute, intervient pour les réconcilier : « Au nom de Dieu, leur dit-il, cessez cette querelle. Il est trop tard pour que Charlemagne puisse nous secourir; mais il vaut mieux cependant sonner du cor. Il pourra du moins nous venger, puis il recueillera nos cadavres et les préservera de la voracité des loups, des sangliers et des chiens. » C'est ici le lieu de raconter comment s'était formée, d'après la légende, l'amitié de Roland et d'Olivier. Cette légende nous a été conservée par une chanson de geste moins ancienne que la chanson de Roland, *Girard de Vienne*. Charlemagne était en guerre avec Girard de Vienne, oncle d'Olivier. Or, pendant le siège de Vienne, Roland eut l'occasion de voir Aude, sœur d'Olivier, et la jeune fille et le héros s'éprirent très vivement l'un de l'autre. Le sort de la guerre ayant été remis entre les mains de Roland et d'Olivier, les deux futurs amis se livrèrent dans une île du Rhône, en face de Vienne, un combat formidable, où ils apprirent à s'estimer. Quand le duel fut interrompu par l'intervention divine, les deux héros se jurèrent une amitié éternelle, et Olivier promit à Roland la main de sa sœur. On sait que cet épisode de la chanson de Girard de Vienne a été imité par Victor Hugo dans une pièce de la *Légende des siècles* intitulée : « Le mariage de Roland. » Nous trouverons plus loin, dans la chanson de Roland, le récit pathétique de la mort d'Aude (page 135).

Après le vers 1679, les autres manuscrits ont plusieurs laisses qui manquent au manuscrit d'Oxford, et qui présentent un tableau général de la bataille.

Marsilies veit de sa gent le martirie.
Si fait soner ses corz et ses boisines,
Puis si chevalchet od sa grant ost banide.
Devant chevalchet uns Sarrazins, Abismes :
Ja plus felon n'out en sa compaignie.
Taches at males et molt granz felonies,
Ne creit en Deu le fil sainte Marie ;
Issi est neirs com peiz qui est demise ;
Plus aimet il tradison et mordrie
Qu'il ne fesist trestot l'or de Galice.
Onques nuls hom nel vit joér ne ridre.
Vasselage at et molt grant estoltie,
Por ço est druz al felon rei Marsilie :
Son dragon portet a cui sa gent s'alient.
Li arcevesques ne l' amerat ja mie ;
Com il le vit, a ferir le desidret,
Molt queidement le dit a sei medisme :
« Cil Sarrazins me semblet molt herites.
Mielz voeil morir que jo ne l'alge ocidre :
Onques n'amai codart ne codardie. »
Li arcevesques comencet la bataille,
Siét el cheval qu'il tolit a Grossaille.

Ço ert uns reis qu' ocist en Danemarche.
Li destriers est et coranz et adates,
Piez at colpez et les jambes at plates,
Corte la cuisse et la crope bien large,
Lons les costez et l'eschine at bien halte,
Blanche la code et la crignéte jalne,
Petite oreille, la teste tote falve :
Beste nen est qui encontre lui alget.
Li arcevesques brochet par vasselage,
Ne laisserat qu'Abisme nen assaillet,
Vait le ferir en l'escut amirable ;
Piédres i at, matistes et topazes,
Esterminals et charboncles qui ardent ;
Si li tramist li amiralz Galafres,
En Val Metas li donat uns dïables ;
Turpins i fiert, qui nïent ne l'espargnet :
Emprès son colp ne cuit qu'un denier vaillet.
Le cors li trenchet tres l'un costét qu'a l'altre,
Que mort l'abat en une vuide place.
Dient Franceis : « Ci at grant vasselage,
En l'arcevesque est bien la croce salve. »

Li cuens Rollanz apèlet Olivier :
« Sire compaing, sel volez otreiier,
Li arcevesques est molt bons chevaliers ;
Nen at meillor en terre desoz ciel,
Bien sét ferir et de lance et d'espiét. »
Respont li cuens : « Car li alons aidier ! »
Ad icest mot l'ont Franc recomenciét.
Dur sont li colp et li chaples est griés,
Molt grant dolor i at de chrestiiens.

Qui puis vedist Rollant et Olivier
De lor espédes ferir et chapleiier !
Li arcevesques i fiert de son espiét.

Cels qu'il ont morz bien les poet hom preisier :
Il est escrit es chartres et es briés,
Ço dit la geste, plus de quatre miliers.
As quatre estorz lor est avenut bien,
Li quinz après lor est pesanz et griés.
Tuit sont ocis cist Franceis chevalier,
Ne mais seissante que Deus at espargniez.
Ainz que il moergent, se venderont molt chier.

Li cuens Rollanz des soens i veit grant perte,
Son compaignon Olivier en apèlet :
« Sire compaing, por Deu (que vos enhaitet !)
Tanz bons vassals vedez gesir par terre,
Plaindre podons France dolce, la bèle,
De tels barons com or remaint deserte.
E! reis amis, que vos ici nen estes!
Oliviers frédre, com le podrons nos faire?
Confaitement li manderons novèles? »
Dist Oliviers : « Jo nel sai coment querre ;
Mielz voeil morir que honte en seit retraite. »

Ço dist Rollanz : « Cornerai l'olifant,
Si l'odrat Charles, qui est as porz passanz.
Jo vos plevis, ja retorneront Franc. »
Dist Oliviers : « Vergoigne sereit grant,
Et reproviers a trestoz vos parenz ;
Iceste honte durreit al lor vivant.
Quant jol vos dis, n'en fesistes nïent,
Mais nel ferez par le mien lodement.
Se vos cornez, n'iert mie hardemenz.
Ja avez vos ansdous les braz sanglenz. »
Respont li cuens : « Cols i ai fait molt genz. »

Ço dist Rollanz : « Fort est nostre bataille.
Jo cornerai ; si l' odrat li reis Charles. »
Dist Oliviers : « Ne sereit vasselages.

Quant jol vos dis, compaing, vos ne deignastes.
S'i fust li reis, n'i oüssons damage !
Cil qui la sont n'en deivent aveir blasme. »
Dist Oliviers : « Par ceste meie barbe !
Se puis vedeir ma gente soror Alde,
Vos ne gerrez jamais entre sa brace. »

Ço dist Rollanz : « Por quei me portez ire ? »
Et cil respont : « Compaing, vos le fesistes ;
Car vasselages par sens nen est folie.
Mielz valt mesure que ne fait estoltie.
Franceis sont mort par vostre legerie,
Jamais reis Charles de nos n'avrat servise.
Sem credissez, venuz i fust mes sire,
Ceste bataille oüssons departide,
O pris o morz i fust li reis Marsilies.
Vostre prodéce, Rollanz, mar la vedimes !
Charles li maignes de vos n'avrat aïde,
N'iert mais tels hom desque al Deu judise.
Vos i morrez, et France en iert honide ;
Hui nos defalt la leial compaignie :
Ainz le vespre iert molt grief la departide. »

Li arcevesques les ot contraleiier.
Le cheval brochet des esperons d'or mier,
Vint tresqu'ad els, sis prist a chasteiier :
« Sire Rollanz, et vos, sire Oliviers,
Por Deu vos pri ne vos contraleiiez !
Ja li corners ne nos avreit mestier,
Mais neporquant si est il assez mielz :
Viégnet li reis, si nos podrat vengier,
Ja cil d'Espaigne ne s'en torneront liét.
Nostre Franceis i descendront a piét,
Troveront nos et morz et detrenchiez,
Leveront nos en bières sor somiers,

Si nos plorront de doel et de pitiét,
Enfodiront en aitres de mostiers :
N'en mangeront ne lou, ne porc, ne chien. »
Respont Rollanz : « Sire, molt dites bien. »

XV.

A trois reprises, Roland sonne de l'olifant, et avec un si grand effort que sa tempe se rompt, et que le sang jaillit de son front et de sa bouche. On entendit le son du cor à trente lieues. Charlemagne comprend que son neveu est en danger. En vain Ganelon essaye de détourner les soupçons, en vain il traite de craintes d'enfant les inquiétudes de l'empereur, et prétend que Roland doit s'amuser avec ses pairs, qu'aucun ennemi n'aurait osé l'attaquer. Charlemagne fait sonner toutes les trompettes de son armée : les Français descendent de leurs chevaux de voyage, revêtent leurs armures, montent sur leurs destriers, et retournent en toute hâte vers le défilé. Quant à Ganelon, l'empereur le livre à ses cuisiniers, qui lui épilent la barbe et la moustache, le frappent du poing et à coups de bâtons, lui mettent une chaîne au cou comme à un ours, et le jettent ignominieusement sur une bête de somme. Ils le gardèrent ainsi jusqu'au moment de le rendre à Charles pour le jugement. Cependant les Français se hâtent, répondant par leurs sonneries aux appels de l'olifant. Mais ils ne sauraient arriver à temps.

Rollanz at mis l'olifant a sa boche,
Empeint le bien, par grant vertut le sonet.
Halt sont li pui et la voiz est molt longe :
Granz trente lieues l'odirent il respondre.
Charles l'odit et ses compaignes totes ;
Ço dit li reis : « Bataille font nostre home. »
Et Guenelon li respondit encontre :
« Sel desist altre, ja semblast grant mençonge. »
Li cuens Rollanz par peine et par ahan,
Par grant dolor, sonet son olifant.

Parmi la boche en salt fors li clers sans,
De son cervel la temple en est rompant.
Del corn qu'il tient l'odide en est molt grant :
Charles l'entent, qui est as porz passanz,
Naimes l'odit, si l'escoltent li Franc.
Ço dist li reis : « Jo oi le corn Rollant.
Onc nel sonast, se ne fust combatanz. »
Guènes respont : « De bataille est nïent.
Ja estes vos vielz et floriz et blans,
Par tels paroles vos resemblez enfant.
Assez savez le grant orgoeil Rollant ;
Ço est merveille que Deus le soefret tant.
Ja prist il Noples senz le vostre comant ;
Fors s'en eissirent li Sarrazin de denz,
Quis combatirent al bon vassal Rollant.
Puis od les èves lavat les prez del sanc ;
Por ce le fist ne fust apareissant.
Por un sol liévre vait tot le jorn cornant.
Devant ses pers vait il ore gabant.
Soz ciel n'at gent l'osast requerre en champ.
Car chevalchiez ! Por qu' alez arestant ?
Terre Maior molt est loinz ça devant. »

Li cuens Rollanz at la boche sanglente,
De son cervel rompude en est la temple ;
L'olifant sonet a dolor et a peine.
Charles l'odit, et si Franceis l'entendent.
Ço dist li reis : « Cil corz at longe aleine ! »
Respont dus Naimes : « Li ber le fait a peine !
Bataille i at par le mien escïentre.
Cil l'at tradit qui vos en roevet feindre.
Adobez vos, si cridez vostre enseigne ;
Si socorez vostre maisniéde gente !
Assez odez que Rollanz se dementet. »

Li emperédre at fait soner ses cors.
Franceis descendent, si adobent lor cors
D'halbers et d'helmes et d'espédes ad or.
Escuz ont genz et espiez granz et for,
Et gonfanons blans et vermeilz et blois.
Es destriers montent tuit li baron de l'ost :
Brochent ad ait tant com durent li port.
N'i at celui a l' altre ne parolt :
« Se vedissons Rollant ainz qu'il fust morz,
Ensembl'od lui i donrïons granz cols. »
De ço cui chalt ? Car demorét ont trop !
Esclarciz est li vespres et li jorz :
Contre soleil reluisent cil adob,
Halberc et helme i jiétent grant flambor,
Et cil escut qui bien sont peint a flors,
Et cil espiét, cil orét gonfanon.
Li emperédre chevalchet par iror,
Et li Franceis dolent et curios.
N'i at celui qui durement ne plort,
Et de Rollant sont en molt grant poor.
Li reis fait prendre le conte Guenelon,
Sil comandat as cous de sa maison ;
Tot le plus maistre en apèlet Besgon :
« Bien le me guarde, si come tel felon,
De ma maisniéde at faite tradison. »
Cil le receit, s'i met cent compaignons
De la cuisine, des mielz et des peiors.
Icil li peilent la barbe et les gernons,
Chascuns le fiert quatre cols de son poing,
Bien le batirent a fuz et a bastons ;
Et si li métent el col un chadeignon,
Si l'enchadeignent altresi com un ors,
Sor un somier l'ont mis a deshonor.

Tant le guardérent quel rendent a Charlon.
Halt sont li pui et tenebros et grant,
Li val parfont et les èves coranz.
Sonent cil graisle et deriédre et devant,
Et tuit rachatent encontre l'olifant.
Li emperédre chevalchet iriédement,
Et li Franceis curios et dolent.
N'i at celui n'i plort et sei dement,
Et prient Deu que guarisset Rollant,
Josque il viégnent el champ comunement;
Ensembl'od lui i ferront veirement.
De ço cui chalt? Car ne lor valt nïent:
Demorent trop, n'i poedent estre a tens.

XVI.

Pendant que Charlemagne chevauche vers Roncevaux, les soixante derniers combattants de l'arrière-garde se multiplient. Roland pleure la mort de ses compagnons, qui sont tombés par sa faute, puis il se jette de nouveau dans la mêlée avec Olivier. Entre autres exploits, il coupe le poing droit de Marsile et tue son fils. A cette vue cent mille Sarrasins prennent la fuite.

Par grant iror chevalchet Charlemaignes.
Desor sa broigne li gist sa barbe blanche.
Poignent ad ait tuit li baron de France,
N'i at icel qui ne demeint irance
Que il ne sont a Rollant le chataigne,
Qui se combat as Sarrazins d'Espaigne.
Se est bleciez, ne cuit qu' anme i remaignet.
Deus! quels seissante i at en sa compaigne!
Onques meillors n'en out reis ne chataignes.
Rollanz reguardet es monz et es lariz.
De cels de France i veit tanz morz gesir

Et il les ploret com chevaliers gentilz :
« Seignor baron, de vos ait Deus mercit!
Totes voz anmes otreit il paredis!
En saintes flors il les facet gesir!
Meillors vassals de vos onques ne vi.
Si longement toz tens m'avez servit,
Ad oes Charlon si granz païs conquis!
Li emperédre tant mare vos nodrit!
Terre de France, molt estes dolz païs,
Hui desertez a tant rubeste essil!
Baron Franceis, por mei vos vei morir,
Jo ne vos puis tenser ne guarantir.
Aiut vos Deus, qui onques ne mentit!
Oliviers, frédre, vos ne dei jo faillir;
De doel morrai, s' altre ne m'i ocit.
Sire compaing, alons i referir! »

Li cuens Rollanz el champ est repaidriez.
Tient Durendal, come vassals i fiert :
Faldron del Pui i at parmi trenchiét,
Et vint et quatre de toz les mielz preisiez;
Jamais n'iert hom plus se voeillet vengier.
Si com li cers s'en vait devant les chiens,
Devant Rollant si s'en fuient paiien.
Dist l'arcevesques : « Assez le faites bien!
Itel valor deit aveir chevaliers,
Qui armes portet et en bon cheval siét;
En la bataille deit estre forz et fiers,
O altrement ne valt quatre deniers,
Moignes deit estre en un de cez mostiers,
Si preierat toz jorz por noz pechiez. »
Respont Rollanz : « Ferez, nes espargniez! »
Ad icest mot l'ont Franc recomenciet.
Molt grant damage i out de chrestiiens.

Hom qui ço sét que ja n'avrat prison,
En tel bataille fait grant defensïon :
Por ço sont Franc si fier come leon.
Es vos Marsilie en guise de baron,
Siét el cheval qu'il apèlet Gaignon.
Brochet le bien, si vait ferir Bevon,
Icil ert sire de Belne et de Dijon :
L'escut li fraint et l'halberc li deront,
Que mort l'abat senz altre desfaçon.
Puis at ocis Ivorie et Ivon,
Ensembl'od els Gerart de Rossillon.
Li cuens Rollanz ne li est guaires loinz,
Dist al paiien : « Damnes Deus mal te doinst!
A si grant tort m'ociz mes compaignons,
Colp en avras, ainz que nos departions,
Et de m' espéde encui savras le nom. »
Vait le ferir en guise de baron,
Trenchiét li at li cuens le destre poing.
Puis prent la teste de Jorfaleu le blont;
Icil ert filz al rei Marsilïon.
Paiien escrident : « Aiude nos, Mahom!
Li nostre deu, vengiez nos de Charlon !
En ceste terre nos at mis tels felons,
Ja por morir le champ ne guerpiront. »
Dist l'uns a l'altre : « E! car nos en fuions! »
Ad icest mot tel cent milie s'en vont,
Qui ques rapelt, ja n'en retorneront.

XVII.

Mais il reste encore cinquante mille nègres d'Ethiopie, aux grands nez et aux larges oreilles. Ils sont commandés par le calife, oncle de Marsile, celui-là même qui, d'après le récit de Ganelon (voyez le résumé VIII), avait dû faire naufrage avec toute sa flotte. « Nous sommes perdus! s'écrie Roland. Mais nous vendrons chèrement notre vie, et, quand l'empereur arrivera sur le champ de bataille, il trouvera quinze cadavres de païens contre un des nôtres ! » Olivier tue le calife, qui vient de lui percer la poitrine d'un coup de lance. Se sentant blessé à mort, il se jette au milieu des Sarrazins, dont il fait grand carnage. Puis il appelle Roland à son aide. Quand Roland voit le sang qui coule de la poitrine de son ami, il se pâme de douleur sur son cheval. Olivier, aveuglé par le sang, prend Roland pour un Sarrazin, et lui brise le heaume d'un coup d'épée. Heureusement il n'atteint pas la tête : « Mon ami, l'avez-vous fait exprès? lui dit Roland. Je suis Roland, celui qui vous aime tant. — Je vous entends parler, répond Olivier, mais je ne vous vois point. Je vous ai frappé : pardonnez-moi. » Il descend de cheval, se couche à terre, fait son *mea culpa*, et meurt en priant Dieu pour la France et pour son ami. Roland se pâme de douleur sur son cheval : ses étriers seuls l'empêchent de tomber.

De ço cui chalt? Se fuiz s'en est Marsilies,
Remés i est ses oncles l'algalifes,
Qui tint Cartagene, Alferne, Garmalïe,
Et Ethiope, une terre maldite ;
La neire gent en at en sa baillie :
Granz ont les nés et lédes les odides,
Et sont ensemble plus de cinquante milie.
Icil chevalchent fierement et ad ire,
Puis si escrident l'enseigne paienide.
Ço dist Rollanz : « Ci recevrons martirie,
Et or sai bien n'avons guaires a vivre.
Mais tot seit fel chier ne se vendet primes !
Ferez, seignor, des espédes forbides !
Si chalengiez et voz morz et voz vides,
Que dolce France par nos ne seit honide !
Quant en cest champ vendrat Charles mes sire,
De Sarrazins vedrat tel discipline,

Contre un des noz en troverat morz quinze :
Ne laisserat que nos ne benediet. »
Quant Rollanz veit la contredite gent,
Qui plus sont neir que nen est adremenz,
Ne n'ont de blanc ne mais que sol les denz,
Ço dist li cuens : « Or sai jo veirement
Que hui morrons par le mien escïent.
Ferez, Franceis ! car jol vos recomant. »
Dist Oliviers : « Dehait ait li plus lenz ! »
Ad icest mot Franceis se fiérent enz.
Quant paiien vidrent que Franceis i out poi,
Entr'els en ont et orgoeil et confort.
Dist l'uns a l'altre : « Li emperédre at tort. »
Li algalifes sist sor un cheval sor.
Brochet le bien des esperons ad or,
Fiert Olivier deriédre enmi le dos :
Le blanc halberc li at desclos el cors,
Parmi le piz son espiét li mist fors.
Et dit après : « Un colp avez pris fort.
Charles li maignes mar vos laissat as porz ;
Tort nos at fait, nen est dreiz qu'il s'en lot.
Car de vos sol ai bien vengiét les noz. »
Oliviers sent que a mort est feruz.
Tient Halteclére, dont li aciers fut bruns,
Fiert l'algalife sor l' helme ad or agut,
Et flors et piedres en acraventet jus,
Trenchet la teste d'ici qu'as denz menuz,
Brandist son colp, si l'a mort abatut.
Et dist après : « Paiiens, mal aies tu !
Iço ne di Charles n'i ait perdut ;
Ne a moillier n'a dame qu'as vedut
N'en vanteras, el règne dont tu fus,
Vaillant denier que m'i aies tolut,

Ne fait damage ne de mei ne d'altrui. »
Après escridet Rollant qu'il li aiut.

Oliviers sent qu'il est a mort nafrez.
De lui vengier jamais ne li iert sez ;
En la grant presse or i fiert come ber,
Trenchet cez hanstes et cez escuz boclers,
Et piez et poinz, espalles et costez.
Qui lui vedist Sarrazins desmembrer,
Un mort sor altre a la terre jeter,
De bon vassal li podust remembrer.
L'enseigne Charle n'i volt mie oblider,
Monjoie escridet et haltement et cler.
Rollant apèlet son ami et son per :
« Sire compaing, a mei car vos jostez.
A grant dolor ermes hui desevrét. »

Rollanz reguardet Olivier al visage.
Teinz fut et pers, descolorez et pales,
Li sans toz clers parmi le cors li raiet,
Encontre terre en chiédent les esclaces :
« Deus ! dist li cuens, or ne sai jo que face.
Sire compaing, mar fut vostre barnages !
Jamais n'iert hom qui ton cors contrevaillet.
E ! France dolce, com hui remandras guaste
De bons vassals, confondude et chadeite !
Li emperédre en avrat grant damage. »
Ad icest mot sor son cheval se pasmet.

Es vos Rollant sor son cheval pasmét,
Et Olivier qui est a mort nafrez.
Tant at saigniét li oeil li sont troblét :
Ne loinz ne près ne poet vedeir si cler
Que reconoisset nisun home mortel.
Son compaignon, com il l'at encontrét,
Sil fiert amont sor l'helme ad or gemét :

Tot li detrenchet d'ici que al nasel,
Mais en la teste ne l' at mie adesét.
Ad icel colp l' at Rollanz reguardét,
Si li demandet dolcement et soéf :
« Sire compaing, faites le vos de grét ?
Ço 'st ja Rollanz, qui tant vos soelt amer.
Par nule guise ne m'avez desfidét. »
Dist Oliviers : « Or vos oi jo parler ;
Jo ne vos vei, veiet vos damnes Deus !
Ferut vos ai. Car le me pardonez ! »
Rollanz respont : « Jo n'ai nïent de mel.
Jol vos pardoins ici et devant Deu. »
Ad icel mot l'uns a l' altre at clinét ;
Par tel amor es les vos desevrez.
Oliviers sent que la mort molt l'angoisset.
Andoi li oeil en la teste li tornent,
L'odide pert et la vedude tote.
Descent a piét, a la terre se colchet.
D'hores en altres si reclaimet sa colpe,
Contre le ciel ambesdous ses mains jointes,
Si priet Deu que paredis li doinset,
Et benediet Charlon et France dolce,
Son compaignon Rollant desor toz homes.
Falt li li coers, li helmes li embronchet,
Trestoz li cors a la terre li jostet.
Morz est li cuens, que plus ne se demoret.
Rollanz li ber le ploret, sil doloset ;
Jamais en terre n'odrez plus dolent home.
Li cuens Rollanz quant mort vit son ami
Gesir adenz, contre orient son vis,
Molt dolcement a regreter le prist :
« Sire compaing, tant mar fustes hardiz !
Ensemble avons estét et anz et dis ;

Nem fesis mal, ne jo nel te forsfis.
Quant tu iés morz, dolor est que jo vif. »
Ad icest mot se pasmet li marchis
Sor son cheval qu' hom claimet Veillantif.
Afermez est a ses estreüs d'or fin;
Quel part qu'il alt, ne poet mie chadir.

XVIII.

Quand Roland revient à lui, de toute son arrière-garde l'archevêque Turpin et Gautier de l'Hum sont seuls vivants. Gautier est descendu de la montagne où il avait été posté (voyez le résumé VIII) et où il a perdu tous ses hommes. Les trois héros font encore des prodiges de valeur. Mille Sarrazins à pied et quarante mille à cheval n'osent les approcher et les combattent de loin avec leurs armes de trait. Bientôt Gautier succombe, et l'archevêque, son écu percé, son heaume brisé, son haubert rompu, a son cheval tué sous lui, et tombe avec une blessure à la tête et quatre lances dans le corps. Il se relève, tire son épée et continue la lutte. Quand Charlemagne arriva sur le champ de bataille, il trouva quatre cents cadavres de Sarrazins autour de Turpin. C'est ce que raconte saint Gilles, qui écrivit à Laon le récit de la bataille [1].

Entre les vers 2055 et 2056 se place dans les autres manuscrits un récit fait par Gautier de la bataille qu'il a livrée aux païens sur la montagne.

Ainz que Rollanz se seit aperceüz,
De pasmeison guariz ne revenuz,
Molt granz damages li est apareüz :
Mort sont Franceis, toz les i at perdut,
Senz l'arcevesque et senz Gualtier de l'Hum.
Repaidriez est de la montaigne jus :

1. Les auteurs de chansons de geste cherchaient toujours à faire croire qu'ils empruntaient leurs récits à des histoires authentiques. Saint Gilles qui, en réalité, a vécu sous Charles Martel, est en effet rattaché à la légende de Roncevaux par de vieilles traditions.

A cels d'Espaigne molt s'i est combatuz,
Mort sont si home, sis ont paiien vencut.
Voeillet o non, desoz cez vals s'en fuit,
Et si reclaimet Rollant qu'il li aiut :
« E ! gentilz cuens, vaillanz hom, ou iés tu ?
Onques nen oi poor la ou tu fus.
Ço est Gualtiers, qui conquist Maëlgut,
Li niés Droon al vieil et al chanut.
Por vasselage soleie estre tes druz.
Ma hanste est fraite et perciez mes escuz,
Et mes halbers desmaillez et rompuz,
Parmi le cors de lances sui feruz.
Sempres morrai, mais chier me sui venduz. »
Ad icel mot l'at Rollanz entendut :
Le cheval brochet, si vient poignant vers lui.

Rollanz at doel, si fut maltalentis.
En la grant presse comencet a ferir :
De cels d'Espaigne en at jetét morz vint,
Et Gualtiers sis et l'arcevesques cinc.
Dient paiien : « Felons homes at ci !
Guardez, seignor, que il n'en algent vif !
Tot par seit fel qui nes vait envadir,
Et recredanz qui les lairrat guarir ! »
Donc recomencent et le hu et le cri ;
De totes parz les revont envadir.

Li cuens Rollanz fut molt nobles guerriers,
Gualtiers de l'Hum est bien bons chevaliers,
Li arcevesques prozhoem et essaiiez.
Li uns ne volt l'altre nïent laissier,
En la grant presse i fiérent as paiiens.
Mil Sarrazin i descendent a piét,
Et a cheval sont quarante milier.
Mien escïentre, nes osent aproismier :

Il lancent lor et lances et espiez,
Vigres et darz, museraz aguisiez.
As premiers cols i ont ocis Gualtier,
Turpin de Reins tot son escut perciét,
Quassét son helme, si l' ont nafrét el chief,
Et son halberc romput et desmailliét,
Parmi le cors nafrét de quatre espiez.
Dedesoz lui ocident son destrier :
Or est granz doels, quant l'arcevesques chiét.

Turpins de Reins quant se se sent abatut,
De quatre espiez parmi le cors ferut,
Isnelement li ber resaillit sus ;
Rollant reguardet, puis si li est coruz,
Et dist un mot : « Ne sui mie vencuz ;
Ja bons vassals nen iert vis recreduz. »
Il trait Almace, s'espéde d' acier brun :
En la grant presse mil cols i fiert et plus.
Puis le dist Charles qu'il n'en espargnat nul :
Tels quatre cenz i trovat entorn lui,
Alquanz nafrez, alquanz parmi feruz ;
Si out d'icels qui les chiés ont perdut.
Ço dit la geste et cil qui el champ fut,
Li ber sainz Gilies, por cui Deus fait vertuz ;
Et fist la chartre el mostier de Lodun :
Qui tant ne sét ne l'at prot entendut.

XIX.

Roland, couvert de sueur et la tempe brisée, tire encore un faible son de l'olifant pour appeler l'empereur. Charles, qui l'entend, lui répond par soixante mille trompettes. Alors quatre cents païens se réunissent pour livrer un dernier assaut à Roland avant l'arrivée des secours. Roland se jette au milieu d'eux avec l'archevêque Turpin. Les Sarrasins reculent et les attaquent de loin : ils percent l'écu de Roland, brisent son haubert, et tuent son cheval sous lui, puis ils prennent la fuite. Il faut remarquer que Roland n'est pas blessé par l'ennemi : « Ils ne l'ont point atteint dans son corps, » dit le texte. Il mourra de la blessure qu'il s'est faite lui-même en sonnant de l'olifant. Ce n'est sans doute pas sans dessein que le poète a préservé ainsi le héros des coups de l'ennemi : dans la légende grecque Achille n'est vulnérable qu'au talon.

Li cuens Rollanz gentement se combat.
Mais le cors at tressudét et molt chalt,
En la teste at et dolor et grant mal,
Rote at la temple por ço que il cornat.
Mais saveir volt se Charles i vendrat,
Trait l'olifant, fieblement le sonat.
Li emperédre s'estut, si l'escoltat :
« Seignor, dist il, molt malement nos vait !
Rollanz mes niés hui cest jorn nos defalt :
J' oi al corner que guaires ne vivrat.
Qui estre i voelt, isnelement chevalzt,
Sonez voz graisles tant que en ceste ost at ! »
Seissante milie en i cornent si halt,
Sonent li mont et respondent li val.
Paiien l'entendent, nel tindrent mie en gab ;
Dit l'uns a l'altre : « Charlon avrons nos ja. »
Dient paiien : « L'emperédre repaidret :
De cels de France odons soner les graisles.
Se Charles vient, de nos i avrat perte.
Se Rollanz vit, nostre guerre novèlet.
Perdut avons Espaigne nostre terre. »
Tel quatre cent s'en assemblent ad helmes,
Et des meillors qui el champ poedent estre :
A Rollant rendent un estorn fort et pesme.
Or at li cuens endreit sei molt que faire.
Li cuens Rollanz, quant il les veit venir.

Tant se fait forz et fiers et maneviz,
Nes recredrat tant com il serat vis.
Siét el cheval qu'hom claimet Veillantif.
Brochet le bien des esperons d'or fin,
En la grant presse les vait toz envadir,
Ensembl'od lui l'arcevesques Turpins.
Dist l'uns a l'altre : « Ça vos traiiez, ami !
De cels de France les corz avons odit ;
Charles repaidret, li reis podestedis. »

Li cuens Rollanz onques n'amat codart,
Ne orgoillos n' home de male part,
Ne chevalier s'il ne fust bons vassals.
Et l'arcevesque Turpin en apelat :
« Sire, a piét estes, et jo sui a cheval.
Por vostre amor ici prendrai estal :
Ensemble avrons et le bien et le mal,
Ne vos lairrai por nul home de charn.
Encui rendrons a paiiens cest assalt :
Li meillor colp cil sont de Durendal. »
Dist l'arcevesques : « Fel seit qui n'i ferrat !
Charles repaidret, qui bien nos vengerat. »

Dient paiien : « Si mare fumes nét !
Com pesmes jorz nos est hui ajornez !
Perdut avons noz seignors et noz pers.
Charles repaidret od sa grant ost, li ber :
De cels de France odons les graisles clers,
Grant est la noise de Monjoie escrider.
Li cuens Rollanz est de tant grant fiertét,
Ja n'iert vencuz por nul home charnel.
Lançons a lui, puis sil laissons ester ! »
Et il si firent : darz et vigres assez,
Espiez et lances, museraz empenez ;
L'escut Rollant ont frait et estroét,

Et son halberc romput et desafrét,
Mais enz el cors ne l' ont mie adesét.
Veillantif ont en trente lious nafrét,
Desoz le conte si l'i ont mort jetét.
Paiien s'en fuient, puis sil laissent ester;
Li cuens Rollanz a piét i est remés.

XX.

Privé de son cheval, Roland ne peut poursuivre les païens. Il donne ses soins à Turpin, délace son heaume, enlève son haubert, et bande ses plaies; puis il le presse contre sa poitrine et le couche doucement sur l'herbe. Alors, avec son assentiment, il va chercher les cadavres des barons français et les apporte près de lui pour qu'il les bénisse. Brisé par cet effort et par la douleur, Roland tombe évanoui, et l'archevêque, qui veut aller chercher de l'eau pour le secourir, sent à son tour le cœur lui manquer. Quand Roland revient à lui, il assiste aux derniers moments de Turpin.

Dans la laisse qui commence au vers 2184, il manque vraisemblablement deux vers, qui ajoutaient Ive, Ivoire et Engelier de Gascogne à l'énumération des barons morts trouvés par Roland.

Paiien s'en fuient corroços et iriét,
Envers Espaigne tendent de l'espleitier.
Li cuens Rollanz nes at donc enchalciez;
Perdut i at Veillantif son destrier :
Voeillet o non, remés i est a piét.
A l'arcevesque Turpin alat aidier,
Son helme ad or li deslaçat del chief,
Si li tolit le blanc halberc legier,
Et son blialt li at tot detrenchiét,
En ses granz plaies des pans li at fichiét.
Contre son piz puis si l'at embraciét,
Sor l'herbe verte puis l'at soéf colchiét.
Molt dolcement li at Rollanz preiiét :

« E! gentilz hom, car me donez congiét :
Noz compaignons, que oümes tant chiers,
Or sont il mort, nes i devons laissier,
Jos voeil aler et querre et entercier,
Dedevant vos joster et enrengier. »
Dist l'arcevesques : « Alez et repaidriez.
Cist chans est vostre, la mercit Deu! et miens. »

Rollanz s'en tornet, par le champ vait tot sols,
Cerchet les vals et si cerchet les monz.
Trovat Gerin, Gerier son compaignon,
Et si trovat Berengier et Oton,
Iloec trovat Anseïs et Sanson,
Trovat Gerart le vieil de Rossillon.
Par un et un i at pris les barons,
A l'arcevesque en est venuz atot,
Sis mist en reng dedevant ses genoilz.
Li arcevesques ne poet muder n'en plort,
Liévet sa main, fait sa benediçon.
Après at dit : « Mare fustes, seignor!
Totes voz anmes ait Deus li glorios!
En paredis les métet en saintes flors!
La meie mort me rent si angoissos,
Ja ne vedrai le riche emperedor. »

Rollanz s'en tornet, le champ vait recerchier.
Son compaignon at trovét Olivier,
Contre son piz estreit l'at embraciét.
Si com il poet a l'arcevesque en vient.
Sor un escut l'at as altres colchiét;
Et l'arcevesques l'at asols et seigniét.
Idonc agriéget li doels et la pitiét.
Ço dit Rollanz : « Bels compaing Oliviers,
Vos fustes filz al riche duc Reinier,
Qui tint la marche de Gênes et Rivier.

Por hanste fraindre, por escuz pecciier,
Por orgoillos et veintre et esmaiier,
Et por prozhomes tenir et conseillier,
Et por glotons et veintre et esmaiier,
En nule terre n'out meillor chevalier. »

Li cuens Rollanz, quant il veit morz ses pers,
Et Olivier qu'il tant podeit amer,
Tendror en out, comencet a plorer.
En son visage fut molt descolorez ;
Si grant doel out que mais ne pout ester :
Voeillet o non, a terre chiét pasmez.
Dist l'arcevesques : « Tant mare fustes, ber! »

Li arcevesques, quant vit pasmer Rollant,
Donc out tel doel, onques mais n'out si grant
Tendit sa main, si at pris l'olifant :
En Rencesvals at une ève corant,
Aler i volt, sin donrat a Rollant.
Son petit pas s'en tornet chancelant,
Il est si fiébles qu'il ne poet en avant,
N'en at vertut, trop at perdut del sanc;
Ainz qu' hom alast un sol arpent de champ,
Falt li li coers, si est chadeiz avant :
La soë mort le vait molt angoissant.

Li cuens Rollanz revient de pasmeison :
Sor piez se drécet, mais il at grant dolor.
Guardet aval et si guardet amont;
Sor l'herbe verte, oltre ses compaignons,
La veit gesir le nobilie baron.
Ço 'st l'arcevesques, que Deus mist en son nom :
Claimet sa colpe, si reguardet amont,
Contre le ciel ambesdous ses mains joint,
Si priet Deu que paredis li doinst.
Morz est Turpins el servise Charlon.

Par granz batailles et par molt bels sermons
Contre paiiens fut toz tens champïon.
Deus li otreit sainte benediçon !
 Li cuens Rollanz veit l'arcevesque a terre :
Defors son cors veit gesir la bodèle,
Desoz le front li boillit la cervèle.
Desor son piz, entre les dous forcèles,
Croisiédes at ses blanches mains, les bèles.
Forment le plaint a la lei de sa terre :
« E! gentilz hom, chevaliers de bone aire,
Hui te comant al glorios celeste.
Jamais n'iert hom plus volentiers le servet;
Des les apostles ne fut onc tels prophète
Por lei tenir et por homes atraire.
Ja la vostre anme nen ait doel ne sofraite!
De paredis li seit la porte overte! »

XXI.

Quand Roland sent qu'il va mourir, il prend d'une main son olifant, de l'autre son épée, s'avance sur la terre d'Espagne plus loin qu'une portée d'arbalète, et gravit un tertre couronné par deux arbres et quatre rochers de marbre. Là il tombe sur l'herbe, évanoui. Un Sarrasin, qui feignait d'être mort, se dresse alors, court vers Roland, le saisit, et essaye de lui enlever son épée. Mais Roland revient à lui, et, d'un coup de son olifant, il fend le heaume et la tête du païen. Puis il s'efforce de briser son épée contre les rochers pour qu'elle ne tombe pas entre les mains des ennemis, après lui avoir servi à faire tant de conquêtes [1]; mais ce sont les rochers qui se brisent, et Durendal reste intacte. Enfin il va se coucher sous un pin, la tête tournée vers l'Espagne, en conquérant. Il a placé sous lui son olifant et son épée. La mort approche. Roland fait son *mea culpa*, pleure en pensant à douce France,

1. Voyez la note 1 de la page 16.

à sa famille, à Charlemagne, et tend à Dieu son gant droit en signe d'hommage. L'ange Gabriel le reçoit de sa main, puis se joint à Raphaël et à saint Michel pour emporter l'âme du héros en paradis.

Ço sent Rollanz que la mort li est près ;
Par les oreilles fors li ist li cervels.
De ses pers priet a Deu que les apelt,
Et puis de lui a l'angele Gabriel.
Prist l'olifant, que reproche n'en ait,
Et Durendal s'espéde en l'altre main.
Plus qu'arbaleste ne poet traire un quadrel,
Devers Espaigne en vait en un guarait.
En som un tertre, desoz dous arbres bels,
Quatre pedrons i at de marbre faiz :
Sor l'herbe verte la est chadeiz envers,
Si s'est pasmez, car la mort li est près,
Halt sont li pui et molt halt sont li arbre.
Quatre pedrons i at luisanz de marbre ;
Sor l'herbe verte li cuens Rollanz se pasmet.
Uns Sarrazins tote veie l'esguardet :
Si se feinst mort, si gist entre les altres ;
Del sanc ludat son cors et son viságe.
Met sei en piez et de corre se hastet.
Bels fut et forz et de grant vasselage ;
Par son orgoeil comencet mortel rage.
Rollant saisit et son cors et ses armes,
Et dist un mot : « Vencuz est li niés Charle !
Iceste espéde porterai en Arabe. »
En cel tirer li cuens s'aperçut alques.
Ço sent Rollanz que s'espéde li tolt.
Ovrit les oelz, si li at dit un mot :
« Mien escïentre, tu n'iés mie des noz ! »
Tient l'olifant, qu'onques perdre ne volt :

Sil fiert en l'helme, qui gemez fut ad or,
Froisset l'acier et la teste et les os,
Ansdous les oelz del chief li at mis fors,
Jus a ses piez si l'at trestornét mort.
Après li dit : « Colverz, com fus si os
Que me saisis ne a dreit ne a tort?
Ne l'odrat hom ne t'en tiégnet por fol.
Fenduz en est mes olifanz el gros,
Ça jus en est li cristals et li ors. »
  Ço sent Rollanz la vedude at perdude,
Met sei sor piez, quant qu'il poet s'esvertudet;
En son visage sa color at perdude.
Dedevant lui at une piédre brune;
Dis cols i fiert par doel et par rancune,
Croist li aciers, ne fraint ne ne s' esgruignet;
Et dist li cuens : « Sainte Marie, aiude!
E! Durendal, bone, si mare fustes!
Quant jo n'ai prot, de vos nen ai meins cure!
Tantes batailles en champ en ai vencudes,
Et tantes terres larges escombatudes,
Que Charles tient, qui la barbe at chanude!
Ne vos ait hom qui por altre s'en fuiet!
Molt bons vassals vos at lonc tens tenude;
Jamais n'iert tels en France l'asolude. »
  Rollanz ferit el pedron de Sartaigne :
Croist li aciers, ne briset ne n'esgraignet.
Quant il ço vit que n'en pout mie fraindre,
A sei medisme la comencet a plaindre :
« E! Durendal, com iés et clére et blanche!
Contre soleil si reluis et reflambes!
Charles esteit es vals de Moriane,
Quant Deus del ciel li mandat par son angele
Qu'il te donast ad un conte chataigne;

Donc la me ceinst li gentilz reis, li maignes.
Jo l'en conquis et Anjou et Bretaigne,
Si l'en conquis et Peitou et le Maine,
Jo l'en conquis Normandie la franche,
Si l'en conquis Provence et Aquitaigne,
Et Lombardie et trestote Romaigne,
Jo l'en conquis Baiviére et tote Flandre,
Et Boguerie et trestote Poillaigne,
Costantinoble, dont il out la fidance,
Et en Saisoigne fait il ço qu'il demandet;
Jo l'en conquis Guales, Escoce, Irlande,
Et Engleterre, que il teneit sa chambre;
Conquis l'en ai païs et terres tantes,
Que Charles tient qui at la barbe blanche!
Por ceste espéde ai dolor et pesance,
Mielz voeil morir qu'entre paiiens remaignet.
Damnes Deus pédre, n'en laissier honir France! »

Rollanz ferit en une piédre bise,
Plus en abat que jo ne vos sai dire.
L'espéde croist, ne froisset ne ne briset,
Contre le ciel amont est resortide.
Quant veit li cuens que ne la fraindrat mie,
Molt dolcement la plainst a sei medisme :
« E! Durendal, com iés bèle et saintisme!
En l'orie pont assez i at reliques :
La dent saint Piédre et del sanc saint Basilie,
Et des chevels mon seignor saint Denise;
Del vestement i at sainte Marie.
Il nen est dreiz que paiien te baillissent,
De chrestiiens devez estre servide.
Ne vos ait hom qui facet codardie!
Molt larges terres de vos avrai conquises,
Que Charles tient, qui la barbe at floride;

Li emperédre en est et ber et riches. »
Ço sent Rollanz que la mort le tresprent,
Devers la teste sor le coer li descent;
Desoz un pin i est alez corant,
Sor l'herbe verte s'i est colchiez adenz;
Desoz lui met s'espéde et l'olifant,
Tornat sa teste vers la paiiéne gent,
Por ço l'at fait que il voelt veirement
Que Charles diet et trestote sa gent
Li gentilz cuens qu'il fut morz conquerant.
Claimet sa colpe et menut et sovent,
Por ses pechiez Deu porofrit le guant.
Ço sent Rollanz de son tens n'i at plus.
Devers Espaigne gist en un pui agut,
A l' une main si at son piz batüt :
« Deus ! meie colpe vers les toës vertuz
De mes pechiez, des granz et des menuz,
Que jo ai fait des l'hore que nez fui
Tresqu'a cest jorn que ci sui conseüz ! »
Son destre guant en at vers Deu tendut;
Angele del ciel i descendent a lui.
Li cuens Rollanz se jut desoz un pin,
Envers Espaigne en at tornet son vis,
De plusors choses a remembrer li prist :
De tantes terres come li ber conquist,
De dolce France, des homes de son lign,
De Charlemaigne, son seignor, quil nodrit.
Ne poet muder n'en plort et ne sospirt.
Mais lui medisme ne volt métre en oblit,
Claimet sa colpe, si priet Deu mercit :
« Veire paterne, qui onques ne mentis,
Saint Lazaron de mort resurrexis,
Et Danïel des leons guaresis,

Guaris de mei l'anme de toz perilz
Por les pechiez que en ma vide fis ! »
Son destre guant a Deu en porofrit,
Sainz Gabriel de sa main li at pris.
Desor son braz teneit le chief enclin,
Jointes ses mains est alez a sa fin.
Deus li tramist son angele cherubin,
Et avoec lui saint Michiel del Peril ;
Ensemble od els sainz Gabriel i vint :
L'anme del conte portent en paredis.

XXII.

Charlemagne arrive sur le champ de bataille de Roncevaux et déplore la mort de ses douze pairs. Mais le duc Naimes lui montre dans le lointain la poussière soulevée par les Sarrasins en fuite. Il se lance à leur poursuite, laissant à Roncevaux quatre de ses barons avec mille chevaliers pour garder les morts. Comme le soir approche, l'empereur prie Dieu d'arrêter le soleil, et l'ange qui a coutume de parler avec lui vient lui annoncer que sa prière est exaucée. A la faveur du jour prolongé, il atteint les Sarrasins, les bat, et les pousse dans l'Ebre, où un grand nombre se noient. Alors il descend de cheval et se prosterne à terre pour remercier Dieu. Quand il se relève, le soleil est couché. Il est trop tard pour retourner à Roncevaux : on campe où on se trouve. On enlève les selles et les freins des chevaux qu'on lâche ensuite dans les prés. Les hommes dorment sur la terre : cette nuit-là on ne fit pas le guet.

Morz est Rollanz, Deus en at l'anme es ciels.
Li emperédre en Rencesvals parvient :
Il nen i at ne veie ne sentier,
Ne vuide terre ne alne ne plein piét,
Que il n'i ait o Franceis o paiien.
Charles escridet : « Ou estes vos, bels niés ?

Ou 'st l'arcevesques et li cuens Oliviers?
Ou est Gerins et ses compaing Geriers?
Ou est Oton et li cuens Berengiers,
Ive et Ivories, que j'aveie tant chiers?
Qu'est devenuz li Guascoinz Engeliers,
Sanson li dus et Anseïs li fiers?
Ou est Gerarz de Rossillon li vielz,
Li doze per qu' aveie ci laissiét ? »
De ço cui chalt, quant nuls n'en respondiét ?
« Deus, dist li reis, tant me puis esmaiier
Que jo ne fui a l'estorn comencier ! »
Tiret sa barbe com hom qui est iriez.
Plorent des oelz si baron chevalier,
Encontre terre se pasment vint milier,
Naimes li dus en at molt grant pitiét.

Il nen i at chevalier ne baron
Que de pitiét molt durement ne plort ;
Plorent lor filz, lor frédres, lor nevoz,
Et lor amis et lor liges seignors ;
Encontre terre se pasment li plusor.
Naimes li dus d'içо at fait que proz,
Toz premerains l'at dit l'emperedor :
« Guardez avant de dous lieues de nos !
Vedeir podez les granz chemins poldros,
Qu' assez i at de la gent paienor.
Car chevalchiez ! vengiez ceste dolor ! »
« E Deus ! dist Charles, ja sont il la si loinz !
Consentez mei et dreiture et honor !
De France dolce m'ont tolude la flor. »
Li reis comandet Geboïn et Oton,
Tedbalt de Reins et le conte Milon :
« Guardez le champ et les vals et les monz,
Laissiez les morz tot issi com il sont,

Que n'i adeist ne beste ne leon,
Ne n'i adeist escudiers ne garçon !
Jo vos defent que n'i adeist nuls hom,
Josque Deus voeillet qu' en cest champ reveignons. »
Et cil respondent dolcement par amor :
« Dreiz emperédre, chiers sire, si ferons. »
Mil chevaliers i retiénent des lor.

Li emperédre fait ses graisles soner,
Puis si chevalchet od sa grant ost li ber.
De cels d'Espaigne ont les escloz trovez,
Tiénent l'enchalz, tuit en sont comunel.
Quant veit li reis le vespre decliner,
Sor l'herbe verte descent enmi un prét,
Colchet s'a terre, si priet damne Deu
Que le soleil facet por lui ester,
La nuit targier et le jorn demorer.
Es li un angele qui od lui soelt parler,
Isnelement si li at comandét :
« Charles, chevalche ! car tei ne falt clartét.
La flor de France as perdut, ço sét Deus ;
Vengier te poez de la gent criminel. »
Ad icel mot l'emperédre est montez.

Por Charlemaigne fist Deus vertuz molt granz ;
Car li soleilz est remés en estant.
Paiien s'en fuient, bien les enchalcent Franc,
El Val Tenèbres la les vont ataignant ;
Vers Sarragoce les enchalcent ferant,
A cols pleniers les en vont ocidant,
Tolent lor veies et les chemins plus granz.
L'ève de Sèbre éle lor est devant ;
Molt est parfonde, merveillose et corant,
Il n'i at barge ne drodmont ne chalant.
Paiien reclaiment un lor deu Tervagan,

Puis saillent enz, mais il n'i ont guarant.
Li adobét en sont li plus pesant,
Envers le font s'en tornérent alquant,
Li altre en vont encontreval flotant;
Li mielz guarit en unt beüt itant,
Tuit sont neiiét par merveillos ahan.
Franceis escrident : « Mar vedistes Rollant ! »

Quant Charles veit que tuit sont mort paiien,
Alquant ocis et li plusor neiiét,
Molt grant eschiec en ont si chevalier,
Li gentilz reis descenduz est a piét,
Colchet s' a terre, sin at Deu graciiét.
Quand il se drécet, li soleilz est colchiez.
Dist l'emperédre : « Tens est de l'herbergier,
En Rencesvals est tart del repaidrier.
Nostre cheval sont las et enoiiét;
Tolez les sèles, les freins qu'il ont es chiés,
Et par cez prez les laissiez refreidier. »
Respondent Franc : « Sire, vos dites bien. »

Li emperédre at prise sa herberge;
Franceis descendent entrel Sèbre et Valterre.
A lor chevals ont toleites les sèles,
Les freins ad or lor métent jus des testes,
Livrent lor prez, assez i at fresche herbe,
D'altre conreit ne lor poedent plus faire.
Qui molt est las il se dort contre terre.
Icéle nuit n'ont onques eschalguaite.

XXIII.

L'empereur s'est couché tout armé dans un pré, son épée Joyeuse[1] à son côté. Il se lamente à la pensée de Roland, d'Olivier, des douze pairs, qui ont succombé à Roncevaux, puis il s'endort de lassitude. Tous les Français dorment aussi dans les prés ; les chevaux ne peuvent plus se tenir debout, et broutent tout couchés. Dieu envoie près de Charlemagne l'ange Gabriel, qui passe la nuit à son chevet et lui donne deux visions successives : l'une est un présage de bataille, l'autre montre par avance les principaux incidents du jugement de Ganelon. Dans la première, une effroyable tempête enflamme et brise les armes et les écus des Français, et une légion de bêtes sauvages se précipite sur eux ; puis un grand lion sort d'une forêt et lutte corps à corps avec l'empereur. Dans la seconde, Charlemagne se voit à Aix-la-Chapelle, où il tient un ours enchaîné, lorsque d'autres ours, au nombre de trente, viennent réclamer leur parent ; puis un lévrier s'attaque à l'un d'eux, au plus grand, et une lutte acharnée s'engage. — On se rappelle que Charlemagne a déjà eu un songe semblable dans la nuit qui a précédé l'organisation de l'arrière-garde (voyez le résumé VIII).

Li emperédre s'est colchiez en un prét.
Son grant ẹspiét met a son chief li ber ;
Icéle nuit ne se volt desarmer,
Si at vestut son blanc halberc safrét,
Laciét son helme qui est ad or gemez,
Ceinte Joiose, onques ne fut sa per,
Qui chascun jorn mudet trente clartez.
Assez savons de la lance parler,
Dont Nostre Sire fut en la croiz nafrez ;

1. A ce propos, le poète raconte que l'épée de Charlemagne a été appelée Joyeuse en signe de grande joie, à cause du fragment de la sainte lance qui a été enchâssé dans le pommeau. C'est depuis le même jour que le cri de guerre des Français fut : Monjoie !

Charles en at l'amore, mercit Deu !
En l'orie pont l'at faite manovrer.
Por ceste honor et por ceste bontét
Li nons Joiose l'espéde fut donez.
Baron franceis nel deivent oblider,
Enseigne en ont de Monjoie crider ;
Por ço nes poet nule gent contrester.

Clére est la nuit et la lune luisant.
Charles se gist, mais doel at de Rollant,
Et d'Olivier li peiset molt forment,
Des doze pers, de la franceise gent,
Qu'en Rencesvals at laissiét morz sanglenz.
Ne poet muder n'en plort et nes dement,
Et priet Deu qu'as anmes seit guaranz.
Las est li reis, car la peine est molt grant ;
Endormiz est, ne pout mais en avant.
Par toz les prez or se dorment li Franc.
N'i at cheval qui puisset estre en estant :
Qui herbe voelt il la prent en gisant.
Molt at apris qui bien conoist ahan.

Charles se dort com hom qui 'st travailliez.
Saint Gabriel li at Deus enveiiét,
L'emperedor li comandet a guaitier ;
Li angeles est tote nuit a son chief.
Par avison il li at anonciét
Une bataille qui encontre lui iert :
Senefiance l'en demostrat molt grief.
Charles guardat amont envers le ciel,
Veit les toneidres et les venz et les giels,
Et les orez, les merveillos tempiers.
Et fous et flambe i est apareilliez,
Isnelement sor tote sa gent chiét :
Ardent cez hanstes de fraisne et de pomier,

Et cil escut josqu'as bocles d'or mier,
Froissent cez hanstes de cez trenchanz espiez,
Croissent halberc et cil helme d'acier.
En grant dolor i veit ses chevaliers.
Ors et leupart les voelent puis mangier ;
Serpenz et guivres, dragons et aversiers,
Grifons i at plus de trente miliers :
Nen i at cel a Franceis ne se jiét.
Et Franceis crident : « Charlemaignes, aidiez ! »
Li reis en at et dolor et pitiét,
Aler i voelt, mais il at destorbier :
Devers un gualt uns granz leon li vient,
Molt par ert pesmes et orgoillos et fiers ;
Son cors medisme i assalt et requiert.
Prènent s'a braz andoi por i luitier ;
Mais ço ne sét quels abat ne quels chiét.
Li emperédre ne s'est mie esveilliez.

Après icéle li vient altre avison :
Qu'il ert en France ad Ais ad un pedron,
En dous chadeines si teneit un brohon ;
Devers Ardène vedeit venir trente ors,
Chascuns parolet altresi come hom ;
Diseient li : « Sire, rendez le nos !
Il nen est dreiz que il seit mais od vos,
Nostre parent devons estre a socors. »
De son palais vint un veltres le cors,
Entre les altres assaillit le graignor
Sor l'herbe verte oltre ses compaignons.
La vit li reis si merveillos estorn ;
Mais ço ne sét li quels veint ne quels non.
Li angeles Deu ço mostret al baron.
Charles se dort tresqu'al main al cler jorn.

XXIV.

Cependant Marsile arrive en fuyant jusqu'à Saragosse. Il descend de cheval sous un olivier. A peine il a le temps de remettre à ses sergents son épée, son haubert et son heaume, et de se coucher sur l'herbe : la cruelle blessure qu'il a reçue (voy. page 69) lui fait perdre tout son sang, et il s'évanouit. Autour de lui se presse une foule de païens, sa femme Bramimonde pousse des cris de douleur. Furieux contre leurs dieux (voyez page 1), les païens les insultent, et renversent et brisent leurs idoles. Marsile, ayant repris ses sens, se fait porter dans son palais ; la reine continue à se lamenter et à accuser les dieux : « L'émir, ajoute-t-elle, serait un lâche s'il ne venait nous venger. »

Li reis Marsilies s'en fuit en Sarragoce.
Soz une olive est descenduz en l'ombre ;
S'espéde rent et son helme et sa broigne,
Sor la verte herbe molt laidement se colchet.
La destre main at perdude trestote,
Del sanc qu'en ist se pasmet et angoisset.
Dedevant lui sa moillier Bramimonde
Ploret et cridet, molt forment se doloset,
Ensembl'od li plus de trente milie home,
Qui tuit maldient Charlon et France dolce.
Ad Apollin corent en une crote,
Tencent a lui, laidement l' despersonent :
« E ! malvais deus ! por quei nos fais tel honte ?
Cest nostre rei por quei laissas confondre ?
Qui molt te sert, malvais loier l'en dones. »
Puis si li tolent son sceptre et sa corone,
Par mains le pendent desor une colombe,
Entre lor piez a terre le trestornent,
A granz bastons le batent et defroissent.
Et Tervagan tolent son escharboncle,

Et Mahomét enz en un fossét botent,
Et porc et chien le mordent et defolent.
De pasmeison en est venuz Marsilies.
Fait sei porter en sa chambre voltice,
Tante color i at peinte et escrite.
Et Bramimonde le ploret la reïne,
Trait ses chevels, si se claimet chaitive.
A l'altre mot, molt haltement s'escridet :
« E ! Sarragoce, com iés hui desguarnide
Del gentil rei qui t'aveit en baillie !
Li nostre deu i ont fait felonie,
Qui en bataille hui matin li faillirent.
Li amiralz i ferat codardie,
S'il ne combat a céle gent hardide,
Qui si sont fier n'ont cure de lor vides.
Li emperédre od la barbe floride
Vasselage at et molt grant estoltie :
S'il at bataille, il ne s'en fuirat mie.
Molt est granz doels que nen est qui l'ocidet. »

XXV.

Si l'on compare la laisse suivante à la première de la chanson, on sera frappé de la ressemblance du ton et de l'allure. Cette laisse paraît être le commencement d'une chanson nouvelle, et il n'est pas impossible, en effet, qu'elle commençât un poème distinct à l'origine de la chanson de Roland, mais qui en était la suite naturelle.

Charlemagne est resté sept ans en Espagne. Dès la première année le roi Marsile a envoyé une lettre à l'émir de Babylone, Baligant, pour solliciter son secours, à défaut duquel il se ferait chrétien et traiterait avec Charlemagne. L'émir est très vieux : il vivait déjà du temps de Virgile et d'Homère. Quand il a reçu la lettre de Marsile, il a convoqué les chevaliers de ses quarante royaumes, et a fait préparer sa flotte à Alexandrie. Mais

Babylone est loin, les préparatifs ont été longs : il n'arrivera qu'après Roncevaux. C'est au mois de mai, au premier jour d'été, qu'il quitte le port d'Alexandrie.

Li emperédre par sa grant podestét
Set anz toz pleins at en Espaigne estét;
Prent i chastels et alquantes citez.
Li reis Marsilies s'en porchacet assez;
Al premier an fist ses briés seeler,
En Babiloigne Baligant at mandét
(Ço 'st l'amiralz li vielz d'antiquitét,
Tot sorvesquiét et Virgilie et Homer),
En Sarragoce l'alt socorre li ber.
Et, s'il nel fait, il guerpirat ses deus,
Totes ses idles que il soelt adorer,
Si recevrat sainte chrestïentét,
A Charlemaigne se voldrat acorder.
Et cil est loinz, si at molt demorét.
Mandet sa gent de quarante regnez ;
Ses granz drodmonz en at fait aprester,
Eschiez et barges et galies et nés;
Soz Alixandre at un port joste mer,
Tot son navilie i at fait aprester.
Ço est en mai, al premier jorn d'estét,
Totes ses oz at empeintes en mer.

XXVI.

Le poète nous montre la flotte immense de l'émir Baligant naviguant à toutes voiles. Les innombrables lanternes placées au sommet des mâts jettent la nuit une vive lueur sur la mer, et, quand on arrive en vue des côtes, illuminent toute l'Espagne. La flotte remonte le cours de l'Ebre. Quand on approche de Saragosse, Baligant descend sur la rive avec dix-sept rois et un grand nombre de comtes et de ducs. Il s'arrête au milieu d'un champ, sous un laurier. On jette sur l'herbe un tapis blanc, on installe sur le tapis un siège d'ivoire ; l'émir y prend place, tous les autres restent debout. Baligant, frappant son genou de son gant droit, déclare à ses barons qu'il veut poursuivre Charlemagne jusqu'à Aix-la-Chapelle, et le tuer ou lui faire crier merci. Puis il appelle deux de ses chevaliers, Clarifan et Clarien, et leur remet le bâton et le gant (voyez le résumé III), en les chargeant d'aller à Saragosse pour annoncer son arrivée à Marsile et l'inviter à venir lui rendre hommage. Les messagers arrivent dans la ville ; partout ils entendent des cris et des lamentations. Ils descendent de cheval, et montent les degrés du palais en se tenant par le manteau. Après avoir imposé silence aux plaintes de la reine Bramimonde, ils s'acquittent de leur message. Marsile leur répond qu'il est mourant, que son fils a été tué, et qu'il remet sa terre d'Espagne entre les mains de Baligant, pour qu'il la défende contre Charlemagne. Puis il leur donne les clefs de Saragosse.

Granz sont les oz de céle gent averse,
Siglent a fort et nagent et governent.
En som cez maz et en cez haltes vernes
Assez i at charboncles et lanternes ;
La sus amont parjiétent tel luiserne
Que par la nuit la mer en est plus bèle,
Et, com il viénent en Espaigne la terre,
Toz li païs en reluist et esclairet.
Josqu'a Marsilie en parvont les novèles.

Gent paienor ne voelent cesser onques,
Issent de mer, viénent as èves dolces ;
Laissent Marbrise et si laissent Marbrose,
Par Sebre amont tot lor navilie tornent.
Assez i at lanternes et charboncles,
Tote la nuit molt grand clartét lor donent.
Ad icel jorn viénent a Sarragoce.

Clers est li jorz et li soleilz luisanz.
Li amiralz est eissuz del chalant;

Espaneliz fors le vait adestrant,
Dis et set rei après le vont sivant,
Contes et dus i at bien ne sai quanz.
Soz un lorier, qui est enmi un champ,
Sor l'herbe verte jiétent un paille blanc.
Un faldestoel i ont mis d'olifant :
Desor s'assiét li paiiens Baliganz,
Trestuit li altre sont remés en estant.
Li sire d'els premiers parlat avant :
« Ore m'oiiez, franc chevalier vaillant !
Charles li reis, l'emperédre des Frans,
Ne deit mangier, se jo ne li comant.
Par tote Espaigne m'at fait guerre molt grant ;
En France dolce le voeil aler querant.
Ne finerai, en trestot mon vivant,
Josqu'il seit morz o tot vis recredanz. »
Sor son genoil en fiert son destre guant.

Puis qu'il l'at dit, molt s'en est afichiez
Que ne lairrat, por tot l'or desoz ciel,
Qu'il n'alt ad Ais, ou Charles soelt plaidier.
Si home l'odent, si li ont conseilliét.
Puis apelat dous de ses chevaliers,
L'un Clarifan et l'altre Clariien :
« Vos estes fil al rei Maltraïien,
Qui soleit faire messages volentiers.
Jo vos comant qu'en Sarragoce algiez ;
Marsilïon de meie part nonciez
Contre Franceis li sui venuz aidier :
Se jo truis ou, molt grant bataille i iert.
Si l'en donez cest guant ad or pleiiét,
El destre poing si li faites chalcier,
Si li portez cest bastoncel d'or mier :
Et a mei viégnet reconoistre son fieu.

En France irai por Charle guerreiier ;
S'en ma mercit ne se colzt a mes piez
Et ne guerpisset la lei de chrestiiens,
Jo li toldrai la corone del chief. »
Paiien respondent : « Sire, molt dites bien. »
Dist Baliganz : « Car chevalchiez, baron,
L'uns port le guant, li altre le baston ! »
Et cil respondent : « Chiers sire, si ferons. »
Tant chevalchiérent qu' en Sarragoce sont.
Passent dis portes, traversent quatre ponz,
Totes les rues ou li borgeis estont.
Com il apruisment en la citét amont,
Vers le palais odirent grant fremor :
Assez i at de la gent paienor,
Plorent et crident, demeinent grant dolor,
Plaignent lor deus Tervagan et Mahom
Et Apollin, dont il mie nen ont.
Dit l'uns a l'altre : « Chaitif ! que devendrons ?
Desor nos est male confusïon,
Perdut avons le rei Marsilïon !
Hier li trenchat Rollanz le destre poing.
Nos n'avons mie de Jorfaleu le Blont !
Trestote Espaigne iert hui en lor bandon. »
Li doi message descendent al pedron.
Lor chevals laissent dedesoz une olive :
Doi Sarrazin par les resnes les pristrent.
Et li message par les mantels se tindrent,
Puis sont montét sus el palais haltisme.
Com il entrérent en la chambre voltice,
Par bèle amor malvais salut i firent :
« Cil Mahomét qui nos at en baillie,
Et Tervagan, Apollin nostre sire,
Salvent le rei et guardent la reïne ! »

Dist Bramimonde : « Or oi molt grant folie!
Cist nostre deu sont en recredantise :
En Rencesvals malvaises vertuz firent,
Noz chevaliers i ont laissiét ocidre.
Cest mien seignor en bataille faillirent :
Le destre poing at perdut, n'en at mie.
Si li trenchat li cuens Rollanz li riches.
Charles avrat tote Espaigne en baillie.
Que deviendrai, dolorose, chaitive?
Lasse! que n'ai un home qui m'ocidet! »
Dist Clariiens : « Dame, ne parlez tant!
Message somes al paiien Baligant.
Marsilïon, ço dit, serat guaranz :
Si l'en enveiet son baston et son guant.
En Sèbre avons quatre milie chalanz,
Eschiez et barges et galies coranz;
Drodmonz i at ne vos sai dire quanz.
Li amiral est riches et poissanz :
En France irat Charlemaigne querant,
Rendre le cuidet o mort o recredant. »
Dist Bramimonde : « Mar en irat itant!
Plus près d'ici podrez trover les Frans;
En ceste terre at estét ja set anz.
Li emperédre est ber et combatanz,
Mielz voelt morir que ja fuiet de champ.
Soz ciel n'at rei qu'il prist ad un enfant :
Charles ne crient home qui seit vivanz. »
« Laissiez ester, » dit Marsilies li reis.
Dist as messages : « Seignor, parlez a mei.
Ja vedez vos que a mort sui destreiz.
Jo si nen ai fil ne filie ne heir;
Un en aveie, cil fut ocis hier seir.
Mon seignor dites qu'il me viégnet vedeir.

Li amiralz at en Espaigne dreit,
Quite li claim, se il la voelt aveir :
Puis la defendet encontre les Franceis.
Vers Charlemaigne li donrai bon conseil,
Conquis l'avrat d'hui cest jorn en un meis.
De Sarragoce les clés li portereiz.
Puis ço li dites : n'en irat, s'il me creit. »
Et cil respondent : « Sire, vos dites veir. »
Ço dist Marsilies : « Charles li emperédre
Mort m'at mes homes, ma terre deguastéde,
Et mes citez fraites et violédes.
Desor le Sèbre at sa gent adunéde :
Jo ai contét n'at mais que set lieuédes.
L'amirail dites que s'ost seit amenéde;
Par vos li mant bataille i seit jostéde. »
De Sarragoce les clés lor at livrédes.
Li messagier andoi si l'enclinérent,
Prènent congiét, a cel mot s'en tornérent.

XXVII.

Les deux messagers remettent à Baligant les clefs de Saragosse et lui racontent ce qu'ils ont appris. L'émir donne aussitôt l'ordre à toutes ses troupes de sortir des bateaux et de monter à cheval. Puis, laissant le commandement à un de ses barons, il se dirige à toutes brides vers Saragosse avec une escorte de quatre ducs. Quand il pénètre dans la chambre de Marsile, celui-ci se fait redresser par deux Sarrasins, et présente son gant à l'émir comme symbole du fief d'Espagne qu'il lui remet. Baligant prend le gant et fond en larmes. Mais il ne peut s'attarder. Il remonte à cheval, retourne en toute hâte vers son armée, et se lance avec elle à la poursuite des Français.

Li doi message es chevals sont montét.
Isnelement issent de la citét,

A l'amirail en vont tot esfredét,
De Sarragoce li presentent les clés;
Dist Baliganz : « Que avez vos trovét ?
Ou est Marsilies que j' aveie mandét? »
Dist Clariiens : « Il est a mort nafrez.
Li emperédre fut hier as porz passer,
Si s'en voleit en dolce France aler;
Par grant honor se fist redreguarder :
Li cuens Rollanz ses niés i fut remés,
Et Oliviers et tuit li doze per,
De cels de France vint milie d'adobez.
Li reis Marsilies s'i combatit li ber.
Il et Rollanz el champ furent jostét,
De Durendal li donat un colp tel
Le destre poing li at del cors sevrét;
Son fil at mort qu'il tant soleit amer,
Et les barons qu'il i out amenét.
Fuiant s'en vint, qu'il n'i pout mais ester :
Li emperédre l'at enchalciét assez.
Li reis vos mandet que vos le socorez,
Quite vos claimet d'Espaigne le regnét. »
Et Baliganz comencet a penser,
Si grant doel at por poi qu'il n'est desvez.
« Sire amiralz, ço li dist Clariiens,
En Rencesvals une bataille out hier.
Morz est Rollanz et li cuens Oliviers,
Li doze per, que Charles out tant chiers :
De lor Franceis i at morz vint miliers.
Li reis Marsilies le poing destre i perdiét,
Et l'emperédre assez l'at enchalciét.
En ceste terre n'est remés chevaliers
Ne seit ocis o en Sèbre neiiez.
Desor la rive sont Franceis herbergiét.

En cest païs nos sont tant aprochiét :
Se vos volez, li repaidres iert griés. »
Et Baliganz le reguart en at fier,
En son corage en est joios et liez.
Del faldestoel se redrécet en piez,
Puis si escridet : « Baron, ne vos targiez,
Eissez des nés, montez, si chevalchiez !
S'or ne s'en fuit Charlemaigne li vielz,
Li reis Marsilies encui serat vengiez :
Por son poing destre l'en liverrai le chief. »
Paien d'Arabe des nés se sont eissut,
Puis sont montét es chevals et es muls,
Si chevalchiérent, que fereient il plus ?
Li amiralz, qui trestoz les esmut,
Sin apelat Gemalfin, un soen drut :
« Jo te comant, totes mes oz conduis ! »
Puis est montez en un soen destrier brun,
Ensembl'od lui en meinet quatre dus.
Tant chevalchat qu'en Sarragoce fut.
Ad un pedron de marbre est descenduz,
Et quatre conte l'estreu li ont tenut.
Par les degrez el palais montet sus,
Et Bramimonde vient corant contre lui ;
Si li at dit : « Dolente ! si mar fui !
Ad itel honte mon seignor ai perdut ! »
Chiét li as piez : l'amiralz la reçut.
Sus en la chambre a doel en sont venut.
Li reis Marsilies, com il veit Baligant,
Donc apelat dous Sarrazins espans :
« Prenez m'as braz, sim dreciez en sedant. »
Al poing senestre at pris un de ses guanz :
Ço dist Marsilies : « Sire reis amiralz,
Ma terre tote ici quite vos rent,

Et Sarragoce et l'honor qu'i apent.
Mei ai perdut et trestote ma gent. »
Et cil respont : « Tant sui jo plus dolenz,
Ne puis a vos tenir lonc parlement ;
Jo sai assez que Charles ne m'atent.
Et neporquant de vos receif le guant. »
Al doel qu'il at s'en est tornez plorant.
Par les degrez jus del palais descent,
Montet el cheval, vient a sa gent poignant.
Tant chevalchat qu'il est premiers devant ;
D'hores ad altres si se vait escridant :
« Venez, paiien, car ja s'en fuient Franc ! »

XXVIII.

Nous avons laissé Charlemagne endormi, après sa victoire. Au petit jour, il se réveille, quitte ses armes, qu'il a gardées toute la nuit, monte à cheval, et se dirige avec ses chevaliers vers Roncevaux. Arrivé sur le champ de bataille, il rappelle aux Français que Roland s'est vanté un jour dans une fête, que, s'il mourait en pays étranger, on trouverait son corps en avant de ceux de tous ses compagnons. L'empereur laisse alors ses chevaliers en arrière, gravit une colline, et, à côté des rochers fendus par Durendal, à l'ombre des deux arbres, il aperçoit le corps de son neveu. Il descend de cheval, court vers lui, le saisit dans ses bras, et tombe évanoui. On s'empresse de le relever. Quand il a repris ses sens, il exhale longuement sa douleur, et s'arrache la barbe et les cheveux sous les yeux de l'armée éplorée. Puis, à une sonnerie de cor, sur l'ordre de l'empereur, les Français descendent de cheval et réunissent les cadavres pour les enterrer solennellement : les prêtres donnent l'absoute. On n'emporta que les dépouilles de Roland, d'Olivier et de l'archevêque Turpin, qui furent placées sur trois chars couverts d'étoffes de soie : les trois cœurs étaient dans des cercueils de marbre blanc, et les corps, embaumés, dans des peaux de cerf.

Al matinét, quant primes apert l'albe,
Esveilliez est li emperédre Charles.

Sainz Gabriel, qui de part Deu le guardet,
Liévet sa main, sor lui fait son seignacle.
Li reis se drécet, si at rendut ses armes,
Si se desarment par tote l'ost li altre.
Puis sont montét, par grant vertut chevalchent
Cez veies longes et cez chemins molt larges;
Si vont vedeir le merveillos damage
En Rencesvals la ou fut la bataille.

En Rencesvals en est Charles entrez;
Des morz qu'il troevet comencet a plorer.
Dist a Franceis : « Seignor, le pas tenez.
Car mei medisme estoet avant aler,
Por mon nevot que voldreie trover.
Ad Ais esteie ad une feste anvel,
Si se vantérent mi vaillant bacheler
De granz batailles, de forz estorz champels;
D'une raison odi Rollant parler :
Ja ne morreit en estrange regnét
Ne trespassast ses homes et ses pers,
Vers lor païs avreit son chief tornét,
Conqueramment si finereit li ber. »
Plus qu'hom ne poet un bastoncel jeter,
Devant les altres est en un pui montez.

Quant l'emperédre vait querre son nevot,
De tantes herbes el prét trovat les flors,
Qui sont vermeilles del sanc de noz barons,
Pitiét en at; ne poet muder n'en plort.
Desoz dous arbres parvenuz est amont,
Les cols Rollant conut en treis pedrons.
Sor l'herbe verte veit gesir son nevot;
Nen est merveille se Charles at iror.
Descent a piét, alez i est plein cors,
Si prent le conte entre ses mains ansdous,

Sor lui se pasmet, tant par est angoissos.
Li emperédre de pasmeison revint.
Naimes li dus et li cuens Acelins,
Jofreiz d'Anjou et ses frédre Tiedris
Prènent le rei, sil drécent soz un pin.
Guardet a terre, veit son nevot gesir.
Tant dolcement a regreter le prist :
« Amis Rollanz, de tei ait Deus mercit !
Onques nuls hom tel chevalier ne vit,
Por granz batailles joster et defenir.
La meie honor est tornéde en declin ! »
Charles se pasmet, ne s'en pout astenir.
Charles li reis revint de pasmeison.
Par mains le tiénent quatre de ses barons,
Guardet a terre, veit gesir son nevot :
Cors at gaillart, perdude at sa color,
Tornez ses oelz, molt li sont tenebros.
Charles le plaint par feit et par amor :
« Amis Rollanz, Deus métet t'anme en flors,
En paredis, entre les glorios !
Com en Espaigne mar venistes, seignor !
Jamais n'iert jorz de tei n'aie dolor.
Com dechadrat ma force et ma baldor !
Nen avrai ja qui sostiégnet m'honor;
Soz ciel ne cuit aveir ami un sol.
Se j' ai parenz, nen i at nul si prot. »
Trait ses crignels pleines ses mains ansdous.
Cent milie Franc en ont si grant dolor
Nen i at cel qui durement ne plort.
« Amis Rollanz, jo m'en irai en France.
Com jo serai a Lodun en ma chambre,
De plusors règnes vendront li home estrange,
Demanderont ou est li cuens chataignes;

Jo lor dirai qu'il est morz en Espaigne.
A grant dolor tendrai puis mon reialme,
Jamais n'iert jorz que ne plor ne n'en plaigne. »
« Amis Rollanz, prozhoem, jovente bèle,
Com jo serai ad Ais en ma chapèle,
Vendront li home, demanderont novèles ;
Jos lor dirai merveilloses et pesmes :
Morz est mes niés, qui tant me fist conquerre!
Encontre mei reveleront li Saisne,
Et Hongre et Bogre et tante gent averse,
Romain, Poillain et tuit cil de Palerne,
Et cil d'Afrique et cil de Califerne.
Puis encreistront mes peines et sofraites.
Qui guiderat mes oz a tel podeste,
Quant cil est morz qui toz jorz nos chadèlet?
E! France dolce, com remains hui deserte
Si grant doel ai que jo ne voldreie estre. »
Sa barbe blanche comencet a detraire,
Ad ambes mains les chevels de sa teste.
Cent milie Franc s'en pasment contre terre.
« Amis Rollanz, a tei Deus le mercidet!
L'anme de tei en paredis seit mise!
Qui tei at mort, France dolce at honide.
Si grant doel ai que ne voldreie vivre,
De ma maisniéde qui por mei est ocise.
Ço me doinst Deus, li filz sainte Marie,
Ainz que jo viégne as maistres porz de Sizre,
L'anme del cors me seit hui departide!
Entre les lor fust aloéde et mise,
Et ma charn fust delez els enfodide! »
Ploret des oelz, sa blanche barbe tiret,
Et dist dus Naimes : « Or at Charles grant ire. »
« Sire emperédre, ço dist Jofreiz d'Anjou,

Ceste dolor ne demenez tant fort;
Par tot le champ faites querre les noz,
Que çil d'Espaigne en la bataille ont morz :
En un charnier comandez qu'hom les port. »
Ço dist li reis : « Sonez en vostre corn. »
Jofreiz d'Anjou at son graisle sonét.
Franceis descendent, Charles l'at comandét;
Toz lor amis qu'il i ont morz trovét
Ad un charnier sempres les ont portét.
Assez i at evesques et abez,
Moignes, chanoignes, proveidres coronez :
Sis ont asols et seigniez de part Deu.
Mirre et timoigne i firent alumer,
Gaillardement toz les ont encensez :
A grant honor puis les ont enterrez :
Sis ont laissiez, qu'en fereient il el?
Li emperédre fait Rollant costedir,
Et Olivier, l'arcevesque Turpin.
Dedevant sei les at fait toz ovrir,
Et toz les coers en paille recoillir :
En blans sarcous de marbre sont enz mis.
Et puis les cors des barons si ont pris,
En cuirs de cerf les treis seignors ont mis,
Bien sont lavét de piment et de vin.
Li reis comandet Tedbalt et Geboïn,
Milon le conte et Oton le marchis :
« En treis charrétes les guidez al chemin ! »
Bien sont covert d'un paille galazin.

XXIX.

L'armée française allait se mettre en marche, quand surgit devant elle l'avant-garde de Baligant, précédée de deux messagers qui portent le défi de l'émir. Alors Charlemagne regarde fièrement ses troupes, et, de sa voix grande et haute, il s'écrie : « Barons français, à cheval et aux armes ! » Aussitôt les Français descendent de leurs chevaux de voyage, revêtent leurs armures et montent sur leurs destriers. Le duc Naimes et Josserand de Provence sont chargés d'organiser la bataille. Ils forment dix échelles ou corps d'armée. Dans la première s'avancent Rabel et Guineman, qui doivent remplacer Olivier et Roland, et qui reçoivent de Charlemagne l'épée et l'olifant. La seconde est sous les ordres de Gebouin et de Laurent, la troisième est composée de Bavarois, commandés par Ogier le Danois. La quatrième comprend les Allemands, la cinquième les Normands, la sixième les Bretons, la septième les Poitevins et les Auvergnats, la huitième les Flamands et les Frisons, la neuvième les Lorrains et les Bourguignons. Enfin la dixième, qui est la plus nombreuse, est composée de cent mille barons de France, sous les ordres directs de Charlemagne ; Geoffroi d'Anjou y porte l'oriflamme [1]. L'empereur se prosterne contre terre, et, tournant son visage vers l'orient, invoque le secours de Dieu. Puis il remonte à cheval. Les clairons retentissent de tous côtés, mais le son de l'olifant domine tous les autres : les Français qui l'entendent pleurent au souvenir de Roland.

Venir s'en volt li emperédre Charles,
Quant de paiiens li sordent les enguardes.
De cels devant i vindrent doi message,
De l'amirail i noncent la bataille :
« Reis orgoillos, nen est fin que t'en alges.
Veiz Baligant qui après tei chevalchet ;
Granz sont les oz qu'il ameinet d'Arabe.
Encui vedrons se tu as vasselage ! »
Charles li reis en at prise sa barbe,
Si li remembret del doel et del damage.

1. L'oriflamme est la bannière que les rois de France prenaient avant de partir en guerre. Le poète nous dit ici qu'elle avait appartenu à saint Pierre, et s'était d'abord appelée Romaine. Elle reçut alors le nom de Monjoie, emprunté au cri de guerre des Français, qui lui-même se rattache au nom de l'épée de Charlemagne (voyez page 93, en note).

Molt fierement tote sa gent reguardet,
Puis si s'escridet a sa voiz grant et halte :
« Baron franceis, as chevals et as armes! »

Li emperédre toz premerains s'adobet.
Isnelement at vestude sa broigne,
Laciét son helme, et at ceinte Joiose,
Qui por soleil sa clartét nen asconset,
Pent a son col un escut de Gironde,
Tient son espiét qui fut faiz a Blandone.
En Tencendor son bon cheval puis montet :
Il le conquist es guez desoz Marsone,
Sin jetat mort Malpalin de Narbone.
Laschet la resne, molt sovent l'esperonet,
Fait son eslais veiant tels cent milie homes.
Reclaimet Deu et l'apostle de Rome.

Par tot le champ cil de France descendent.
Plus de cent milie s'en adobent ensemble :
Guarnemenz ont qui bien lor atalentent,
Chevals coranz et les armes molt gentes.
Puis sont montét, i ont grant escïence.
S'il troevent ou, bataille cuident rendre.
Cil gonfanon sor les helmes lor pendent;
Quant Charles veit si bèles contenances,
Sin apelat Jozeran de Provence,
Namon le duc, Antelme de Maience :
« En tels vassals deit hom aveir fidance;
Assez est fols qui entr'els se dementet.
Se Arabit de venir nes repentent,
La mort Rollant lor cuit chierement vendre. »
Respont dus Naimes : « E! Deus le nos consentet! »

Charles apèlet Rabel et Guineman;
Ço dist li reis : « Seignor, jo vos comant,
Seiiez es lious Olivier et Rollant,

L'uns port l'espéde et l'altre l'olifant.
Si chevalchiez el premier chief devant,
Ensembl'od vos quinze milie de Frans,
De bachelers, de noz meillors vaillanz.
Après icels en avrat altretant,
Sis guiderat Geboïns et Lorenz. »
Naimes li dus et li cuens Jozerans
Icez eschiéles bien les vont ajostant.
S'il troevent ou, bataille i iert molt grant.

De Franceis sont les premiéres eschiéles.
Après les dous establissent la tierce :
En céle sont li vassal de Baiviére,
A vint miliers les chevaliers preisiérent.
Ja devers els bataille n'iert laissiéde;
Soz ciel n'at gent que Charles ait plus chiére,
Fors cels de France qui les règnes conquiérent.
Li cuens Ogiers li Daneis, li poigniédre,
Les guiderat, car la compaigne est fiére.

Les treis eschiéles at l'emperédre Charles.
Naimes li dus puis establist la quarte
De tels barons qu'assez ont vasselage :
Aleman sont, et si sont de la Marche,
Vint milie sont, ço dient tuit li altre.
Bien sont guarnit et de chevals et d'armes,
Ja por morir ne guerpiront bataille :
Sis guiderat Hermans li dus de Trace.
Ainz i morrat que codardie i facet.

Naimes li dus et li cuens Jozerans
La quinte eschiéle ont faite de Normans :
Vint milie sont, ço dient tuit li Franc.
Armes ont bèles et bons chevals coranz.
Ja por morir cil n'iérent recredant,
Soz ciel n'at gent qui plus puissent en champ :

Richarz li vielz les guiderat el champ.
Il i ferrat de son espiét trenchant.

La siste eschiéle ont faite de Bretons :
Quarante milie chevaliers od els ont.
Icil chevalchent en guise de barons,
Dreites lor hanstes, fermez lor gonfanons :
Le seignor d'els apèlet hom Odon.
Icil comandet le conte Nevelon,
Tedbalt de Reins et le marchis Oton :
« Guidez ma gent, jo vos en faz le don. »

Li emperédre at sis eschiéles faites.
Naimes li dus puis establist la sedme
De Peitevins et des barons d'Alverne :
Quarante milie chevalier poedent estre.
Chevals ont bons et les armes molt bèles.
Cil sont par els en un val soz un tertre,
Sis benedist Charles de sa main destre.
Cels guiderat Jozerans et Godselmes.

Et l'huidme eschiéle at Naimes establide,
De Flamens est et des barons de Frise :
Chevaliers ont plus de quarante milie.
Ja devers els n'iert bataille guerpide.
Ço dist li reis : « Cist feront mon servise.
Entre Rembalt et Hamon de Galice
Les guideront tot par chevalerie. »

Entre Namon et Jozeran le conte
La noevme eschiéle ont faite de prozhomes,
De Loherens et de cels de Borgoigne :
Cinquante milie chevaliers ont par conte,
Helmes laciez et vestudes lor broignes,
Espiez ont forz, et les hanstes sont cortes.
Se Arabit de venir ne demorent,
Cist les ferront, s'il a els s'abandonent.

Sis guiderat Tiedris li dus d'Argone.
La disme eschiéle est des barons de France :
Cent milie sont de noz meillors chataïgnes.
Cors ont gaillarz et fiéres contenances,
Les chiés floriz et les barbes ont blanches,
Halbers vestuz et lor broignes doblaignes,
Ceintes espédes franceises et d'Espaigne,
Escuz ont genz de moltes conoissances.
Puis sont montét, la bataille demandent,
Monjoie escrident. Od els est Charlemaignes.
Jofreiz d'Anjou i portet l'orie flambe :
Saint Pierre fut, si aveit nom Romaine,
Mais de Monjoie iloec out pris eschange.
Li emperédre de son cheval descent.
Sor l'herbe verte si s'est colchiez adenz,
Tornet son vis vers le soleil levant,
Reclaimet Deu molt escordosement :
« Veire paterne, hui cest jorn me defent,
Qui guaresis Jonas tot veirement
De la baleine qui en son cors l'out enz,
Et espargnas le rei de Niviven,
Et Daniel del merveillos torment
Enz en la fosse des leons ou fut enz,
Les treis enfanz tot en un fou ardant,
La toë amor me seit hui en present.
Par ta mercit, se tei plaist, me consent
Que mon nevot puisse vengier Rollant. »
Com at orét sis drécet en estant,
Seignat son chief de la vertut poissant.
Montet li reis en son cheval corant,
L'estreu li tindrent Naimes et Jozerans.
Prent son escut et son espiét trenchant.
Gent at le cors, gaillart et bien sedant,

Cler le visage et de bon contenant.
Puis si chevalchet molt afichiédement,
Sonent cil graisle et deriédre et devant :
Sor toz les altres bondist li olifanz.
Plorent Franceis por pitiét de Rollant.

XXX.

L'empereur et les cent mille chevaliers de son corps d'armée ont étalé leurs barbes sur leurs hauberts. Après avoir chevauché par monts et par vaux, ils s'arrêtent au milieu d'une plaine. Pendant ce temps l'avant-garde arabe est retournée vers Baligant et lui annonce qu'elle a rencontré les Français. L'émir fait alors retentir ses trompettes et ses tambours, et les païens revêtent leurs armes. Baligant ceint son épée, qu'il a nommée Précieuse pour rappeler le nom de Joyeuse, l'épée de Charlemagne; il tient à la main son énorme lance, dont le fer seul eût fait la charge d'un mulet. Sa barbe et ses cheveux sont blancs et bouclés. Devant ses troupes, il pique son cheval jusqu'au sang, et lui fait sauter un fossé de cinquante pieds. Son fils Malprime demande et obtient l'honneur de combattre contre la première échelle de Charles. Un vaste fief doit être le prix de sa valeur; mais jamais ses yeux ne le verront. L'armée païenne est divisée en trente corps ou échelles.

Molt gentement l' emperédre chevalchet.
Desor sa broigne fors at mise sa barbe;
Por soë amor altretel font li altre,
Cent milie Franc en sont reconoissable.
Passent cez puis et cez roches plus haltes,
Cez vals parfonz, cez destreiz angoissables,
Issent des porz et de la terre guaste,
Devers Espaigne sont alét en la marche :
Enmi un plaing il ont pris lor estage,
A Baligant repaidrent ses enguardes;
Uns Suliäns li at dit son message :
« Vedut avons le rei orgoillos Charle;

Fier sont si home, n'ont talent qu'il li faillent.
Adobez vos : sempres avrez bataille. »
Dist Baliganz : « Or oi grant vasselage.
Sonez voz graisles, que mi paiien le sachent,
Par tote l'ost font lor tabors soner
Et cez boisines et cez graisles molt clers.
Paiien descendent por lor cors adober.
Li amiralz ne se voelt demorer,
Vest une broigne dont li pan sont safrét,
Lacet son helme qui ad or est gemez,
Puis ceint s'espéde al senestre costét.
Par son orgoeil li at un nom trovét :
Por la Charlon, dont il odit parler,
La soë fit Precïose apeler ;
Ço iert s'enseigne en bataille champel,
Ses chevaliers en at fait escrider.
Pent a son col un soen grant escut lét :
D'or est la bocle et de cristal listét,
La guige en est d'un bon paille rodét.
Tient son espiét, si l' apèlet Maltét :
La hanste fut grosse come uns tinels,
De sol le fer fust uns mulez trossez.
En son destrier Baliganz est montez,
L'estreu li tint Marcules d'oltre mer.
La forchedure at assez grant li ber,
Graisles les flans et larges les costez,
Gros at le piz, belement est molez,
Lédes espalles et le vis at molt cler,
Fier le visage, le chief recercelét,
Tant par ert blans come flor en estét.
De vasselage est sovent esprovez.
Deus ! quel vassal, s'oüst chrestïentét !
Le cheval brochet, li sans en ist toz clers.

Fait son eslais, si tressalt un fossét :
Cinquante piez i poet hom mesurer.
Paiien escrident : « Cist deit marches tenser.
N'i at Franceis, se a lui vient joster,
Voeillet o non, n'i perdet son edét.
Charles est fols que ne s'en est alez. »

Li amiralz bien resemblet baron.
Blanche at la barbe ensement come flor,
Et de sa lei molt par est saives hom,
Et en bataille est fiers et orgoillos.
Ses filz Malprimes molt est chevaleros,
Granz est et forz et trait as ancessors,
Dist a son pédre : « Sire, car chevalchons !
Molt me merveil se ja vedrons Charlon. »
Dist Baliganz : « Oïl, car molt est proz,
En plusors gestes de lui sont granz honors.
Il nen at mie de Rollant son nevot :
N'ayrat vertut ques tiégnet contre nos. »

« Bels filz Malprimes, ço li dist Baliganz,
Hier fut ocis li bons vassals Rollanz,
Et Oliviers li proz et li vaillanz,
Li doze per, cui Charles amat tant,
De cels de France vint milie combatant.
Trestoz les altres ne pris jo mie un guant.
Li emperédre repaidret veirement ;
Sil m'at nonciét mes més li Sulïans,
Que dis eschiéles en at faites molt granz.
Cil est molt proz qui sonet l'olifant,
D'un graisle cler rachatet ses compaing,
Et si chevalchent el premier chief devant :
Ensembl'od els quinze milie de Frans,
De bachelers que Charles claimet enfanz.
Après icels en i at altretanz.

Cil i ferront molt orgoillosement. »
Ço dist Malprimes : « Le colp vos en demant. »
« Bels filz Malprimes, Baliganz li at dit,
Jo vos otrei quant que m'avez ci quis :
Contre Franceis sempres irez ferir,
Si i menrez Torleu, le rei persis,
Et Dapamort, un altre rei, leutiz.
Le grant orgoeil se ja podez matir,
Jo vos donrai un pan de mon païs
Des Cheriant entresqu'en Val Marchis. »
Et cil respont : « Sire, vostre mercit ! »
Passet avant, le don en recoillit,
Ço 'st de la terre qui fut al rei Florit.
Ad itel hore, onques puis ne la vit,
Ne il n'en fut ne vestuz ne saisiz.
Li amiralz chevalchet par cez oz,
Ses filz le siut, qui molt at grant le cors.
Li reis Torleus et li reis Dapamorz
Granz trente eschiéles establissent molt tost :
Chevaliers ont a merveillos esforz,
En la menor cinquante milie en out.
La premiére est de cels de Butentrot,
Et l'altre après de Micnes as chiés gros :
Sor les eschines qu'il ont enmi les dos,
Cil sont sedét ensement come porc.
Et la tierce est de Nubles et de Blos,
Et la quarte est de Bruns et d'Esclavoz,
Et la quinte est de Sorbres et de Sorz,
Et la siste est d'Ermines et de Mors,
Et la sedme est de cels de Jericho,
L'huidme est de Nigres, et la noevme de Gros,
Et la disme est de Balide la fort :
Ço 'st une gent qui onques bien ne volt.

Li amiralz en juret quant qu'il pout
De Mahomét les vertuz et le cors :
« Charles de France chevalchet come fols.
Bataille i iert, se il ne s'en destolt ;
Jamais n'avrat el chief corone d'or.
   Granz dis eschiéles establissent après :
La premiére est des Chanelieus, des laiz,
De Val Fuït sont venut en travers ;
L'altre est de Turs, et la tierce de Pers,
Et la quarte est de Pinceneis et Pers,
Et la quinte est de Soltras et d'Avers,
Et la siste est d'Ormaleis et d'Euglez,
Et la sedme est de la gent Samuel,
L'huidme est de Bruise, la noevme d'Esclavers,
Et la disme est d'Ociant le desert :
Ço 'st une gent qui damne Deu ne sért,
De plus felons n'odrez parler jamais,
Durs ont les cuirs ensement come fer,
Por ço n'ont soing de helme ne d'halberc,
En la bataille sont felon et angrest.
   Li amiralz dis eschiéles ajostet :
La premiére est des Jaianz de Malprose,
L'altre est de Huns et la tierce de Hongres,
Et la quarte est de Baldise la longe,
Et la quinte est de cels de Val Penose,
Et la siste est de Joi et de Marose,
Et la sedme est de Leus et d'Astrimoignes,
L'huidme est d'Argoille, la noevme de Clarbone,
Et la disme est des barbez de Val Fonde :
Ço 'st une gent qui Deu nen amat onques.
Gestes Francor trente eschiéles i nombrent.
Granz sont les oz ou cez boisines sonent.
Paiien chevalchent en guise de prozhomes.

XXXI.

L'émir fait porter devant lui son étendard surmonté du dragon, la bannière de Tervagan et de Mahomet, et une statue d'Apollon (voyez page 1) : les païens s'inclinent devant l'idole. Quand Baligant a désigné les corps d'armée qui resteront près de lui, la bataille s'engage dans une vaste plaine. On entend retentir les cris de guerre : Précieuse ! Monjoie ! L'émir et l'empereur haranguent leurs troupes; les combats singuliers commencent, et la mêlée devient terrible. Malprime, fils de Baligant, est tué par le duc Naimes; mais son oncle Canabeu accourt pour le venger, et blesse grièvement le duc, qui est sur le point de succomber lorsque Charlemagne vient à son aide et tue le païen. L'émir frappe aussi de rudes coups. Apprenant la mort de son fils et de son frère, il sonne de la trompette pour rallier les siens, qui se précipitent sur les Français et d'une seule attaque jettent à terre sept mille morts. Les Français se défendent vaillamment; Ogier le Danois se distingue entre tous : c'est lui qui tue le porte-étendard des païens.

Li amiralz molt par est riches hom.
Dedevant sei fait porter son dragon,
Et l'estandart Tervagan et Mahom,
Et une imagene Apollin le felon.
Dis Chanelieu chevalchent environ,
Molt haltement escrident un sermon :
« Qui par noz deus voelt aveir guarison,
Sis prist et servet par grant affliction. »
Paiien i baissent lor chiés et lor mentons,
Lor helmes clers i sozclinent embronc.
Dient Franceis : « Sempres morrez, gloton.
De vos seit hui male confusion !
Li nostre Deus guarantisset Charlon !
Ceste bataille seit jugiéde en son nom ! »
Li amiralz est molt de grant saveir.

A sei apèlet son fil et les dous reis :
« Seignor baron, devant chevalchereiz,
Et mes eschiéles totes les guidereiz.
Mais des meillors voeil jo retenir treis :
L'une iert de Turs et l'altre d'Ormaleis,
Et la tierce est des Jaianz de Malpreis.
Cil d'Ociant iérent ensembl'od mei,
Si josteront a Charle et a Franceis.
Li emperédre, s' il se combat od mei,
Desor le buc la teste perdre en deit :
Trestot seit fiz, n'i avrat altre dreit. »
Granz sont les oz et les eschiéles bèles.
Entr'els nen at ne pui, ne val, ne tertre,
Selve ne bois : asconse n'i poet estre,
Bien s'entreveident enmi la plaine terre.
Dist Baliganz : « La meie gent averse,
Car chevalchiez por la bataille querre ! »
L'enseigne portet Amboires d'Oloferne :
Paiien escrident, Preciose l'apèlent.
Dient Franceis : « De vos seit hui grant perte ! »
Molt haltement Monjoie renovèlent.
Li emperédre i fait soner ses graisles,
Et l'olifant, qui trestoz les esclairet.
Dient paiien : « La gent Charlon est bèle.
Bataille avrons et aduréde et pesme. »
Grant est la plaigne et large la contréde.
Luisent cil helme as piedres d'or gemédes,
Et cil escut et cez broignes safrédes,
Et cil espiét, cez enseignes fermédes.
Sonent cil graisle, les voiz en sont molt cléres,
De l'olifant haltes sont les menédes.
Li amiralz en apèlet son frédre :
Ço 'st Canabeus, li reis de Floredéde,

Cil tint la terre entresqu'en Val Sevréde.
Les dis eschiéles Charlon li at mostrédes :
« Vedez l'orgoeil de France la lodéde.
Molt fierement chevalchet l' emperédre,
Il est deriédre od céle gent barbéde;
Desor lor broignes lor barbes ont jetédes,
Altresi blanches come neif sor geléde.
Cil i ferront de lances et d'espédes ;
Bataille avrons et fort et aduréde,
Onques nuls hom ne vit tel ajostéde. »
Plus qu' hom ne lancet une verge peléde,
Baliganz at ses compaignes passédes.
Une raison lor at dite et mostréde :
« Venez, paiien, car jo sui en l'estréde. »
De son espiét la hanste en at branléde,
Envers Charlon l'amore en at tornéde.

Charles li maignes, com il vit l'amirail,
Et le dragon, l'enseigne et l'estandart,
(De cels d'Arabe si grant force i par at
De la contréde ont porprises les parz,
Ne mais que tant com l'emperédre en at),
Li reis de France s'en escridet molt halt :
« Baron franceis, vos estes bon vassal,
Tantes batailles avez faites en champ !
Vedez paiiens, felon sont et codart,
Tote lor lei un denier ne lor valt.
S'il ont grant gent, d'iço, seignor, cui chalt ?
Qui edrer voelt, a mei venir s'en alt. »
Des esperons puis brochet le cheval,
Et Tencendor li at fait quatre salz.
Dient Franceis : « Icist reis est vassals.
Chevalchiez, ber, nuls de nos ne vos falt. »

Clers fut li jorz et li soleilz luisanz,

Les oz sont bèles et les compaignes granz.
Jostédes sont les eschiéles devant.
Li cuens Rabels et li cuens Guinemans
Laschent les resnes a lor chevals coranz.
Brochent ad ait, donc laissent corre Franc :
Si vont ferir de lor espiéz trenchanz.

Li cuens Rabels est chevaliers hardiz.
Le cheval brochet des esperons d'or fin,
Si vait ferir Torleu le rei persis :
N'escuz ne broigne ne pout son colp tenir,
L'espiét ad or li at enz el cors mis,
Que mort l'abat sor un boisson petit.
Dient Franceis : « Damnes Deus nos aït !
Charles at dreit, ne li devons faillir. »

Et Guinemans jostet al rei de Leutice.
Tote li fraint la targe qui 'st floride,
Après li at la broigne desconfite,
Tote l'enseigne li at enz el cors mise,
Que mort l'abat, qui qu'en plort o qui 'n riet.
Ad icest colp cil de France s'escrident :
« Ferez, baron, et ne vos targiez mie !
Charles at dreit vers la gent paienide,
Deus nos at mis al plus verai judise. »

Malprimes siét sor un cheval tot blanc.
Conduit son cors en la presse des Frans,
D'hores en altres granz cols i vait ferant,
L'un mort sor l'altre sovent vait trestornant.
Tot premerains s'escridet Baliganz :
« Li mien baron, nodrit vos ai lonc tens.
Vedez mon fil, qui Charlon vait querant,
Et a ses armes tanz barons chalenjant :
Meillor vassal de lui ja ne demant.
Socorez le a voz espiéz trenchanz ! »

Ad icest mot paiien viénent avant,
Durs cols i fiérent, molt est li chaples granz.
La bataille est merveillose et pesant,
Ne fut si fort anceis ne puis cel tens.
  Granz sont les oz et les compaignes fiéres.
Jostédes sont trestotes les eschiéles,
Et li paiien merveillosement fiérent.
Deus! tantes hanstes i at parmi brisiédes,
Escuz froissiez et broignes desmailliédes!
La vedissez la terre si jonchiéde:
L'herbe del champ, qui ert verte et delgiéde,
Del sanc qu'en ist est tote vermeilliéde.
Li amiralz reclaimet sa maisniéde:
« Ferez, baron, sor la gent chrestiiéne! »
La bataille est molt dure et afichiéde;
Onc ainz ne puis ne fut si fort et fiére,
Josqu'a la mort n'en iert fin otreiiéde.
  Li amiralz la soë gent apèlet:
« Ferez, paiien, por el venut n'i estes!
Jo vos donrai moilliers gentes et bèles,
Si vos donrai fieus et honors et terres. »
Paiien respondent: « Nos le devons bien faire. »
A cols pleniers toz lor espiez i perdent,
Plus de cent milie espédes i ont traites.
Es vos le chaple et doloros et pesme.
Bataille veit cil qui entr' els volt estre.
  Li emperédre reclaimet ses Franceis:
« Seignor baron, jo vos aim, si vos creit;
Tantes batailles avez faites por mei,
Règnes conquis et desordenét reis!
Bien le conois que guedredon vos dei
Et de mon cors, de terres et d'aveir.
Vengiez voz filz, voz frédres et voz heirs

Qu'en Rencesvals furent ocis hier seir !
Ja savez vos contre paiiens ai dreit. »
Respondent Franc : « Sire, vos dites veir. »
Itels vint milie en at Charles od sei,
Comunement l'en pramétent lor feit :
Ne li faldront por mort ne por destreit.
Nen i at cel sa lance n'i empleit,
De lor espédes i fiérent demaneis :
La bataille est de merveillos destreit.

Li ber Malprimes parmi le champ chevalchet,
De cels de France i fait molt grant damage.
Naimes li dus fierement le reguardet,
Vait le ferir com hom molt vertudables,
De son escut li fraint la pène halte,
De son halberc les dous pans li desafret,
El cors li met tote l'enseigne jalne,
Que mort l'abat entre set cenz des altres.

Reis Canabeus, li frédre a l'amirail,
Des esperons bien brochet son cheval.
Trait at l'espéde, li ponz est de cristal,
Si fiert Namon en l'helme principal,
L'une meitiét l'en froisset d'une part,
Al brant d'acier l'en trenchet cinc des laz.
Li chapeliers un denier ne li valt :
Trenchet la coife entresque a la charn,
Jus a la terre une piéce en abat.
Granz fut li cols, li dus en estonat,
Sempres chadist, se Deus ne li aidast ;
De son destrier le col en embraçat.
Se li paiiens une feiz recovrast,
Sempres fust morz li nobilies vassals.
Charles de France i vint, quil socorrat.

Naimes li dus tant par est angoissables,

Et li paiiens de ferir molt le hastet.
Charles li dist : « Colverz, mar le baillastes ! »
Vait le ferir par son grant vasselage,
L'escut li fraint, contre le coer li quasset,
De son halberc li deront la ventaille,
Que mort l'abat ; la sèle en remaint guaste.
Molt at grant doel Charlemaignes li reis,
Quant duc Namon veit nafrét devant sei,
Sor l'herbe verte le sanc tot cler chadeir.
Li emperédre li at dit a conseil :
« Bels sire Naimes, car chevalchiez od mei !
Morz est li gloz qu'en destreit vos teneit,
El cors li mis mon espiét une feiz. »
Respont li dus : « Sire, jo vos en creit.
Se jo vif alques, molt grant prot i avreiz. »
Puis sont jostét par amor et par feit,
Ensembl'od els tel vint milie Franceis,
N'i at celui n'i fierget o n'i chapleit.
Li amiralz chevalchet par le champ.
Si vait ferir le conte Guineman,
Contre le coer li froisset l'escut blanc,
De son halberc li derompit les pans,
Les dous costez li deseivret des flans,
Que mort l'abat de son cheval corant.
Puis at ocis Geboïn et Lorent,
Richart le vieil, le seignor des Normans.
Paiien escrident : « Preciose est vaillant !
Ferez, baron, nos i avons guarant ! »
Qui puis vedist les chevaliers d'Arabe,
Cels d'Ociant et d'Argoille et de Bascle !
De lor espiez bien i fiérent et chaplent,
Et li Franceis n'ont talent que s'en algent ;
Assez i moerent et des uns et des altres.

Entresqu'al vespre est molt fort la bataille;
Des frans barons i at molt grant damage,
Doel i avrat anceis qu'éle departet.

Molt bien i fiérent Franceis et Arabit,
Froissent cez hanstes et cil espiét forbit.
Qui donc vedist cez escuz si malmis,
Cez blans halbers qui donc odist fremir,
Et cez escuz sor cez helmes croissir,
Cez chevaliers qui donc vedist chadir,
Et homes braire, contre terre morir,
De grant dolor li podust sovenir.
Ceste bataille est molt fort a sofrir.
Li amiralz reclaimet Apollin,
Et Tervagan, Mahomét altresi :
« Mi damne deu, jo vos ai molt servit,
Et voz imagenes totes ferai d'or fin :
Contre Charlon me donez guarantir ! »
Es li devant un soen drut, Gemalfin,
Males novèles li aportet et dit :
« Baliganz, sire, mal estes hui bailliz,
Perdut avez Malprimé vostre fil,
Et Canabeus vostre frédre est ocis.
A dous Franceis belement en avint;
Li emperédre en est l'uns, ço m'est vis,
Grant at le cors, bien resemblet marchis,
Blanche at la barbe come flor en avril. »
Li amiralz en at le helme enclin,
Et enaprès sin embronchet son vis.
Si grant doel at sempres cuidat morir;
Sin apelat Jangleu l'oltremarin.

Dist l'amiralz : « Jangleus, venez avant !
Vos estes proz, vostre saveirs est granz,
Vostre conseil ai otreiiét toz tens.

Que vos en semblet d'Arabiz et de Frans,
Se nos avrons la victorie del champ? »
Et cil respont : « Morz estes, Baliganz!
Ja vostre deu ne vos iérent guarant.
Charles est fiers, et si home vaillant,
Onc ne vi gent qui si fust combatant.
Mais reclamez les barons d'Ociant,
Turs et Enfrons, Arabiz et Jaianz.
Ço qu' estre en deit ne l' alez demorant. »

Li amiralz at sa barbe fors mise,
Altresi blanche come flor en espine.
Coment qu'il seit, ne s'i voelt celer mie,
Met a sa boche une clére boisine,
Sonet la cler, que si paiien l'odirent :
Par tot le champ ses compaignes ralient.
Cil d'Ociant i braient et henissent,
Et cil d' Argoille si com chien i glatissent.
Requiérent Frans par si grant estoltie,
El plus espés sis rompent et partissent :
Ad icest colp en jiétent morz set milie.

Li cuens Ogiers codardie n'out onques,
Mieldre vassals de lui ne vestit broigne.
Quant des Franceis les eschiéles vit rompre,
Si apelat Tiedri le duc d'Argone,
Jofreit d'Anjou et Jozeran le conte,
Molt fierement Charlon en araisonet :
« Vedez paiiens, com ocident vos homes!
Ja Deu ne placet qu'el chief portez corone,
S'or n'i ferez por vengier vostre honte! »
N'i at icel qui un sol mot respondet;
Brochent ad ait, lor chevals laissent corre,
Vont les ferir la ou il les encontrent.

Molt bien i fiert Charlemaignes li reis,

Naimes li dus et Ogiers li Daneis,
Jofreiz d'Anjou, qui l'enseigne teneit.
Molt par est proz danz Ogiers li Daneis;
Point le cheval, laisset corre ad espleit,
Si fiert celui qui le dragon teneit,
Qu'ambor craventet en place devant sei
Et le dragon et l'enseigne le rei.
Baliganz veit son gonfanon chadeir,
Et l'estandart Mahomét remaneir;
Li amiralz alques s'en aperceit
Que il at tort et Charlemaignes dreit.
Paiien d'Arabe s'en contiénent plus queit.
Li emperédre reclaimet ses Franceis:
« Dites, baron, por Deu si m'aidereiz! »
Respondent Franc: « Mar le demandereiz.
Trestot seit fel qui n'i fierget ad espleit! »

XXXII.

Le soir arrive. L'empereur et l'émir se rencontrent sur le champ de bataille et se jettent furieusement l'un sur l'autre. Tous les deux sont bientôt renversés de leurs chevaux. Ils se relèvent et continuent le duel à mort. Charlemagne, blessé à la tête, chancelle. Mais l'ange Gabriel soutient son courage. Baligant est frappé à son tour et tombe mort. L'empereur remonte sur son cheval, que le duc Naimes lui ramène, et les païens prennent la fuite.

Passet li jorz, si tornet a la vespréde,
Franc et paiien i fiérent des espédes.
Cil sont vassal qui les oz ajostérent.
Mais lor enseignes n'i ont mie oblidédes:
Li amiralz Preciose at cridéde,
Charles Monjoie l'enseigne renoméde.
L'uns conoist l'altre as haltes voiz et cléres.

Enmi le champ andoi s'entrencontrérent:
Sis vont ferir, granz cols s'entredonérent
De lor espiez en lor targes rodédes :
Fraites les ont desoz cez bocles lédes.
De lor halbers les pans en desevrérent,
Dedenz lez cors mie ne s'adesérent :
Rompent cez cengles, et cez sèles versérent :
Chiédent li rei, a terre se trovérent.
Isnelement sor lor piez relevérent,
Molt vassalment ont traites les espédes.
Ceste bataille nen iert mais destornéde,
Senz home mort ne poet estre achevéde.
  Molt est vassals Charles de France dolce,
Li amiralz il nel crient ne ne dotet.
Cez lor espédes totes nudes i mostrent,
Sor cez escuz molt granz cols s'entredonent,
Trenchent les cuirs et cez fuz qui sont doble :
Chiédent li clou, se peceient les bocles.
Puis fiérent il nut a nut sor lor broignes,
Des helmes clers li fous en escharbonet.
Ceste bataille ne poet remaneir onques,
Josque li uns son tort i reconoisset.
  Dist l'amiralz : « Charles, car te porpense,
Si prent conseil que vers mei te repentes !
Mort as mon fil par le mien escïentre,
A molt grant tort mon païs me chalenges ;
Devien mes hom, en fieu le te voeil rendre,
Vien mei servir d'ici qu'en Oriente ! »
Charles respont : « Molt grant viltét me semblet.
Paiz ne amor ne dei a paiien rendre.
Receif la lei que Deus nos apresentet,
Chrestïentét, et jo t'amerai sempres ;
Puis serf et creit le rei omnipotente ! »

Dist Baliganz : « Malvais sermon comences. »
Puis vont ferir des espédes qu'ont ceintes.
  Li amiralz est molt de grant vertut,
Fiert Charlemaigne sor l'helme d'acier brun :
Desor la teste li at frait et fendut,
Met li l'espéde sor les chevels menuz,
Prent de la charn grant pleine palme et plus ;
Iloec endreit remaint li os tot nuz.
Charles chancèlet, por poi qu'il n'est chaduz,
Mais Deus ne volt qu'il seit morz ne vencuz.
Sainz Gabriel est repaidriez a lui,
Si li demandet : « Reis maignes, que fais tu ? »
  Quant Charles ot la sainte voiz de l'angele,
Nen at poor ne de morir dotance,
Repaidret lui vigor et remembrance.
Fiert l'amirail de l'espéde de France,
L'helme li fraint, ou les gèmes reflambent,
Trenchet la teste por la cervèle espandre,
Et tot le vis tresqu'en la barbe blanche,
Que mort l'abat senz nule recovrance ;
Monjoie escridet por la reconoissance.
Ad icest mot venuz i est dus Naimes,
Prent Tencendor, montet i li reis maignes.
Paiien s'en tornent, ne volt Deus qu'il remaignent.
Or ont Franceis iço que il demandent.

XXXIII.

Les Français poursuivent les païens jusqu'à Saragosse. La reine Bramimonde, montée sur une tour, a vu la déroute des Arabes et vient l'annoncer à Marsile, qui tourne son visage vers le mur, pleure, laisse tomber sa tête, et meurt de douleur. Cette nuit-là Charlemagne coucha à Saragosse. Le lendemain mille Français se répandent dans les rues, entrent dans les temples, brisent les idoles, mènent au baptême cent mille païens et tuent ceux qui résistent. Puis Charlemagne installe une garnison dans la ville conquise, et reprend la route de France, emmenant avec lui la reine Bramimonde, qu'il veut convertir par la persuasion. A Bordeaux il dépose l'olifant sur l'autel de Saint-Séverin. Il passe ensuite la Gironde sur de grands bateaux et arrive à Blaye : c'est là, dans l'église de Saint-Romain, qu'il fait placer les corps de Roland, d'Olivier et de Turpin, dans trois cercueils de marbre blanc. Il ne s'arrête plus qu'à Aix-la-Chapelle. Dès son arrivée il mande près de lui, de toutes les parties de l'empire, les juges de son tribunal, pour instruire le procès de Ganelon.

Paiien s'en fuient, com damnes Deus le voelt :
Enchalcent Franc et l'emperédre avoec.
Ço dist li reis : « Seignor, vengiez voz doels,
Si esclargiez voz talenz et voz coers !
Car hui matin vos vi plorer des oelz. »
Respondent Franc : « Sire, ço nos estoet. »
Chascuns i fiert tanz granz cols com il poet,
Poi s'en estorstrent d'icels qui sont iloec.
Granz est li chalz, si se liévet la poldre.
Paiien s'en fuient, et Franceis les angoissent ;
Li enchalz duret d'ici qu'en Sarragoce.
En som sa tor montéde est Bramimonde,
Ensembl'od li si clerc et si chanoigne
De false lei, que Deus nen amat onques :
Ordres nen ont, ne en lor chiés corones.
Quant éle vit Arabiz si confondre,
A halte voiz s'escridet : Mare somes !
E! gentilz reis, ja sont vencut nostre home,
Li amiralz ocis a si grant honte ! »
Quant l'ot Marsilies, vers sa pareit se tornet,
Ploret des oelz, tote sa chiére embronchet,
Morz est de doel ; si com pechiez l'encombret,

L'anme de lui as vis dïables donet.
Paiien sont mort, alquant tornét en fuie,
Et Charles at sa bataille vencude.
De Sarragoce at la porte abatude,
Or sét il bien que n'iert mais defendude;
Prent la citét, sa gent i est venude.
Par podestét icéle nuit i jurent.
Fiers est li reis a la barbe chanude,
Et Bramimonde les tors li at rendudes:
Les dis sont grandes, les cinquante menudes.
Molt bien espleitet cui damnes Deus aiudet!
Passet li jorz, la nuit est asseride,
Clére est la lune, les esteiles flambient.
Li emperédre at Sarragoce prise.
A mil Franceis fait bien cerchier la vile,
Les sinagoges et les mahomeries;
A malz de fer, a coignédes qu'il tindrent,
Froissent les murs et trestotes les idles;
N'i remandrat ne sort ne falserie.
Li reis creit Deu, faire voelt son servise,
Et si evesque les èves benedient,
Meinent paiiens entresqu'al batistirie.
S'or i at cel qui Charle contrediet,
Il le fait pendre o ardeir o ocidre.
Batiziét sont assez plus de cent milie
Veir chrestiien, ne mais sol la reïne:
En France dolce iert menéde chaitive,
Ço voelt li reis par amor convertisset.
Passet la nuit, si apert li clers jorz.
De Sarragoce Charles guarnist les tors,
Mil chevaliers i laissat poignedors:
Guardent la vile ad oes l'emperedor.
Montet li reis od ses homes trestoz,

Et Bramimonde, qu'il meinet en sa prison ;
Mais n'at talent li facet se bien non.
Repaidriét sont a joie et a baldor,
Passent Narbone par force et par vigor.
Vint a Bordèle, la citét de valor ;
Desor l'alter saint Sevrin le baron
Met l'olifant plein d'or et de mangons.
Li pelerin le veident qui la vont.
Passet Gironde a molt granz nés qu'i sont,
Entresqu'a Blaive at conduit son nevot,
Et Olivier son noble compaignon,
Et l'arcevesque, qui fut sages et proz.
En blans sarcous fait métre les seignors,
A Saint-Romain, la gisent li baron :
Franc les comandent a Deu et a ses nons.
Charles chevalchet et les vals et les monz,
Entresqu'ad Ais ne volt prendre sojorn.
Tant chevalchat qu'il descent al pedron.
Et com il est en son palais halçor,
Par ses messages mandet ses jugedors,
Baiviers et Saisnes, Loherens et Frisons,
Alemans mandet, si mandet Borgoignons,
Et Peitevins et Normans et Bretons,
De cels de France les plus saives qu'i sont.
Des or comencet li plaiz de Guenelon.

XXXIV.

Le jour du retour de Charlemagne à Aix, la belle Aude vient à lui, et demande où est son fiancé Roland (Voyez page 61). L'empereur, très ému, tire sa barbe blanche, et lui dit : « Tu me parles d'un homme mort. Mais je te donnerai mieux encore : mon fils, mon héritier Louis. — Je ne vous comprends pas, répond la jeune fille. Ne plaise à Dieu que je survive à Roland ! » Elle pâlit et tombe aux pieds de Charlemagne. L'empereur la croit évanouie, lui prend les mains et la relève. Quand il voit qu'elle est morte, il appelle quatre comtesses qui la portent dans un couvent et veillent près d'elle jusqu'au jour. Puis on lui fait de belles funérailles et on l'enterre près d'un autel.

Li emperédre est repaidriez d'Espaigne,
Et vient ad Ais al meillor siét de France,
Montet el palais, est venuz en la sale.
Es li venude Alde, une bèle dame;
Ço dist al rei : « Ou 'st Rollanz li chataignes,
Qui me jurat come sa per a prendre? »
Charles en at et dolor et pesance,
Ploret des oelz, tiret sa barbe blanche :
« Soer, chiére amie, d'home mort me demandes.
Jo t'en donrai molt esforciét eschange,
Ço 'st Lodevis, meillor n'en sai en France :
Il est mes filz et si tendrat mes marches. »
Alde respont : « Cist moz mei est estranges.
Ne placet Deu ne ses sainz ne ses angeles
Après Rollant que jo vive remaigne ! »
Pert la color, chiét as piez Charlemaigne,
Sempres est morte. Deus ait mercit de l'anme !
Franceis baron en plorent, si la plaignent.
Alde la bèle est a sa fin alède.
Cuidet li reis qu'éle se seit pasméde ;
Pitiét en at, sin ploret l'emperédre,
Prent la as mains, si l' en at relevéde :
Sor les espalles at la teste clinéde.
Quant Charles veit que morte l' at trovéde,
Quatre contesses sempres i at mandédes;
Ad un mostier de nonains est portéde,
La nuit la guaitent entresqu'a l'ajornéde.

Lonc un alter belement l'enterrérent;
Molt grant honor li at li reis donéde.

XXXV.

Ganelon est enchaîné à un poteau devant le palais de Charlemagne. Les barons mandés par l'empereur étant arrivés, on amène le prisonnier, et Charlemagne l'accuse devant tous d'avoir trahi pour de l'argent Roland et les douze pairs. — « Il n'y a pas trahison, répond Ganelon. Roland avait voulu ma mort, je me suis vengé de lui après l'avoir défié publiquement ainsi que ses amis » (Voy. vers 287). Trente parents du traître sont présents : l'un deux, Pinabel, se fait fort de le sauver, en combattant au besoin contre ceux qui voteraient sa mort. Cependant le conseil se réunit. Les barons d'Auvergne inclinent à l'indulgence, et décident les autres, à l'exception de Thierri. Ils vont trouver Charlemagne et lui disent : « Acquittez Ganelon. Désormais il vous servira loyalement. Son supplice ne nous rendrait pas Roland. — Vous êtes des félons, » répond l'empereur. Mais Thierri s'avance, il déclare Ganelon digne de mort, et s'offre à combattre quiconque prendrait sa défense. Pinabel se présente aussitôt. Charlemagne ordonne de garder à vue les trente parents de Ganelon : ils doivent répondre de l'issue du combat.

Li emperédre est repaidriez ad Ais.
Guènes li fel en chadeines de fer
En la citét est devant le palais.
Ad une estache l'ont atachiét cil serf,
Les mains li leient a correies de cerf,
Tres bien le batent a fuz et a jameilz :
N'at deservit que altre bien i ait.
A grant dolor iloec atent son plait.
Il est escrit en l'anciiéne geste
Que Charles mandet homes de plusors terres.
Assemblét sont ad Ais a la chapèle.
Halz est li jorz, molt par est grant la feste.

Dient alquant del baron saint Silvestre.
Des or comencet li plaiz et les novèles
De Guenelon, qui tradison at faite.
Li emperédre devant sei l'at fait traire.
« Seignor baron, ço dist Charles li reis,
De Guenelon car me jugiez le dreit!
Il fut en l'ost tresqu' en Espaigne od mei,
Si me tolit vint mil de mes Franceis,
Et mon nevot, que jamais ne vedreiz,
Et Olivier, le prot et le corteis;
Les doze pers at tradit por aveir. »
Dist Guenelon : « Fel seie, se jol ceil!
Rollanz m' forsfist en or et en aveir :
Por quei jo quis sa mort et son destreit.
Mais tradison nule nen i otrei. »
Respondent Franc : « Ore en tendrons conseil. »
Devant le rei la s'estut Guenelon.
Cors at gaillart, el vis gente color :
S'il fust leials, bien resemblast baron.
Veit cels de France et toz les jugedors,
De ses parenz trente qui od lui sont,
Puis s'escridat haltement a grant son :
« Por amor Deu, car m'entendez, baron!
Jo fui en l'ost avoec l'emperedor,
Serveie le par feit et par amor.
Rollanz ses niés me coillit en hador,
Si me jujat a mort et a dolor.
Messages fui al rei Marsilïon,
Par mon saveir vinc jo a guarison.
Jo desfidai Rollant le poignedor,
Et Olivier et toz lor compaignons :
Charles l'odit et si noble baron.
Vengiez m'en sui, mais n'i at tradison. »

Respondent Franc : « A conseil en irons. »
Quant Guènes veit que ses granz plaiz comencet,
De ses parenz ensembl' od lui out trente.
Un en i at a cui li altre entendent,
Ço 'st Pinabels del chastel de Sorence.
Bien sét parler et dreite raison rendre,
Vassals est bons por ses armes defendre.
Ço li dist Guènes : « En vos ai jo fidance.
Jetez mei hui de mort et de chalenge. »
Dist Pinabels : « Vos serez guariz sempres.
N'i at Franceis qui vos juget a pendre,
Ou l'emperédre noz dous cors en assemblet,
Al brant d'acier que jo ne l'en desmente. »
Guènes li cuens a ses piez se presentet.
Baivier et Saisne sont alét a conseil,
Et Peitevin et Norman et Franceis;
Assez i at Alemans et Tiedeis;
Icil d'Alverne i sont li plus corteis,
Por Pinabel se contiénent plus queit.
Dist l'uns a l'altre : « Bien fait a remaneir.
Laissons le plait, et si preions le rei
Que Guenelon claint quite ceste feiz,
Puis si li servet par amor et par feit.
Morz est Rollanz, jamais nel revedreiz,
N'iert recovrez por or ne por aveir.
Molt sereit fols qui ja s'en combatreit. »
Nen i at cel nel gradant et otreit,
Fors sol Tiedri, le frédre dam Jofreit.
A Charlemaigne repaidrent si baron.
Dient al rei : « Sire, nos vos preions
Que clamez quite le conte Guenelon,
Puis si vos servet par feit et par amor.
Laissiez le vivre, car molt est gentilz hom.

Morz est Rollanz, jamais nel revedrons,
Ne por aveir ja nel recoverrons. »
Ço dist li reis : « Vos estes mi felon ! »
Quant Charles veit que tuit li sont faillit,
Molt l'embronchat et la chiére et li vis;
Al doel qu'il at si se claimet chaitis.
Es li devant uns chevaliers, Tiedris,
Frédre Jofreit ad un duc angevin.
Haingre out le cors et graisle et eschevit,
Neirs les chevels et alques brun le vis;
N'est guaires granz, ne trop nen est petiz.
Corteisement l'emperedor at dit :
« Bels sire reis, ne vos dementez si !
Ja savez vos que molt vos ai servit;
Par ancessors dei jo tel plait tenir.
Que que Rollanz Guenelon forsfesist,
Vostre servise l'en deüst bien guarir.
Guènes est fel d'iço qu'il le tradit,
Vers vos s'en est parjurez et malmis.
Por ço le juz a pendre et a morir,
Et son cors métre el champ por les mastins,
Si com felon qui felonie fist.
S' or at parent qui m'en voelt desmentir,
A ceste espéde que jo ai ceinte ici
Mon jugement voeil sempres guarantir. »
Respondent Franc : « Or avez vos bien dit. »
Devant le rei est venuz Pinabels.
Granz est et forz et vassals et isnels :
Qu'il fiert a colp, de son tens n'i at mais.
Et dist al rei : « Sire, vostre est li plaiz.
Car comandez que tel noise n'i ait.
Ci vei Tiedri qui jugement at fait :
Jo si li fals, od lui m'en combatrai. »

Met li el poing le destre guant de cerf.
Dist l'emperédre : « Bons plèges en avrai. »
Trente parent sont plège a Pinabel.
Ço dist li reis : « Et jol vos recredrai. »
Fait cels guarder, tresque li dreiz iert faiz.

XXXVI.

Thierri présente son gant droit à Charlemagne, qui fournit caution pour lui. Les deux champions se sont confessés et ont entendu la messe. Ils revêtent leurs armes, montent à cheval, et se rendent au-dessous d'Aix dans une vaste prairie, où ils vont combattre sous les yeux de cent mille chevaliers. Ils se démontent au premier choc et continuent le duel à pied. Thierri est d'abord blessé au visage, mais il porte à Pinabel un coup terrible qui l'abat mort à ses pieds. L'empereur prend le vainqueur entre ses bras et lui essuie le visage avec ses grandes peaux de martre. Puis on revient à Aix : les parents de Ganelon, qui étaient les otages du duel, sont condamnés à mort et pendus. Quant à Ganelon, il est écartelé.

Quant veit Tiedris qu'or en iert la bataille,
Son destre guant en at presentét Charle.
Li emperédre li recreit par ostage;
Puis fait porter quatre bans en la place :
La vont sedeir cil quis deivent combatre.
Bien sont malét par jugement des altres,
Sil porparlat Ogiers de Danemarche.
Et puis demandent lor chevals et lor armes.
Puis que il sont a bataille jugiét,
Bien sont confès et asols et seigniét,
Odent lor messes, sont acomungiét,
Molt granz ofrendes métent por cez mostiers.
Devant Charlon andoi sont repaidriét :
Lor esperons ont en lor piez chalciez,

Vestent halbers blans et forz et legiers,
Lor helmes clers ont fermez en lor chiés,
Ceignent espédes enheldides d'or mier,
En lor cols pendent lor escuz de quartiers,
En lor poinz destres ont lor trenchanz espiez,
Puis sont montét en lor coranz destriers.
Idonc plorérent cent milie chevalier,
Qui por Rollant de Tiedri ont pitiét.
Deus sét assez coment la fin en iert.

Dedesoz Ais est la préde molt large.
Des dous barons jostéde est la bataille ;
Cil sont prodhome et de grant vasselage,
Et lor cheval sont corant et adate :
Brochent les bien, totes les resnes laschent,
Par grant vertut vait ferir li uns l'altre,
Toz lor escuz i froissent et esquassent,
Lor halbers rompent et lor cengles departent;
Les alves tornent, les sèles jus avalent.
Cent milie home i plorent quis esguardent.

A terre sont andoi li chevalier ;
Isnelement se drécent sor lor piez.
Pinabels est forz, isnels et legiers.
L'uns requiert l'altre, n'ont mie des destriers.
De cez espédes enheldides d'or mier
Fiérent et chaplent sor cez helmes d'acier,
Grant sont li colp as helmes detrenchier.
Molt se dementent cil franceis chevalier :
« E Deus ! dist Charles, le dreit en esclargiez ! »

Dist Pinabels : « Tiedris, car te recreit :
Tes hom serai par amor et par feit,
A ton plaisir te donrai mon aveir ;
Mais Guenelon fai acorder al rei. »
Respont Tiedris : « Ja n'en tendrai conseil.

Tot seie fel, se jo mie l'otrei !
Deus facet hui entre nos dous le dreit! »
Ço dist Tiedris : « Pinabels, molt iés ber,
Granz iés et forz et tes cors bien molez,
De vasselage te conoissent ti per :
Ceste bataille car la laisse ester !
A Charlemaigne te ferai acorder ;
De Guenelon justise iert faite tel
Jamais n'iert jorz que il n'en seit parlét. »
Dist Pinabels : « Ne placet damne Deu !
Sostenir voeil trestot mon parentét.
N'en recredrai por nul home mortel :
Mielz voeil morir qu' il me seit reprovét. »
De lor espédes comencent a chapler
Desor cez helmes qui sont ad or gemét :
Contre le ciel volet li fous toz clers.
Il ne poet estre qu'il seient desevrét,
Senz home mort ne poet estre afinét.
Molt par est proz Pinabels de Sorence.
Si fiert Tiedri sor l' helme de Provence,
Salt en li fous, que l'herbe en fait esprendre ;
Del brant d'acier l'amore li presentet,
Desor le front l'helme li en detrenchet,
Enmi le vis li at faite descendre,
La destre jode en at tote sanglente.
L'halberc desclot josque par som le ventre ;
Deus le guarit que mort ne l'acraventet.
Ço veit Tiedris que el vis est feruz,
Li sans toz clers en chiét el prét herbut.
Fiert Pinabel sor l'helme d'acier brun,
Josqu'al nasel li at frait et fendut,
Del chief li at le cervel espandut,
Brandit son colp, si l'at mort abatut.

Ad icest colp est li estörz vencuz.
Escrident Franc : « Deus i at fait vertut.
Assez est dreiz que Guènes seit penduz,
Et si parent qui plaidiét ont por lui. »
Quant Tiedris at vencude sa bataille,
Venuz i est li emperédre Charles.
Ensembl'od lui de ses barons sont quatre :
Naimes li dus, Ogiers de Danemarche,
Jofreiz d'Anjou et Guillalmes de Blaive.
Li reis at pris Tiedri entre sa brace,
Tert lui le vis od ses granz pels de martre ;
Céles met jus, puis li afublent altres.
Molt soavét le chevalier desarment,
Monter l'ont fait une mule d'Arabe,
Repaidret s'en a joie et a barnage.
Viénent ad Ais, descendent en la place.
Des or comencet l'ocisïon des altres.
Charles apèlet ses contes et ses dus :
« Que me lodez de cels qu'ai retenuz ?
Por Guenelon érent a plait venut,
Por Pinabel en ostage rendut. »
Respondent Franc : « Ja mar en vivrat uns. »
Li reis comandet un soen veiier Basbrun :
« Va, sis pent toz a l'arbre de mal fust !
Par ceste barbe, dont li peil sont chanut,
S'uns en eschapet, morz iés et confonduz ! »
Cil li respont : « Qu'en fereie jo plus ? »
Od cent serjanz par force les conduit :
Trente en i at d'icels qui sont pendut.
Qui tradist home, sei ocit et altrui.
Puis sont tornét Baivier et Aleman,
Et Peitevin et Breton et Norman.
Sor toz les altres l'ont otreiiét li Franc

Que Guènes moerget par merveillos ahan.
Quatre destriers font amener avant,
Puis si li leient et les piez et les mains.
Li cheval sont orgoillos et corant,
Quatre serjant les acoeillent devant
Devers une ève qui est enmi un champ.
Tornez est Guènes a perdition grant :
Trestuit si nerf molt li sont estendant,
Et tuit li membre de son cors derompant.
Sor l'herbe verte en espant li clers sans.
Guènes est morz come fel recredanz :
Qui tradist altre, nen est dreiz qu'il s'en vant.

XXXVII.

Charlemagne fait baptiser solennellement la reine Braminonde, qui reçoit le nom de Julienne. Après la défaite des païens, après la punition de Ganelon et le baptême de Braminonde, l'empereur croyait pouvoir se reposer. Mais une nuit l'ange Gabriel vient lui dire de la part de Dieu : « Rassemble les armées de ton empire, et va secourir le roi Vivien. » L'empereur aurait bien voulu n'y pas aller : « Dieu ! s'écrie-t-il, que peineuse est ma vie ! » Il pleure des yeux, tire sa barbe blanche.

Quant l' emperédre at faite sa venjance,
Sin apelat les evesques de France,
Cels de Baviére et icels d'Alemaigne :
« En ma cort at une chaitive franche ;
Tant at odit et sermons et essemples,
Creidre voelt Deu, chrestïentét demandet.
Batiziez la, por que Deus en ait l'anme. »
Cil li respondent : « Or seit fait par madraines,
Assez creüdes et enligniédes dames. »
As bainz ad Ais molt sont granz les compaignes ;
La batiziérent la reïne d'Espaigne.

Trovét li ont le nom de Juliane,
Chrestiiéne est par veire conoissance.

Quant l'emperédre at faite sa justise,
Et esclargiéde est la soë grant ire,
En Bramimonde at chrestïentét mise.
Passet li jorz, la nuit est asseride,
Li reis se colchet en sa chambre voltice.
Sainz Gabriel de part Deu li vint dire :
« Charles, somon les oz de ton empire,
Par force iras en la terre de Bire,
Rei Viviien si socorras en Imphe,
A la citét que paiien ont assise.
Li chrestiien te reclaiment et crident. »
Li emperédre n'i volsist aler mie :
« Deus ! dist li reis, si penose est ma vide ! »
Ploret des oelz, sa barbe blanche tiret.

Ci falt la geste que Turoldus declinet.

FIN.

TABLE

DES ASSONANCES DE LA CHANSON DE ROLAND [1].

1° a : 725, 885, 1110, 1261, 2099, 2134, 3329, 3429.

a... e : 180, 301, 366, 647, 737, 761, 1093, 1269, 1338, 1648, 1713, 1978, 2271, 2845, 2974, 3035, 3121, 3421, 3444, 3473, 3850, 3873, 3934.

2° an (*ou* en) : 264, 280, 324, 392, 550, 609, 783, 860, 940, 1070, 1152, 1297, 1412, 1467, 1593, 1620, 1702, 1761, 1830, 1932, 2222, 2355, 2458, 2512, 2646, 2724, 2827, 3014, 3014, 3096, 3110, 3184, 3345, 3369, 3463, 3508, 3960.

an... e : 1, 826, 909, 1082, 1842, 2312, 2909, 3084, 3612, 3705, 3975.

en... e : 1396, 1586, 1785, 2999, 3589, 3780, 3915.

3° é : 62, 122, 157, 342, 425, 520, 669, 894, 1028, 1059, 1170, 1965, 1989, 2146, 2215, 2443, 2496, 2609, 2765, 2855, 2951, 3137, 3899.

é... e : 441, 703, 1367, 1449, 2755, 3305, 3560, 3723.

4° ié : 24, 96, 252, 337, 468, 537, 642, 751, 792, 1139, 1311, 1502, 1671, 1680, 1737, 1869, 2066, 2164, 2200, 2397, 2476, 2525, 2665, 2790, 3858, 3883.

ié... e : 3026, 3383.

5° è : 603, 1379, 2259, 3237, 3734, 3838.

è... e : 47, 331, 661, 803, 931, 1289, 1691, 2115, 2246, 2488, 2630, 2916, 3060, 3291, 3396, 3742.

6° é... e : (intermédiaire entre *é...e* du n° 3, et *è...e* du n° 5) : 1562.

7° ei : 78, 501, 563, 994, 2741, 3279, 3405, 3451, 3543, 3750, 3793, 3892.

ei... e : 975.

1. Chaque laisse est désignée par le numéro du premier vers.

8° i :	139, 168, 402, 451, 627, 1124, 1235, 1304, 1851, 2024, 2056, 2124, 2375, 2881, 2962, 3201, 3352, 3481, 3815.
i... e :	89, 193, 317, 485, 512, 580, 717, 955, 1610, 1628, 1722, 1913, 2338, 2592, 2705, 2933, 3068, 3360, 3520, 3658, 3988.
9° ò :	596, 1049, 1188, 1537, 1796, 1940, 2284, 2945, 3214.
ò... e :	1570.
10° oe :	292, 3625.
11° ó :	214, 244, 414, 617, 766, 814, 841, 874, 1017, 1213, 1275, 1351, 1438, 1519, 1807, 1886, 2184, 2233, 2418, 2555, 2686, 2870, 2892, 3052, 3172, 3265, 3675, 3762, 3807.
ó... e :	10, 377, 634, 916, 1281, 1483, 1753, 2010, 2570, 2639, 2987, 3075, 3252, 3531, 3579, 3633.
12° u :	230, 774, 1039, 1550, 1952, 2035, 2083, 2366, 2810, 3602, 3924, 3947.
u... e :	1320, 2297, 3648.

GLOSSAIRE

OBSERVATIONS PRÉLIMINAIRES.

Des mots qui ne sont pas au glossaire. — Nous n'avons pas fait entrer dans ce glossaire les mots qui appartiennent encore à la langue française, et dont le sens actuel ne diffère pas, ou diffère peu, de la signification qui leur est attribuée dans notre texte, par exemple *acier*, *achever*, *amener*, *arbre*, *arc*, *ciel*, *cuisse*, *déclin*, *devenir*, etc. Il était inutile de donner l'étymologie de ces mots, qu'on trouvera facilement dans le Dictionnaire de Littré ou dans celui de Scheler, et il n'y avait aucune remarque à faire sur leur emploi dans la *Chanson de Roland*. Les différences d'orthographe, entre la langue actuelle et celle du onzième siècle, ne nous ont pas semblé une raison suffisante pour introduire les mots de ce genre dans le glossaire; nous les avons omis toutes les fois que leur identité est facilement reconnaissable : ainsi on reconnaîtra sans peine *cœur* dans « coer »; *chèrement* dans « chierement »; *croupe* dans « crope »; *bourgeois* dans « borgeis »; *glorieux* dans « glorios »; *chapelle* dans « chapele »; *cité* dans « citét »; *contrée* dans « contrede »; *frère* dans « fredre », etc. Au surplus, voici quelques indications générales sur ces équivalences d'orthographe :

L'ancienne diphtongue *oe* (ou *ue*) qui provient d'un *o* bref tonique latin est devenue un son simple que nous écrivons *eu* ou *œu* : *soer* = *sœur*; *poet* = *peut*, etc.

L'ancienne diphtongue *ei*, qui provient le plus souvent d'un *e* fermé (*e* long ou *i* bref) tonique latin, est devenue *oi* : *rei* = *roi*; *receit* = *reçoit*; *deveir* = *devoir*, etc.

La diphtongue *ié*, qui provient d'un *e* bref tonique, ou d'un *a* tonique placé dans des conditions déterminées, s'est parfois réduite à *é* : *aidier* = *aider*; *brief* = *bref*, etc.

O, de l'ancienne langue, est souvent représenté dans la langue actuelle par *eu* ou par *ou* : *dolor* = *douleur*; *boche* = *bouche*, etc.

Presque toujours *d* entre deux voyelles, ou séparé seulement de la voyelle suivante par une *r*, est tombé dès la fin du onzième siècle : *chantéde* = *chantée ; vide* = *vie ; pédre* = *père*, etc.

T final tantôt s'est maintenu, tantôt est tombé, tantôt a été remplacé par un *d : bontét* = *bonté ; chantet* = *chante ; grant* = *grand*.

L s'est souvent vocalisée en *u : chevel* = *cheveu ; altre* = *autre*, etc.

S est le plus souvent tombée devant une autre consonne : *desmembrer* = *démembrer ; teste* = *tête*, etc.

Les consonnes isolées entre deux voyelles ont été souvent redoublées, soit pour rappeler plus complètement l'étymologie, soit pour des raisons de prononciation que nous ne pouvons étudier ici : *métre* est devenu *mettre ; bèle : belle ; done : donne ; home : homme*, etc.

Beaucoup des mots que nous venons de citer se trouvent d'ailleurs au glossaire, nous n'avons exclu que ceux à propos desquels il n'y avait à faire aucune remarque utile, directe ou indirecte.

Comment il faut chercher les substantifs et adjectifs. — Les substantifs et adjectifs ne se trouveront en général que sous la forme du cas régime singulier, qui est aussi le cas sujet pluriel. On sait qu'ils prennent une *s* ou quelquefois un *z* au cas sujet singulier et au cas régime pluriel. Il faudra donc supprimer cette *s* ou ce *z* pour trouver le mot, chercher *conseil* pour *conseilz*, *bel* pour *bels*, etc. On sait d'autre part que les mots qui se terminent par *t* au cas régime singulier prennent un *z* (= *ts*) aux cas en *s :* il faudra donc, pour les trouver, ajouter un *t* après avoir supprimé le *z*, chercher *moz* à *mot*, *parz* à *part*, etc.

Quand les adjectifs seront au féminin, il faudra les chercher sous leur forme masculine, c'est-à-dire supprimer l'*e* muet, et quant la consonne précédant l'*e* muet sera un *d*, changer ce *d* en *t :* le masculin de *barbéde* est *barbé*[1].

Comment il faut chercher les verbes. — Les temps et personnes des verbes qui n'offrent pas d'irrégularité ne sont pas au glossaire. On devra chercher ces verbes sous la forme de l'infinitif, qu'il est facile de reconstituer en se reportant au tableau des flexions verbales de notre Introduction ; mais il ne faut pas oublier que l'ancienne langue a cinq terminaisons d'infinitifs : *er*, *ier*, *eir*, *re* et *ir*. Ainsi la troisième personne du pluriel *ardent*, l'imparfait *ardeit*, etc., pourraient appartenir à *ard*ER, *ard*IER, *ard*EIR, *ard*RE ou *ard*IR. C'est *ardeir* que l'on trouvera ; la forme *ardre* a aussi existé. Il faut surtout se rappeler que, parmi les verbes de la première conjugaison, les uns avaient l'infinitif en *er*, les autres en *ier ;* en présence de la forme « drecez », la première pensée de l'élève sera sans doute de chercher *drec*ER, qu'il ne trouvera pas : l'infinitif de ce verbe est *drec*IER.

Les temps irréguliers ne se trouvent que sous la forme de la première personne du singulier, quand les autres personnes peuvent facilement en être déduites. Ainsi *deüssez* n'est pas au glossaire, mais on voit facilement que c'est la seconde personne du pluriel d'un temps dont la première personne du singulier est *deüsse :* c'est *deüsse* qu'on trouvera.

Il y a des futurs qui sont irréguliers, mais l'irrégularité est alors commune à toutes les personnes de ce temps, et aussi à toutes les personnes du conditionnel; il suffisait donc de donner l'une de ces personnes, et nous avons choisi la première personne du singulier du futur, à laquelle on remontera sans peine en partant de l'une quelconque des autres. Prenons un exemple : au vers 457 de la *Chanson de Roland*, nous avons le mot *lair*REIE; si on consulte, dans l'Introduction de ce livre, le tableau que nous avons donné des flexions verbales, on verra que la flexion *reie*[1] est caractéristique de la première personne du conditionnel dans les verbes en *re, eir* ou *ir :* elle correspond à la flexion actuelle *rais.* Ce serait donc le conditionnel d'un verbe *lairre*, *laireir* ou *lairir*. Mais aucun de ces infinitifs n'est au glossaire. On devra en conclure qu'on est en présence d'un conditionnel irrégulier. Or, comme on peut encore le voir dans le tableau des flexions verbales, à la flexion *reie* du conditionnel correspond la flexion *rai* de la première personne du futur. Le futur du verbe, dont le conditionnel est *lairreie*, doit donc être *lairrai*, et on trouvera cette forme au glossaire.

Si nous avons restreint le nombre des formes que nous introduisions dans notre glossaire, c'est moins encore pour réduire ce livre au plus petit volume passible, que pour donner aux élèves l'occasion de réfléchir, de se rendre compte des choses, de faire acte d'intelligence.

Plan du glossaire. — Il nous reste à justifier le système que nous avons suivi pour la rédaction de chacun des articles. Nous indiquons les formes successives du même mot jusqu'à la forme actuelle; ainsi entre *podeir* de la chanson de Roland et *pouvoir* de la langue moderne nous marquons les intermédiaires, *poeir*, *pooir*, *pouoir*. Dans les exemples que nous citons pour montrer les acceptions anciennes, nous donnons généralement la forme actuelle aux mots qui se sont conservés, et la forme du plein moyen âge à ceux qui ont disparu. Nous avons voulu ainsi faire ressortir l'identité entre les vieilles formes et les formes plus récentes. Il ne faut pas qu'on puisse croire que les acceptions disparues sont attachées aux formes anciennes : beaucoup de ces acceptions ont persisté presque jusqu'à nos jours, à travers les transformations successives des mots. C'est aussi pourquoi nous avons tenu à signaler, quand il y avait lieu, à l'aide de citations, la persistance des significations primitives jusqu'aux seizième, dix-septième et dix-huitième siècles. Il importe que l'étude du vieux français puisse servir à résoudre les difficultés générales de la langue et nous aider à comprendre les archaïsmes qui se sont conservés dans les textes classiques et jusque dans le langage actuel.

Nous n'avons pas cru devoir, sauf dans quelques cas exceptionnels,

1. Après une consonne; car après une voyelle l'*r* pourrait faire partie du radical, et on serait en présence de la flexion *eie* de l'imparfait de l'indicatif : *coreie* est l'imparfait de l'indicatif de *corre*.

renvoyer aux différents vers où se rencontre chaque acception. Ces indications, qui sont précieuses dans une édition savante à l'usage des érudits, n'auraient pu que charger sans profit une édition destinée à l'enseignement secondaire.

Quant aux étymologies, nous ne donnons que les étymologies latines. Pour les autres, nous nous bornons à dire que le mot est d'origine germanique, celtique ou orientale, en indiquant quelquefois, pour les termes germaniques, la forme de l'allemand moderne. Nous n'avons pas cru qu'il fût utile d'aller au delà. Les mots du latin populaire sont marqués d'un astérisque, nous les rapprochons des mots du latin classique auxquels ils se rattachent, sauf toutefois quand la forme populaire se trouve mentionnée dans le *Lexique latin-français* de E. Chatelain. Nous ne discutons pas les étymologies douteuses, parce qu'une discussion complète eût été trop longue, et qu'en signalant simplement les diverses opinions en présence, on risquait de donner au lecteur inexpérimenté des idées fausses sur les lois phonétiques. Pour les mots d'origine latine, nous avons moins cherché à mettre à côté de chacun d'eux une forme latine, qu'à montrer leur rapport avec les autres mots français de même famille. Aussi, quand nous disons qu'un mot est formé sur tel autre mot français, il faut sous-entendre : « ou sur le mot latin correspondant. » En d'autres termes, nous ne préjugeons pas la question de savoir si cette formation remonte à la langue latine ou si elle appartient à une époque postérieure à la constitution du français.

Enfin notre glossaire contient également les noms de lieux et de personnes, ceux du moins qui figurent plusieurs fois dans le texte. De courtes biographies résument le rôle de chaque personnage dans la Chanson, et, quand il y a lieu, marquent sa place dans l'Histoire.

ABRÉVIATIONS PRINCIPALES.

Adj.........	adjectif.	Plur........	pluriel.
Adv..........	adverbe.	Prép.........	préposition.
Ch...........	chanson.	Prés........	présent.
Condit......	conditionnel.	Prétér......	prétérit.
Conj........	conjonction.	Pron.........	pronom.
Fém.........	féminin.	Rég..........	régime.
Fr...........	français.	Sf. ou s. f....	substantif féminin.
Fut..........	futur.	Sing.........	singulier.
Imparf......	imparfait.	Sm. ou s. m.	substantif masculin.
Impér......	impératif.	Subj........	subjonctif.
Indéf.......	indéfini.	Subst.......	substantif.
Lat..........	latin.	Suj..........	sujet.
Ms..........	manuscrit.	Voy..........	voyez.
Part........	participe.	=..........	signe d'équivalence.

A

A (*ad* devant les voyelles, aujourd'hui *à* dans tous les cas), préposition qui a dans la langue du XIe siècle quelques emplois aujourd'hui disparus, notamment dans les divers sens de AVEC : « battre *à* bâtons, selle ornée *à* or, mourir *à* honte, partir *à* mille hommes. » — Sens de PENDANT : « à toute ta vie » c'est-à-dire : *pendant toute ta vie.* — Sens de AU MOMENT DE, A L'ÉPOQUE DE : « au premier an » vers 2613, nous dirions aujourd'hui sans préposition : *la première année.* « A ce jour » = *ce jour-là.* Cependant nous pourrions dire encore comme au vers 2628 : « c'était au premier jour d'été. » L'emploi de la préposition « à » dans les locutions de ce genre est aujourd'hui l'objet de distinctions souvent délicates. — Sens de DE possessif : « En cour à roi » = *en cour de roi.* « Frère à Marsile » = *frère de Marsile.* Quelquefois cet *à* se trouve supprimé devant le nom et reparaît devant les adjectifs qui s'y rapportent : « le neveu Drouon, au vieux et au chenu » c'est-à-dire « le neveu à (de) Drouon, le vieux et le chenu. » — Sens de PAR dans les locutions telles que « *à* milliers et *à* cents ». — « Au chemin = *dans le chemin.* — « A fort » voyez *fort.*

Abandonner (racine germanique), verbe : LIVRER, EXPOSER. C'est encore le sens d'*abandonner* dans ces vers de Malherbe : « Et tantôt la fortune abandonne sa vie A quelque autre danger. » — « Abandonner le frein à un cheval » c'est *lui lâcher la bride.* — « S'abandonner à (un danger) » = *s'exposer à.* — Le participe présent « abandonnant » peut avoir le sens d'un participe passé : *livré, donné.*

Abatiet. De *abatre.*

Abatre (composé de *batre*), verbe : ABATTRE, absolument ÊTRE VAINQUEUR. Voyez *batre* pour la conjugaison.

Abét (latin *abbatem*, fr. : *abét, abé, abbé*), s. m. : ABBÉ.

Abisme. Nom d'un Sarrazin qui, à Roncevaux, porte l'enseigne, le dragon de Marsile. Il a un écu merveilleux, qu'il tient de l'émir Galafre. Il est tué par Turpin.

Acelin (origine germanique). Nom du comte de Gascogne. Il assiste au conseil tenu par Charlemagne, et plus tard il aide à relever l'empereur qui s'est pâmé de douleur sur le champ de bataille de Roncevaux.

Acheminer (formé sur *chemin*), verbe. Comme tous les verbes pronominaux à l'origine, « s'acheminer », dans les temps composés, peut être purement passif (sans pronom réfléchi) : *il est acheminé.* Voyez *lever.*

Acoeillent. De *acoillir.*

Acoillir (aujourd'hui *accueillir.* Voy. *coillir* pour la conjugaison), verbe : PRENDRE, ATTEINDRE. — Ces sens de « accueillir » s'expliquent par la signification primitive du simple *cueillir.* Voy. *coillir.* « Accueillir un cheval devant », c'est *le conduire par la bride en marchant devant lui.*

Acomungier (composé de *comungier* qui vient de *communicare*, lequel a aussi produit d'une part *comuneiier*, d'où *communier*, d'autre part *communiquer*, mot savant. De même *charger* et *charrier* dérivent l'un et l'autre du latin *carricare*), verbe : DONNER LA COMMUNION A.

Aconter (composé de *conter*), verbe : COMPTER et aussi RACONTER. Ce composé a donc les deux sens de l'ancien verbe *conter*, que l'on a dédoublé par l'orthographe : *conter* et *compter.*

Acorde (subst. verbal de *acorder.* Nous avons conservé la forme masculine *accord*), s. f. : ACCORD.

Acorder (lat. **ad-cord-are*. La racine de ce verbe est le substantif latin qui a produit *cœur*), verbe. — « Accorder une personne à une autre » c'est *faire la paix entre elles.* Le régime indirect peut n'être pas exprimé. — « S'accorder à » ou « accorder (intransitif) à » c'est *faire la paix avec.*

Acraventer. Composé de *craventer*, même sens.

Ad, préposition. Voy. *A.*

Adate (lat. **adaptum*, auquel se rattache le verbe savant *adapter*), adj. AGILE.

Adeiset, adeist. De *adeser*.

Adelroth. Nom du neveu de Marsile. Avant la bataille de Roncevaux, il réclame l'honneur de frapper Roland, et demande qu'on lui adjoigne onze barons sarrazins pour lutter avec lui contre les douze pairs. Il est tué par Roland au début de la bataille.

Ademplir (plus tard *aemplir*. Composé de *emplir*), verbe : REMPLIR, *remplir une mission, exécuter un ordre*.

Adenz (composé de la préposition *à* et du pluriel de *dent*), adv. : SUR LA FACE, littéralement *sur les dents* (opposé à *envers* = *à l'envers, sur le dos*). C'est ainsi que « s'aboucher », en lyonnais et en génevois, signifie *se coucher sur la face* (littéralement *sur la bouche*).

Adeser (lat. * *ad-densare*, verbe formé sur *densum*, et non **adhæsare*, qui se présente tout d'abord à l'esprit, mais qui n'explique pas la conservation du *d* dans le français postérieur au XIe siècle), verbe à radical variable : *adeîs*... tonique, *ades*... atone. — TOUCHER. — « Adeser quelqu'un en ... » c'est *le toucher à*.

Adestrer (formé sur *destre*), verbe : ÊTRE OU MARCHER A LA DROITE DE.

Adir (subst. verbal de *adirer*, formé lui-même sur *ire*), sm. : FUREUR.

Aditant (plus tard *aïtant* ou *à itant*. Voyez *itant*), adv. : MAINTENANT, EN CE JOUR.

Adob (subst. verdal de *adober*), sm. : ARMURE.

Adober (puis *adouber*. Origine germanique), verbe : ARMER, REVÊTIR DE L'ARMURE. Ce verbe et son composé *radouber* sont encore usités, particulièrement comme termes de marine, avec le sens de *réparer*. — « Lances adoubées » paraît signifier *lances prises à la main*. Il faut sans doute voir dans cette expression une hypallage, le participe se rapportant en réalité non à l'arme, mais à l'homme qui la porte. D'ailleurs il n'est pas inadmissible que le verbe *adouber* ait subi un dédoublement de sens analogue à celui de *revêtir*, qui signifie à la fois *couvrir d'un vêtement* et *prendre comme vêtement*. Il est beaucoup moins vraisemblable de supposer à *adouber* le sens de *garnir du gonfanon*.

Adorer (lat. *adorare*, fr. : *adorer*, *aorer*, *aourer*. Notre verbe *adorer* actuel est de formation savante), verbe.

Adrement (puis *arrement*. Latin *atramentum*), sm. : ENCRE.

Aduner (latin **adunare*, formé sur *unum* = *un*. Fr. : *aduner*, puis *aüner*, *auner*, qu'il ne faut pas confondre avec un autre verbe « auner » qui existe encore, et qui dérive de *aune* au sens de mesure), verbe : RÉUNIR, RASSEMBLER.

Adurét, participe passé de *adurer*, (verbe formé sur *dur* comme *allonger* sur *long*) : littéralement *rendu dur*, TERRIBLE (en parlant d'une bataille).

Afaitier (lat. * *ad-factare*. Le latin classique *affectare* a produit le mot savant *affecter*), verbe : proprement *façonner*, MANIER, TOURMENTER (sa barbe).

Afermer (composé de *fermer*. Voy. ce mot. « *Affirmer* » est la forme savante du même verbe. Notre verbe actuel « *affirmer* » a été créé sur le substantif *ferme*, qui est du reste de la même famille que l'ancien *affermer*, que l'adjectif *ferme*, etc. Quant à « affermir », il a été formé sur l'adjectif *ferme* comme *adoucir* sur *doux*), verbe : AFFERMIR. Ce verbe a eu aussi, jusqu'au XVIIe siècle, le sens d'*affirmer*. — « Être affermé à » = *être retenu par* (des étriers).

Affliction (mot savant. Latin *afflictionem*), s. f. : ABAISSEMENT, HUMILITÉ.

Afichiédement (formé sur *afichiéde*, part. passé féminin de *afichier*), adv. : D'UNE MANIÈRE FERME, ASSURÉE.

Afichier (Puis *aficher*, *afficher*. Composé de *fichier*. Le verbe *afficher* actuel est formé sur *affiche*, qui dérive de l'ancien verbe *afficher*), verbe : FIXER, APPLIQUER. — « S'afficher » = *s'entêter*. — « Bataille affichée » = *bataille fortement engagée, acharnée*.

Afidancier (puis *afiancier*, *afiancer*. Formé sur *fidance*, substantif que l'on retrouve dans les composés *confiance*, *défiance*, et dans le verbe *fiancer*), verbe : DONNER UNE SURETÉ, UN GAGE.

Afiler (formé sur *fil*), verbe. « S'affiler » = *couler en filets*.

Afiner (puis *affiner*. Composé de *finer*. Voyez ce mot. Le verbe actuel *affiner* a été formé sur l'adjectif *fin*), verbe : ACHEVER. — « Affiner une bataille, c'est *la gagner*. — « Il (neutre) ne peut être affiné » = *cela ne peut se terminer*.

Afubler (lat. **adfibulare*, formé sur *fibula* qui veut dire *agrafe*), verbe : REVÊTIR. Ce verbe n'avait pas le sens défavorable qu'il a pris depuis. On disait « affubler quelqu'un d'un vêtement » et « affubler un vêtement à quelqu'un ».

Agregier (formé sur *gravem* ou **grevem*, d'où vient *grief*, comme *alléger* sur *levem*. *Aggraver*, qui a le même sens, a été créé sur le français *grave*, forme savante du latin *gravem*. Quant à notre verbe *agréger*, il dérive du latin *aggregare*, et a un tout autre sens), verbe à radical variable : tonique *agrieg*..., atone *agreg*... — AGGRAVER, S'AGGRAVER.

Agriéget. D'*agregier*.

Agut (lat. *acutum*, fr. : *agut*, *agu*, *aigu*), adj. : AIGU.

Ahan (origine incertaine), s. m. : PEINE, SOUFFRANCE. Dans Marot : « Ce vilain mot de concluer M'a fait d'*ahan* le front suer. » Littré exprime le regret de voir ce mot expressif tomber en désuétude. Sur *ahan* on avait formé le verbe *ahanner* qui est très usité au XVIe siècle. Montaigne : « Je sçais combien *ahanne* mon âme en compagnie d'un corps si tendre. »

Ahi, interjection : AH !

Aïde (dérivé d'un subst. verbal d'*adjutare* = *aidier*, *aider*. On trouve une autre forme du même mot : *aiude*), s. f. : AIDE.

Aidier (puis *aider*. Lat. **adjutare*) verbe à radical variable : *aiud*... tonique, *aid*... atone. Au subj., 3e personne sing., on trouve *aiut* et *aït*. — « Aider à quelqu'un » = *l'aider*, *le secourir*. — « Aider à quelqu'un de... » c'est *l'aider à propos de*... — L'impératif « aiude » au singulier, « aidiez » au pluriel = *à l'aide*, *au secours !*

Aiiez, De *aveir*.

Aim, **aimet**. De *amer*.

Ainz (se rattache au latin *ante*, que l'on retrouve dans *avant*, *devant*), adv. et prépos. : AVANT. — « Ainz que » signifie *avant que* ou *aussitôt que* ou *en moins de temps que*, et gouverne le subjonctif. — « Ainz ne... que... » ou « ainz que... ne... » = *avant que* placé dans le premier cas en tête de la première proposition, et dans le second cas en tête de la seconde : « *Ainz ne* vedrat passer cest premier meis *que* jol sivrai » = « *Avant qu*'il voie passer ce premier mois, je le suivrai » ; « *Ainz* i ferai un poi de legerie *que* jo *n*'esclair ceste meie grant ire » = « Je ferai quelque folie *avant que je n*'apaise ma grande fureur. » On remarquera que la Chanson de Roland n'emploie le subjonctif que dans la seconde de ces formules. — « Com il *ainz* pout » = « Le *plus tôt* qu'il put. » — « Ainz demain nuit », dont le sens propre est « avant la nuit de demain », parait signifier, au vers 517 : *sans plus tarder*, *dès maintenant*. — Encore au XVIe siècle *ains que* s'emploie couramment dans le sens de *avant que*, et *ains* dans le sens de *plutôt* et de *mais*. Régnier : « Digne non de pitié, *ains* de compassion. » La Bruyère regrette que ce mot ait péri. Enfin cet ancien adverbe est entré dans la composition de *ains-né* devenu *aisné*, *aîné*.

Ainzguarde (composé de *ainz* (voy. ce mot) et de *guarde*. De même *ainzné* devenu ensuite *aîné*), s. f. : AVANT-GARDE.

Aire (lat. *area ?*) s. f. : ORIGINE, RACE.

Ais (lat. *Aquis*), nom de lieu : AIX-LA-CHAPELLE, que la Chanson de Roland place en France.

Aït. Voy. *Aidier*.

Ait (lat. *actum ?*), mot qui ne se trouve que dans la locution « ad ait » = VIVEMENT.

Aitre (mot savant. Lat. *atrium*, qui est aussi entré tel quel dans la langue, comme mot savant d'origine récente), s. m. : PARVIS.

1. **Aiude.** De *aidier*.

2. **Aiude** (Voy. *Aïde*), s. f. : AIDE, SECOURS.

Aiut. Voy. *Aidier*.

Ajorner (puis *ajourner*. — Formé sur *jorn*), verbe intransitif, qui se conjugue avec l'auxiliaire *être* : LUIRE (en parlant du jour). — « L'ajournée », participe pris substantivement : *le lever du jour*.

Ajostéde (part. passé féminin de *ajoster*), s. f. : RENCONTRE.

Ajoster (plus tard *ajouster*, *ajouter*. — Formé sur *joste*), verbe : RÉUNIR. — « Ajouter un corps d'armée », c'est *le disposer*, *le masser pour la bataille*.

Al. Pour *à le* : AU. Il ne faut pas oublier que la préposition *à* peut avoir des sens aujourd'hui disparus.

Albe (latin *albam*), s. f. : AUBE. — « En l'aube » = *à l'aube*.

Aleiier (aujourd'hui *allier*. — Composé de *leiier*. Voyez ce mot pour la conjugaison), verbe. — « S'allier » = SE RÉUNIR, dans le sens le plus général ; SE RALLIER.

Aler (d'après M. G. Paris, de **addare* pour *addere*, dans le sens de « addere gradum ». ADDARE a pu devenir ANDARE, comme REDDERE est devenu RENDRE. La chute du *d* de ANDARE n'est pas extraordinaire, car dans plusieurs formes du verbe *prendre*, *nd* s'est réduit à *n* (*prenons*). Enfin *n* et *l* peuvent permuter (*libellum* a donné *niveau*, *orphaninum* : *orphelin*, etc). Cette étymologie parait très compliquée, mais elle est la seule qui rende compte des formes de ce verbe dans les différentes langues romanes). Subjonctif présent : *que j'alge*, *que tu alges*, *qu'il alget* ou *alt*, *que nos algions*, *que vos algiez*, *qu'il algent*. — La Ch. de Roland dit « en aller » dans le sens où nous disons *s'en aller*.

— « **Aller un** arpent » c'est *parcourir un arpent.* — « Aller » peut être employé là où nous mettrions *venir*. Ainsi Marsile, qui est à Sarragosse, demande par lettre à Baligant « qu'il aille le secourir à Sarragosse. » — « S'en aller venir à quelqu'un », c'est *venir à lui.* — « Aller » suivi du gérondif devient un véritable auxiliaire : « il va s'arrêtant » = *il s'arrête.* Dans ces locutions on peut trouver « en aller » au lieu de « aller ». Voy. vers 2463 et 2472.

Alexandrin (lat. *Alexandrinum*), adj. : d'ALEXANDRIE.

Algalife (origine arabe) s. m. : CALIFE. *Algalife* ne diffère de *calife* que par l'adjonction de l'article arabe. Le calife dont il est question dans la Chanson de Roland est oncle de Marsile et seigneur de Carthage, d'Alferne, de Garmaille et d'Ethiopie. Dans la lettre que Charlemagne confie à Ganelon pour Marsile, l'empereur demande au roi sarrazin de lui envoyer en otage son oncle le calife. C'est le calife qui engage Marsile à écouter le message de Ganelon. A son retour près de Charlemagne, Ganelon imagine une histoire d'après laquelle l'oncle de Marsile a péri dans une tempête. A Roncevaux le calife commande le corps d'armée qui donne le dernier. Il est tué par Olivier après l'avoir blessé à mort.

Alge. Voy. *Aler.*

Alient. De *aleiier.*

Alixandre (lat. *Alexandriam*) : ALEXANDRIE. Comparez, pour la forme, *Ethiope* et *Arabe.*

Almace. Nom de l'épée de Turpin. D'après la légende, on l'avait essayée, comme Durendal, sur le perron du palais d'Aix, et toutes les deux avaient résisté.

Almaçor (origine arabe), s. m. : nom d'une dignité chez les Sarrazins. Comparez le surnom *Almanzor* donné au premier ministre du calife de Cordoue à la fin du xe siècle.

Almaris. Roi de Belferne, qui livre combat à Gautier de l'Hum.

Alne (puis *aune.* Origine germanique : comparez le latin *ulna*), s. f. : AUNE. Cette mesure ne s'applique plus guère qu'aux étoffes. — « Ni aune ni plein pied » = *pas un morceau.*

Aloér (puis *alouer*, *allouer*. Composé de *loer*), verbe : PLACER.

Aloet (origine germanique), s. m. : ALLEU, FIEF.

Alosét (formé sur *los*), part. passé : LOUÉ. — « Être alosé de vasselage », c'est *être loué pour son courage, être célèbre par son courage.*

Alphaïien. Nom d'un Sarrazin tué par Olivier.

Alquant (lat. *aliquanti*, fr. *alquant*, *auquant*. Rapprocher *auquant* d'*aucun*), adj. indéf. plur. suj. : UN CERTAIN NOMBRE.

Alques (lat. *aliquid*), adv. : UN PEU.

Alt. Voy. *aler.*

Alter (puis *altel*, *autel.* — Lat. *altare*), s. m. : AUTEL.

Altre (lat. *alterum*), adj. ou pronom indéf. : AUTRE, UN AUTRE ; adj. numéral : SECOND. — Aujourd'hui, quand nous parlons d'une action réciproque faite par deux personnes, nous mettons le verbe au pluriel, et nous lui adjoignons « l'un l'autre », ou « l'un à l'autre », etc., qui forme une sorte de locution adverbiale : « ils se sont rapprochés *l'un de l'autre.* » L'ancienne langue aurait dit : « *l'un* s'est rapproché *de l'autre* ». — « D'heures en autres », voy. *Hore.*

Altresi (puis *autresi.* — Composé de *altre* et de *si. Aussi* est formé de même, mais avec le latin *aliud* au lieu de *alterum.* Le sens est le même), adv. : AUSSI. — « Autresi comme » = *comme.*

Altretant (puis *autretant.* Est à *autant* ce que *altresi* est à *aussi*), adv. : AUTANT. Le même mot peut être aussi adjectif avec le sens de *autant de ;* il se décline alors comme l'adj. *tant.*

Altretel composé de *altre* et de *tel*), adj. indéf. qui signifie au neutre : AUTANT, LA MÊME CHOSE.

Alve (puis *auve.* — Latin **alva* qui se rattache au latin classique *alveum*, dont un diminutif a produit, en formation savante, *alvéole*), s. f. : PARTIE LATÉRALE DE LA SELLE.

Alverne. Nom de pays : AUVERGNE.

Ambes (lat. **ambas*), adj. féminin pluriel : LES DEUX. Voy. *Ansdous.*

Ambesdous, féminin de *ansdous.*

Ambor (est à *ans* contenu dans *ansdous* ce que *francor* est à *franc*, *païenor* à *païen.* Voy. ces mots), adj. et pronom : TOUS LES DEUX.

Amborie (prononcez *Ambore*, en mouillant l'*r*. Plus tard *Amboire*). Nom propre. C'est Amboire d'Oloferne qui porte l'enseigne de Baligant. Il est tué par Ogier le Danois.

Ameint. De *amener.* Voy. *mener* pour la conjugaison.

Amendise (formé sur *amender*). s. f. : RÉPARATION. « Belle en sera l'amendise » = *ce sera là une belle réparation.*

Amer (lat. *amare*), verbe à radical variable : *aim...* tonique, *am...* atone. — AIMER. — « Ne pas aimer » euphémisme pour dire *détester.*

Ami (lat. *amicum*), s. m. On disait : « être ami *à* quelqu'un. »

Amirable (le ms. d'Oxford a, par erreur sans doute, *amiracle*. Lat. *admirabilem*), adj. : MERVEILLEUX.

Amirafle (origine arabe. Le ms. écrit aussi *amurafle*. Le mot est de même famille que *émir* et *amiral*), s. m. : nom d'une dignité chez les Sarrazins.

Amirail. Nom d'une haute dignité chez les mahométans. C'est notre substantif *amiral*. Mais le mot de la langue historique actuelle qui rend le mieux le sens d'*amiral* dans la Ch. de Roland est ÉMIR. « Amiral » d'ailleurs est un dérivé d' « émir. » Il est question dans la Chanson de Roland d'un émir de Primes, de qui Margariz de Séville tenait son épée, et de l'émir Galafre, de qui Abisme tenait son écu. L'émir de Babylone Baligant joue un très grand rôle dans la seconde partie de la Chanson.

Amiralz. Cas suj. sing. ou rég. plur. d'*amirail*.

Amont (formé sur *mont*), adv. : VERS LA MONTAGNE, VERS LE CIEL, EN HAUT.

Amor (lat. *amorem*), subst. féminin : AMOUR. — « Pour votre amour, pour son amour » = *pour l'amour de vous*, *de lui*.

Amore (d'origine inconnue), s. f. : POINTE D'UNE ARME.

Anceis (lat. *ante ipsum*), adv. et prép. : AVANT, AUPARAVANT.

Ancessor (puis *ancesseur*. Lat. *antecessorem*. — Le cas sujet singulier était *ancestre*, qui s'est conservé), s. m. : ANCÊTRE.

Andoi. Cas sujet masc. de *ansdous*.

Angele (prononcez *anjle*, en deux syllabes. Lat. *angelum*), s. m. : ANGE.

Angoissable (formé sur le verbe *angoissier*), adj. : PLEIN D'ANGOISSE ; RESSERRÉ (en parlant d'un défilé). Sur la valeur donnée dans ce mot au suffixe *able*, voy. *Chadeignable* et *Mudable*.

Angoissier (puis *angoisser*. — Latin *angustiare*), verbe : SERRER DE PRÈS ; TORTURER ; AGONISER (intransitif).

Angoissos (puis *angoisseux*. — Formé sur *angoisse*), adj. : PLEIN D'ANGOISSE.

Angrest (latin *agrestem*, dont la forme savante est *agreste*), adj. : SAUVAGE.

Anme (latin *animam*), s. f. : AME ; et aussi PERSONNE, c'est encore le sens que nous donnons à ce mot dans la locution : « il n'y a pas *âme* qui vive. »

Anombrer (composé de *nombrer*), verbe : COMPTER.

Ansdous (latin **ambos duos*), adj. : TOUS LES DEUX et quelquefois TOUTES LES DEUX (la forme régulière du féminin est *ambesdous*, car ce mot se compose en réalité de deux adjectifs, *ans* et *dous*, et le féminin de *ans* est *ambes*. Voy. *ambes*).

Anseïs. L'un des douze pairs. Il est appelé « Anseïs le fier » et « Anseïs le vieux. » Il y a dans notre littérature épique un autre personnage de ce nom : Anseïs de Carthage. Le comte Anseïs de la *Chanson de Roland* assiste à l'arrivée de Blanchandrin. A Roncevaux il tue Turgis de Tortelose, et il est tué par Malcuidant.

Anuit (latin *hac nocte*), adv. : CETTE NUIT.

Anvel (sans *e* muet au féminin. — Lat. *annualem*, sur lequel a été refaite la forme actuelle *annuel*), adj. : ANNUEL.

Anz, cas sujet singulier ou rég. plur. de *an* (= *année*). — « Anz et dis. » Voyez *di* 1.

Apareillier (puis *appareiller*. Formé sur *pareil*), verbe : PRÉPARER. — « Être appareillé de bataille » c'est *être préparé pour la bataille*.

Apareir (puis *aparoir*, *apparoir*. — Lat. *apparere*), verbe à radical variable : *aper*... tonique, *apar*... atone. Le participe passé *apareüt* et le participe présent *apareissant* se rattachent au verbe *apareistre*, qui est devenu *apparaître* et qui vient de **apparescere*. « Apareir » et « apareistre » ont d'ailleurs le même sens : APPARAÎTRE.

Apareissant, **apareüt**. Voy. *Apareir*.

Apeler (lat. *appellare*). Ce verbe a souvent le sens de *interpeller*, *adresser la parole à*. « En appeler quelqu'un » a le même sens.

Apendre (composé de *pendre*), verbe : SE RATTACHER. Comparez le sens du mot savant *appendice*.

Aperceit. De *aperceivre*.

Aperceivre (lat. *ad-percipere*. Voy. *receivre* pour la conjugaison), verbe : APERCEVOIR. — « S'apercevoir » peut signifier *revenir à soi*, *reprendre ses esprits*.

Aperceüt, **aperçut**. De *aperceivre*.

Apert. De *apareir*.

Apoiier (formé avec *podium* = *puy*. Voy. *Pui*), verbe à radical variable : *apui*... tonique, *apoi*... atone. — APPUYER.

Apollin (lat. *Apollinem*) : APOLLON, un des dieux des Mahométans, d'après la Chanson de Roland. Voy. page 1.

Apostle (lat. *apostolum*. — L'*l* s'est changée plus tard en *r* par euphonie), s. m. : APÔTRE. — « L'apôtre de Rome » c'est *saint Pierre* ou *le Pape*.

Apresenter (composé de *présenter*), verbe : PRÉSENTER, OFFRIR.

Aprochier (puis *aprocher*, *approcher*. Formé sur *proche*, qui vient d'un dérivé du latin *prope*) verbe. — « S'approcher à quelqu'un » c'est *s'approcher de lui*. Dans les temps composés de *s'aprocher* le pronom réfléchi peut être supprimé. (Voy. *Lever*, qui s'emploie de même).

Aproef (lat. *ad-prope*), prép. et adv. : APRÈS.

Aproismier (lat. **approximare*. Comparez le mot savant *proximité*), verbe à radical variable : *apruism*... tonique, *aproism*... atone. — APPROCHER DE. — « S'aproismier envers... » c'est *s'approcher de*... — « Aproismier en » c'est *avancer dans*.

Apruismet. De *aproismier*.

Aqueisiét (forme sur *queit* = *coi*. Voy. *Queit*), part. passé : RENDU COI.

Aquiter (aujourd'hui écrit *acquitter*. Formé sur *quite*), verbe : RENDRE QUITTE, DÉLIVRER. « Acquitter la vie de son corps » c'est *sauver sa vie*.

Arabe. Nom de pays : ARABIE. Le nom du peuple, dans la Chanson de Roland, est *Arabit*. Le mot latin désignant le pays était *Arabiam*. L'ancienne forme française *Arabe* et la forme actuelle *Arabie* sont toutes les deux d'origine savante, mais la première remonte à une époque ou on avait encore le sentiment de l'accent tonique latin. Pour d'autres noms de pays, c'est cette forme ancienne qui s'est conservée : nous disons la *Calabre* et non la *Calabrie*.

Arabit. Nom de peuple : ARABE.

Araisnier (d'un verbe latin formé sur *rationem*, qui a donné *raison*. Voy. *raison*), verbe à radical variable : *araisn*... atone, *araison*... tonique ; mais de très bonne heure on trouve ce verbe entièrement conjugué avec l'un ou l'autre de ces radicaux. — PARLER A.

Araisonet. De *araisnier*.

Ardeir (latin *ardere*. Notre adjectif *ardent* est l'ancien participe présent de ce verbe, *ardant*, ramené à l'orthographe latine), verbe : BRULER, FLAMBOYER. — Ce verbe est encore employé par La Fontaine : « Haro ! la gorge m'*ard* ! »

Arestedut. Parait appartenir à un verbe formé sur le latin *statuere*, mais sert de participe passé à *arester*, lequel se rattache à *stare*.

Arester (puis *arrêter*. Composé de *rester*), verbe : S'ARRÊTER. Ce sens intransitif s'est conservé particulièrement à l'impératif : *arrêtez !*

Argoille. Nom de pays.

Arguder (lat. *argutare*, fr. *arguder*, *arguer*), verbe : PRESSER. — « S'arguder de » = SE PRESSER POUR, AVOIR HATE DE. Ce mot est resté dans la langue avec les sens de « accuser, conclure », probablement sous l'influence du latin *arguere*, dont *argutare* est le fréquentatif.

Armét. partic. passé qui peut être pris substantivement : ARMÉ, HOMME ARMÉ.

Aronde (lat. *hirundinem*, fr. : *aronde* ou *ironde*, d'où dérivent les diminutifs *arondelle* et *hirondelle*), s. f. : HIRONDELLE.

Art. Voy. *Arz*.

Artimaille (le ms. a *artimal*. La correction est de M. G. Paris. — Lat. *artem mathematicam*), sf. : SORCELLERIE.

Arz, pluriel de *art*, s. f. — « Être de males arts », c'est *être plein de vices*. Dans cette locution, *males* est le fém. plur. de l'adj. *mal* (Voy. ce mot). En latin *artem*, d'où vient *art*, avait aussi le sens de *conduite*.

As, pour *a les* : AUX, A... LES. Au vers 2772 « as porz passer » = *à les défilés passer*, c'est-à-dire *à passer les défilés*. De même, vers 3889, « as helmes detrenchier » = « *à* couper *les* heaumes. » En outre il ne faut pas oublier que la prép. *à* peut avoir des sens aujourd'hui disparus.

Asconse (subst. verbal de *asconser*, ou formé sur le part. lat. d'ou vient *asconser*) s. f. : LIEU OU L'ON SE CACHE.

Asconser (lat. **absconsare* formé sur **absconsum*, de *abscondere*), verbe : CACHER. — « Ne pas asconser sa clarté pour le soleil », c'est *ne pas cacher*, *ne pas perdre sa clarté à cause de celle du soleil*, *lutter d'éclat avec le soleil*.

Asmer (lat. *æstimare*, dont la forme savante est *estimer*). verbe : PENSER. — « Asmer à » = *songer à*, *avoir l'idée de*.

Asoldre (lat. *absolvere*, fr. : *asoldre*, *asoudre*, devenu *absoudre* sous une influence savante). Part. passé : *asols*. — ABSOUDRE, DONNER L'ABSOLUTION A, LIBÉRER.

Asols. De *asoldre*.

Asolut (plus tard *absolu*. — Lat. *absolutum*, part. pas. du verbe qui a donné *absoudre*. Tandis que beaucoup d'autres verbes ont pris en français le part. pass. en *u*, comme si le part. latin avait été en *utum*, le verbe *absoudre* qui avait en latin le part. en *utum*, l'a perdu en français, car il fait *absous*), adj. : LIBRE. C'était l'un des sens du lat. *absolutum*. Le français *absolu* ne l'a pas conservé.

Assaillir (composé de *saillir*. Voy. ce

mot pour la conjug.), verbe : SAUTER SUR, ASSAILLIR.

Assaldrai, assalt. De *assaillir*.

Assedeir (Voy. *Sedeir*), verbe : ASSEOIR ; ASSIÉGER.

Assembler (même racine *simul* que dans *ensemble*), verbe : RÉUNIR. On disait : « s'assembler à » dans le sens de *se joindre à*. Encore dans Malherbe : « Tu suis mes ennemis, *t'assembles à* leur bande. » — « Assembler deux corps » = *mettre aux prises deux personnes*.

Asserit (lat. *ad-secretum*, ou part. pas. d'un verbe formé sur le mot latin *serum*, qui a produit *soir*), adj. dont le fém. est *asseride* : SEREIN OU ASSOMBRI.

Asseürer (puis *assurer*. — Formé sur *seür*), verbe. — « S'assurer » peut signifier *se ménager, se mettre à l'abri du danger*.

Assez (lat. *ad-satis*), adv. : BEAUCOUP, ASSEZ. « Satis » avait aussi en latin le sens de « beaucoup. »

Assis. De *assedeir*.

Astrimoigne (ce mot se rattache sans doute au *Strymon*, fleuve de Macédoine). Nom de peuple.

At. De *aveir*.

Ataignet. De *ataindre*.

Ataindre (puis *atteindre*. — Lat. **attangere* pour *attingere*), verbe : ATTEINDRE. On disait « atteindre à quelqu'un » pour *atteindre quelqu'un*.

Atalenter (formé sur *talent* (Voy. ce mot), comme *agréer* sur *gré*), verbe : CONVENIR, PLAIRE.

Atant (composé de *à* et de *tant*), adv. : ALORS. Encore dans La Fontaine : « *A tant* se tut. »

Atargier (Voy. *Targier*), verbe : ATTARDER.

Atgier (origine germanique), s. m. : espèce de javelot.

Atot (puis *atout*. — Composé de *à* et de *tot*), adv. et prép. : AVEC. — « Atout » s'employait encore dans ce sens au XVIe siècle.

Atraire (composé de *traire*), verbe : ATTIRER, GAGNER (à Dieu).

Austorie (prononcez *Austore* en mouillant l'*r*). Nom propre. Il y a dans la Chanson de Roland un duc de ce nom, seigneur de Valence (*Valeri* dans le manuscrit) sur le Rhône. Il est tué par Grandoigne.

Aval (formé sur *val*), adv. : VERS LES VALLÉES ; EN BAS.

Avaler (formé sur *val*, comme *remonter* sur *mont*), verbe : DESCENDRE, TOMBER. Telle est la valeur primitive de ce mot, qui s'est ensuite spécialisé dans le sens de « faire descendre des aliments dans l'estomac. »

Avant (lat. *ab ante*) prép. et adv. : AVANT, DEVANT, EN AVANT, DÉSORMAIS. Aujourd'hui cet adverbe est surtout un adverbe de temps. Il ne s'applique à l'espace que dans des locutions consacrées comme « aller plus avant ». La Chanson de Roland dit « venir avant, passer avant » dans le sens de *avancer, s'avancer*, « amener avant » dans le sens de *amener devant, faire avancer*. — « Porter avant » c'est *apporter*. — « Ne pouvoir en avant » ou « ne pouvoir mais en avant ». Voy. *podeir*. — « Parler avant » = *parler le premier*. — « Avant de deux lieues » = *à moins de deux lieues*.

Aveie. De *aveir*.

Aveir (lat. *habere*). Part. pas. : *oüt*. Indic. prés. : *j'ai, tu as, il at, nos avons, vos avez, il ont*. Imparf. : *j'aveie, il aveit, nos aviöns*. Prétér. : *j'oi, tu oüs, il out, nos oümes, il ourent*. Fut. : *j'avrai, nos avromes* ou *avrons, vos avrez* ou *avreiz*. Condit. : *il avreit, nos avriomes* ou *avriöns* Subj. prés. : *que j'aie, que tu aies, qu'il ait, que nos aions, que vos aiiez*. Imparf. : *que j'oüsse, qu'il oüst, que nos oüssons, qu'il oüssent*. — « Avoir que... » suivi d'un infinitif, c'est *avoir à...* — « N'avoir mie de quelqu'un ou de quelque chose » c'est *ne pas l'avoir* ou *ne plus l'avoir*. — « Avoir quelqu'un cher, avoir quelqu'un vil » c'est *le chérir, le mépriser*. — Sur « i at, i out, etc. », voy. *I*. « At » s'emploie quelquefois seul, sans *i*, avec le sens de « i at » : « Set anz *at* pleins » = *il y a sept ans pleins*. « Meillor vassal n'*aveit* » = *il n'y avait pas de meilleur vassal*. — « Avoir », pris substantivement, signifie *avoir, biens, richesse*.

Avenant. Voy. *Avenir*. — « Chose avenant à quelqu'un » = *chose qui lui va bien*.

Avendrat. De *avenir*.

Avenir (composé de *venir*. Devenu *advenir*, d'abord dans l'orthographe seulement, ensuite dans la prononciation. — Lat. *advenire*), verbe : ADVENIR. — « Il (neutre) leur advient bien ou bellement » équivaut à *cela leur réussit, ils sont heureux*. — Encore au XVIIe siècle, Corneille, La Fontaine et Racine n'écrivent pas le *d*. L'infinitif de ce verbe est resté dans la langue comme substantif avec son ancienne prononciation. Nous avons aussi comme adjectifs le participe présent *avenant* et le participe passé féminin *avenue*.

Avenut. De *avenir*.

Aver. Nom de peuple : AVARE.

1. **Avers** (fém. *averse*. — Lat. *adversum*, dont la forme savante est *adverse*), adj. : PAÏEN.

2. **Avers**. Cas suj. sing. ou rég. plur. de *aver*.

Aversier (lat. *adversarium*, dont la forme savante est *adversaire*), s. m. : *l'ennemi*, LE DIABLE. Au plur. : *les diables*.

Avint. De *avenir*.

Avison (lat. **ad-visionem*), s. f. : VISION, SONGE. On disait « songer une avison. » — « Une avison d'ange » c'est *une vision envoyée par un ange*.

Avoec (lat. *apud hoc*), prép : AVEC.

Avoèt (plus tard *avoué*. — Lat. *advocatum*, d'où dérive aussi *avocat*, mot d'origine savante), sm. : DÉFENSEUR ; CELUI QUI RÉPOND D'UN AUTRE ; SEIGNEUR.

Avrai. Avreit. Avrïomes. Avromes. De *aveir*.

B

Bacheler (origine probablement celtique), s. m. : BACHELIER, possesseur d'une *bachellerie*, sorte de domaine rural ; par extension *jeune seigneur, aspirant chevalier*. Pour la transformation de *bacheler* en *bachelier*, voy. *Bocler*.

Baillie (lat. **bajuliam*, de *bajulare*. Voy. *Baillir*), s. f. : POSSESSION, PUISSANCE. « Avoir en baillie » c'est *posséder, être roi de...*

Baillier (puis *bailler*. De la même famille que *baillir* : c'est le même verbe dans une autre conjugaison), verbe : ATTEINDRE. Le sens étymologique de ce verbe est « porter, » d'où dérive le sens de « donner, » qui s'est conservé.

Baillir (lat., *bajulare*, avec changement de suffixe. Voy. *Baillier*), verbe : POSSÉDER, GOUVERNER. — « Mal baillir » c'est *mal gouverner, mettre en mauvais cas*. — « Bailli », nom d'un officier royal ou féodal, dérive de ce verbe *baillir*.

Baisier (lat., *basiare*), verbe : BAISER, EMBRASSER. — Sur « baiser en » voy. *En*. — En parlant de personnes qui s'embrassent, on dit aujourd'hui qu'elles se baisent sur la bouche, au visage, etc., en mettant le substantif au singulier. On trouve le pluriel dans la chanson de Roland.

Baivier. Nom de peuple : BAVAROIS.

Balaguer (écrit dans le manuscrit d'Oxford *Balaguet, Balaguez* et *Balaguer*). Nom de ville. Voy. *Clarin*. Balaguer est citée par Roland au nombre des villes qu'il a conquises. Un amiralle de Balaguer figure parmi les douze pairs de Marsile. Il est tué par Gérier à Roncevaux. — Balaguer est en Catalogne, dans la province de Lérida.

Baldevin (origine germanique) : BAUDOUIN, nom du fils de Ganelon. Il est resté en France. Ganelon le recommande à ses amis et à l'Empereur avant de partir en ambassade.

Baldor (puis *baudor, baudeur*. — Formé sur *balt*), s. f. : JOYEUSE AUDACE, ENTRAIN.

Baleiier (origine incertaine), verbe : FLOTTER. Il n'est pas certain que ce soit le même verbe que le *balayer* actuel.

Baligant. Nom de l'émir de Babylone, qui joue un grand rôle dans la seconde partie de la Chanson de Roland. D'après la chanson, il vivait déjà du temps de Virgile et d'Homère. Marsile lui a écrit dès la première année de l'expédition de Charlemagne, pour l'appeler à son secours. Mais il n'arrive qu'après Roncevaux. Il part d'Alexandrie, traverse la Méditerranée et remonte avec sa flotte le cours de l'Èbre. Il envoie à son vassal Marsile deux messagers qui lui rapportent la nouvelle de la défaite. Il se rend lui-même près de Marsile, puis se lance à la poursuite de Charlemagne, qu'il rencontre près de Roncevaux. Il divise son armée en trente échelles, et la bataille s'engage dans une vaste plaine. Il tue Guineman, Gebouin, Laurent, Richard de Normandie. Il blesse Charlemagne, qui le tue. Voy. le portrait de Baligant vers 3157 et suivants.

Balt (puis *baut* ou *baud*. — Origine germanique), adj. : HARDI ET JOYEUX, PLEIN D'ENTRAIN. Cet adjectif s'est conservé comme nom d'une espèce de chiens courants : « un chien *baud*. » Notre substantif *baudet* est un diminutif de *baud*. Enfin on retrouve le même mot comme racine dans le verbe « s'ébaudir ».

Bandon (origine germanique. Mot qui a servi à former le verbe *abandonner*), s. f. — « Se mettre en bandon » c'est *sortir des rangs, s'avancer*. — « Etre en la bandon de quelqu'un » c'est *lui être livré*.

Banir (puis *bannir*. — Origine germanique), verbe : CONVOQUER (par le ban), RÉUNIR. Le mot *ban* existe encore dans la langue avec différentes significations parmi lesquelles le sens primitif de *proclamation*. Parmi les sens anciens de *bannir* figurait aussi celui de *mettre hors la loi* (par un ban), d'ou le sens actuel.

Barbamosche (la forme française actuelle serait *Barbemouche*). Nom du destrier de Climborin.

Barbarin, adj. : DE BARBARIE, c'est-à-dire *des États barbaresques*.

Barbét (puis *barbé*. — Dérivé de *barbè*), adj. : BARBU.

Barge (lat. **barga*. — Origine celtique), s. f. : BARQUE. — A côté du latin *barga* on trouve aussi *barca*, d'ou vient *barque*, mais ce mot présente une forme dialectale : la forme vraiment française serait *barche*.

Barnage (lat., **baronaticum*. — Le mot actuel *baronnage* a été refait sur *baron*), s. m. : *qualité de baron*, VAILLANCE. On trouve dans la Chanson de Roland la locution : « enluminé de barnage ». Le même mot peut avoir aussi le sens de RÉUNION DE BARONS, ENSEMBLE DES BARONS. Voy. *Barnét* qui a les mêmes sens.

Barnét (puis *barné*. — Latin **baronatum*. Le mot *baronnet*, fait sur *baron*, n'a le même suffixe qu'en apparence. C'est un diminutif), s. m. : RÉUNION DE BARONS et aussi QUALITÉ DE BARON, VAILLANCE. Voy. *Barnage*, qui a les mêmes sens. Ces deux mots ne diffèrent que par le suffixe, comme *nuée* et *nuage*.

Baron (lat., *baronem*), s. m. : BARON, VAILLANT CHEVALIER, HOMME PUISSANT. Ce titre est donné à Charlemagne, à Marsile, à Roland, à Saint Gilles, etc.

Basbrun. Nom propre. Basbrun est chargé par Charlemagne de pendre les trente parents de Ganelon.

Bascle. Nom de lieu : PAYS BASQUE.

Basilie (prononcez *Basille*, comme *fille*). Nom d'homme. Voy. pages 5 et 6.

Bastoncel (puis *bâtonceau*. — Diminutif de *baston*; est à ce mot ce que *arbrisseau* est à *arbre*), s. m. : PETIT BATON.

Bataille (lat. **battualia*). — « Donner bataille » ou « rendre bataille » ou « faire bataille » = *livrer bataille*. On trouve aussi dans la Chanson de Roland la locution « livrer bataille ». — « Veintre la bataille » ou « afiner la bataille », c'est *la gagner*. — « Tenir la bataille, » voy. *Tenir*. — Dans « bataille en champ », *en champ* (= *sur champ de bataille*) est une épithète de nature. De même « bataille champel ». — « Laisser ou guerpir bataille » c'est *lâcher pied*.

Batistirie (prononcez *batistire* en mouillant l'r. — Lat. *baptisterium*), s. m. : BAPTISTÈRE.

Batre (lat. *battuere*), verbe. Le prétérit se conjugue comme celui de *perdre : « il batiét* ou *il batit*. » — « Selle à or battue » = *selle garnie de lames d'or*. « Battu » devrait se rapporter à *or* et non à *selle*. C'est une hypallage.

Beivre (lat. *bibere*, fr. : *beivre, boivre, boire*). Part. passé : *beüt*. — BOIRE.

Bel (lat. *bellum*, fr. : *bel, beau*), adj. : BEAU. — On disait « beau à quelqu'un » dans le sens de *beau aux yeux de...*, comme nous disons « doux à, agréable à, etc. ».

Belement (formé sur *bel* = *beau*), adv. : BELLEMENT (mot qui est tombé en désuétude, sauf dans quelques acceptions spéciales), D'UNE MANIÈRE BELLE. — « Il advint bellement à », voy. *Avenir*.

Belne. Nom de ville : BEAUNE.

Benediçon (puis *beneïçon*, *benisson*. — Lat. *benedictionem*). s. f. : BÉNÉDICTION. — « Faire sa benisson » c'est *donner sa bénédiction*.

Benedir (ou *benedistre*. — Lat., *benedicere*), verbe : BÉNIR. Ce verbe devrait faire à l'infinitif *benedire*, aujourd'hui *bénire*, et se conjuguer comme *dire* dont il est un composé. *Bénir* équivaut à *bien dire*, comme *maudire* à *mal dire*. Le *d*. est tombé dans *bénir* et s'est conservé dans *maudire* conformément aux lois de la phonétique. Mais, en outre, *bénir* a subi une assimilation avec les verbes inchoatifs. Le manuscrit d'Oxford a déjà pour *bénir* les formes inchoatives, bien qu'il ne les ait pas pour *maudire*. Nous avons assimilé dans notre texte la conjugaison de ces deux verbes.

Ber, cas sujet de *baron*.

Berengier (origine germanique). L'un des douze pairs. A Roncevaux il tue Estramaris, et il est tué par Grandoigne.

Besanz (byzantios), s. m. rég. plur. : BESANTS, monnaie de Byzance.

Besgon (origine germanique). Nom du maitre queux de Charlemagne. L'empereur le charge de garder le traitre Ganelon.

Beüt. Voy. *Beivre*.

Bevon (origine germanique). Nom propre. Bevon, seigneur de Beaune et de Dijon, est tué à Roncevaux par Marsile.

Bien (lat., *bene*), adv. et s. m., qui entre dans les locutions « par honneur et par bien, par amour et par bien », dont il faut rapprocher la locution actuelle « en tout bien tout honneur ». — « A bien » équivaut à *bien*. — « Bien ait » = *Béni soit!* — « Bien seit », voy. *Estre*. — « Bien », suivi d'un substantif au cas régime, peut équivaloir à *beaucoup de*.

Bis (origine inconnue), adj. : D'UN GRIS BRUN. Le « pain bis » est ainsi appelé à cause de sa couleur.

Blaive. Nom de ville : BLAYE.

Blanchandrin. L'un des barons de Marsile. C'est lui qui conseille à Marsile de tromper Charlemagne par une soumission feinte. Il est chargé du message avec neuf autres barons. Au retour il fait route avec Ganelon, l'envoyé de l'empereur, et cause longuement avec lui : tous les deux s'engagent à poursuivre, par tous les moyens, la mort de Roland. C'est lui qui présente ensuite Ganelon à Marsile.

Blasme (subst. verbal de *blasmer*), sm. : BLAME. — « Ne savoir blâme de... », voy. *Saveir*. — « Avoir blâme de... » = *être blâmé de*.

Blasmer (lat. *blasphemare*), verbe. — « Blâmer quelqu'un de... » c'est *le blâmer à propos de*. — « Qui quel blast ne quil lot » signifie proprement : *quel que soit celui qui l'en blâme ou qui l'en loue*, c'est-à-dire : *la chose est ainsi*.

Blast, subj. de *blasmer*, 3e pers. sing.

Blecier (origine germanique), verbe : BLESSER. Se dit au figuré, en parlant d'un peuple éprouvé par la guerre : « la gent de France sera blessée ».

Blesmir (origine germanique), verbe : RENDRE BLÊME. Se trouve employé au figuré, à la suite du verbe *blesser*, en parlant d'un peuple éprouvé par la guerre. — « Blêmir » a aujourd'hui le sens de « devenir blême ».

Blialt (origine germanique), s. m. : BLIAUD, vêtement de dessous.

Bloi (origine douteuse), adj. Pour le sens de ce mot, on hésite entre *bleu* et *blond*.

Bocle (formé sur un diminutif de *bucca*, qui a donné *bouche*), s. f. : BOUCLE. La boucle de l'écu, d'ou dérive le nom du *bouclier* (Voy. *Bocler*), peut être de cristal ou d'or.

Bocler (dérivé de *bocle* = *boucle*), adj. : A BOUCLE. On a dit « un écu boucler », puis « un boucler » dans le même sens. Il y a eu en outre, pour ce mot comme pour quelques autres (sangler, bacheler), substitution du suffixe *ier* au suffixe *er*.

Bodèle (puis *bouelle* ou *boyelle*. Forme féminine de *bodel*, *boel*, *boyau*, qui vient du latin *botellum*. *Cerveau* et *cervelle*, *tonneau* et *tonnelle*, *vaisseau* et *vaisselle*, etc., sont des exemples de double formation du même genre), s. f. : ENTRAILLES, BOYAUX.

Bogre (lat. *bulgarum*, fr. : *bogre*, *bougre*; mot qui est devenu très grossier en passant par le sens de « hérétique Bulgare ». Comme nom de peuple il a été remplacé par la forme savante *Bulgare*) : BULGARE.

Boillir (puis *bouillir*. — Lat. *bullire*), verbe : BOUILLIR.

Boisine (lat. *buccina*), s. f. : TROMPETTE.

Boisson (formé sur *bois*), s. m. : BUISSON.

Bondir (origine douteuse. Comparez le latin *bombitare*), verbe : RETENTIR, d'où parait dériver le sens actuel, bien que l'hypothèse inverse se présente peut-être plus naturellement à l'esprit.

Bontét (lat. *bonitatem*). s. f. : BONTÉ, QUALITÉ (dans le sens de *bonne qualité*).

Bordèle, Bordel (lat. *Burdigalam*). Nom de ville : BORDEAUX.

Botentrot. Nom d'une vallée où, d'après l'histoire, Tancrède et Baudouin se séparèrent après la bataille de Dorylée. De la mention de cette vallée dans le Roland il ne faudrait pas conclure que notre chanson est postérieure à la première croisade.

Boter (puis *bouter*. — Origine germanique), verbe : PLACER, METTRE. Molière dit encore « quelle fantaisie s'est-il *boutée* là dans la tête ». Ce verbe s'est conservé dans le langage populaire. Il a servi à former les mots composés *boute-en-train*, *boute-feu*.

Brace (aujourd'hui écrit *brasse*. — Forme féminine de *bras*, dérivée du plur. neutre latin), s. f. : LES DEUX BRAS, d'où le sens postérieur de *ce que peuvent tenir les deux bras*.

Braire (origine douteuse), verbe : POUSSER DES CRIS. Ne se dit pas seulement du cri de l'âne comme aujourd'hui.

Bramimonde. Nom de la femme du roi Marsile. Elle fait cadeau à Ganelon de deux colliers pour sa femme. Elle soigne Marsile blessé à mort, et assiste, du haut d'une tour de Saragosse, à la déroute de l'armée de Baligant. Charlemagne l'emmène comme prisonnière à Aix-la-Chapelle où il la fait baptiser sous le nom de Julienne.

Brandir (de la même famille que *brant* = *épée*), verbe : BRANDIR, et aussi ÊTRE BRANDI, OSCILLER. — On disait « brandir une arme » et « brandir un coup. »

Branler (origine incertaine), verbe : BRANDIR.

Brant (origine germanique), s. m. : ÉPÉE, FER DE L'ÉPÉE.

Braz (lat. *brachium*), s. m. : BRAS. — « Se prendre à bras », comme nous disons encore : *se prendre à bras-le-corps.*

Bricon (origine incertaine), s. m. : MISÉRABLE, FOU.

Brief (en une syllabe. — Lat. *brevem*, fr. *brief*, *bref*). adj. employé substantivement : LETTRE. Ce mot s'est spécialisé plus tard comme substantif dans le sens de « lettre du pape ».

Briés, cas sujet sing. ou rég. plur. de *brief.*

Brisier (origine germanique). verbe : BRISER, SE BRISER. Le verbe *casser* a encore aujourd'hui un double sens analogue.

Brochier (lat. **broccare*, se rattachant à *brocchus* qui signifie *proéminent, pointu ;* fr. *brochier, brocher*), verbe : PIQUER (des éperons). Le sens primitif de ce verbe s'est surtout conservé dans le composé *embrocher.*

Broeil (d'origine germanique ou celtique), s. m. : BOIS. Le mot *breuil* est encore usité comme terme d'eaux et forêts. Il a servi à former le nom propre *Dubreuil.*

Brohon (origine incertaine), s. m. : espèce d'ours.

Broigne (origine germanique), s. f. : BROIGNE, *espèce de haubert.* Voy. *Halberc.*

Bruise. Nom de pays : PRUSSE.

Brunissant, part. prés. de *brunir ;* a, au vers 1621, la valeur du part. passé.

Brunor (formé sur *brun*), s. f. : MASSE BRUNE. Voy. vers 1021. Le ms. d'Oxford a « bruor », mot qui se rattacherait au verbe *bruire.*

Buc (origine incertaine. Paraît de même famille que *buste*, dont il a le sens), s. m. : BUSTE.

C

C'. Pour *ço.*

Ça (lat. *ecce-hac*), adv. : PAR ICI. Cet adverbe, aujourd'hui peu employé, a encore sa valeur primitive dans : « viens *çà* ».

Calabre (lat. *Calabriam*). Nom de pays. La Calabre est présentée comme une conquête de Charlemagne. La Chanson d'*Aspremont* raconte en effet une expédition de Charlemagne en Calabre.

Califerne. Nom d'un pays conquis par Charlemagne. Voy. page 16, note.

Canabeu. Roi de Floredée, et frère de Baligant. Dans la bataille il se précipite sur le duc Naimes qui vient de tuer son neveu Malprime, et le blesse grièvement. Mais il est tué aussitôt par Charlemagne.

Car (lat. *quare*, qui signifie *pour laquelle chose :* « qua re ». *Qua* est le pron. relat. fém., et *re* est le subst. d'où vient notre mot *rien*, qui, à l'origine, signifiait *chose.* Il en résulte que *car* peut se décomposer en deux parties : *ca* (*qua*) qui est de même origine que notre pr. rel. *qui*, et *r* qui est l'*r* du subst. *rien*), conj. Dans la Ch. de Roland, cette conjonction a le sens étymologique de C'EST POURQUOI, DONC. Elle signifie encore EN EFFET, sens plus voisin de la valeur actuelle.

Carcasoigne. Nom de ville : CARCASSONNE. Dans la conversation entre Blanchandrin et Ganelon, il est question d'une prise de Carcassonne par Roland, qui était sans doute racontée dans quelque chanson de geste. Plusieurs traditions locales se rapportent à cette légende.

Cartagene (prononcez *Cartajne.* Lat. *Carthaginem*). Nom de ville : CARTHAGE. Elle fait partie des domaines du calife oncle de Marsile.

Ceil. De *celer.*

Ceinst, prétérit de *ceindre.*

Cel. Voy. *Icel.* — *Cel* s'emploie comme *celui* avec « il n'y a ». Voy. *Celui.*

Céle. Voy. *Icéle.* — Au vers 958 il faut entendre : « Celle ne le voit qui ne... » c'est-à-dire *aucune ne le voit qui ne...*

Celer (lat. *celare*), verbe à radical variable : *ceil...* tonique, *cel...* atone. — CACHER.

Céles. Voy. *Icéles.*

Celeste, adj. qui peut être employé substantivement dans le sens de *maître du ciel.*

Cels. Voy. *Icels.*

Celui (lat. **ecillui*), autre forme du cas régime de *cel.* Ce pronom s'emploie souvent dans la locution : « *N'y a celui qui ne* + un verbe au subj. » qui équivaut à « *Tout le monde* + le verbe à l'indic. » Dans cette locution le pr. rel. est souvent supprimé : « *N'y a celui ne* pleure » = *Tous pleurent.* De même « S'il y a celui qui » = *S'il y a quelqu'un qui.*

Cengle (lat. *cingula*, fr. CENGLE, SANGLE. Ce mot est de la même famille que *ceindre* et que celui des deux verbes *cingler* qui signifie *frapper*), s. f. : SANGLE.

Cent (lat. *centum*), nom de nombre. Dans les multiples, *cent* devient *cenz* au plur. f. et au cas régime plur. m. : « Vos li donrez set *cenz* chameilz. »

Cerchier (lat. **circare*, fr. : *cerchier*, *cercher*, *chercher*), verbe : PARCOURIR, EXPLORER (proprement *parcourir en cercle, faire le tour de...*)

Cerf (lat. *cervum*), s. m. : CERF. « Un gant de cerf, une courroie de cerf » c'est *un gant, une courroie de peau de cerf.* (Nous disons de même *gant de chevreau.*)

Cers, cas sujet sing. ou rég. plur. de *cerf.*

Cesser (lat. *cessare*), verbe : CESSER, S'ARRÊTER. — Le sens de « s'arrêter » explique que l'adverbe *incessamment* puisse avoir la signification de *sans retard.*

Cest. Voy. *Icest.*

Ceste. Voy. *Iceste.*

Cez. Voy. *Icez.*

Chadable (grec καταβολή, fr. : *chadable, chaable, châble*) : MACHINE DE GUERRE pour abattre. Le mot *chablis*, qui désigne le bois abattu par le vent dans une forêt, est un dérivé de *châble.* Dans certains dialectes, *châble* se prononçait *câble*, et c'est du mot ainsi prononcé que dérive le verbe *accabler.* Quant à notre subst. *câble* au sens de *gros cordage*, il paraît avoir une autre origine, mais il s'est confondu avec le mot *câble* ou *châble* que nous trouvons dans la ch. de Roland sous la forme *chadable.*

Chadeignable (formé sur *chadeignier*), adj. : ENCHAÎNÉ. Aujourd'hui « chaînable » ou « enchainable » signifierait : « qui peut ou doit être enchaîné ». Dans l'ancienne langue le suffixe *able* équivalait souvent, comme sens, au suffixe du participe passé.

Chadeignier (dérivé de *chadeine* = *chaîne*), verbe : ENCHAINER.

Chadeignon (puis *chaeignon, chaînon.* — Formé sur *chadeine*), s. m. : GROSSE CHAÎNE.

Chadeine (puis *chaeine, chaîne.* — Lat. *catena*), s. f. : CHAÎNE.

Chadeir (lat. *cadere*, fr. : *chadir* ou *chadeir*, puis *chaeir, cheoir, choir*), verbe à radical variable : *chied..* tonique, *chad..* atone. Part. pas. : *chadeit* ou *chadut.* Prétérit : *il chadit.* Futur : *jo chadrai.* — CHOIR, TOMBER, ÊTRE VAINCU. — « Chadeir en viltét » = *tomber dans le déshonneur.*

Chadeit. Voy. *Chadeir.* — Ce participe a le sens du composé actuel *déchu.*

Chadeler (lat. **capitellare*, même famille que *chef, capitaine, achever*, etc.), verbe : ÊTRE A LA TÊTE DE.

Chadir. Voy. *Chadeir.*

Chaitif (puis *chétif.* — Lat. *captivum*, dont la forme savante est *captif*), adj. : CAPTIF, et aussi MALHEUREUX, INFORTUNÉ.

Chalant (lat. **chelandium.* Voy. le glossaire de Du Cange), s. m. : CHALAND, espèce de bateau plat.

Chaloier (puis *chaucier, chaucer, chausser.* Voy. *Enchalcier*), verbe : CHAUSSER, GANTER. — On disait : « chausser un gant en la main, chausser ses éperons en ses pieds ».

Chaleir (lat. *calere*) verbe impersonnel. Indic. prés. : *il chalt.* L'Académie admet encore ce verbe à l'indic. prés. Dans Pascal : « Que nous en chaut-il? » Le part. prés. s'est conservé dans « nonchalant », mais avec le sens personnel (à qui les choses n'importent pas). — IMPORTER. — « De ço cui chalt? » signifie proprement « de cela à qui importe-t-il ». C'est une formule qui équivaut à : *qu'importe ? A quoi cela sert-il? C'est en vain.*

Chalenge (subst. verbal de *chalengier.* Voy. ce mot et *chalengement*), s. f. : CONTESTATION. — « Jeter quelqu'un de chalenge » c'est *le mettre hors de cause, le sauver* (dans un procès criminel).

Chalengement (de *chalengier.* Voy. ce mot), s. m. : CONTESTATION. — « Mettre en chalengement » c'est *revendiquer.* — *Chalenge*, subst. verbal de *chalengier*, a le même sens que *chalengement.* Ces deux mots sont pour la forme dans le même rapport que *commande* et *commandement.*

Chalengier (lat. **calumniare*, représenté aussi dans la langue par le mot savant *calomnier*), verbe : RÉCLAMER EN JUSTICE (c'est le sens propre du mot lat.), CONTESTER, DISPUTER, ATTAQUER (quelqu'un). — « Chalenger sa mort et sa vie » c'est *disputer sa vie à l'ennemi.*

Chalenjant. De *chalengier.*

1. **Chalt**. De *chaleir.*

2. **Chalt** (lat. *calidum*, fr. : *chalt, chaut, chaud*), adj. : CHAUD; s. m. : CHALEUR.

Chambre (lat. *camera*), s. f. : CHAMBRE, DOMAINE PARTICULIER. — « Tenir un pays sa chambre » c'est *le considérer comme son domaine.*

Champ (lat. *campum*), s. m. : CHAMP, CHAMP DE BATAILLE. — « Bataille en champ » voy. *Bataille.* — « Mettre un corps en le champ pour les chiens » c'est *le jeter aux chiens.*

Champel (dérivé de *champ*), adj. : EN CHAMP, SUR LE CHAMP DE BATAILLE.

Chanelieu (lat. *chananœum*). Nom de peuple : CHANANÉEN. Les Chananéens forment la onzième échelle de l'armée de Baligant. Dix Chananéens, avant la bataille, invitent les troupes à demander la protection des dieux.

Chans, cas suj. sing. ou rég. plur. de *champ*.

Chanut (lat. **canutum*, fr. : *chanut, chanu, chenu*), adj. : CHENU, *blanc*.

Chape (lat. **cappa*), s. f. : sorte de vêtement, manteau. La Chanson de Roland dit « sous la chape du ciel », comme on dit aujourd'hui familièrement : *sous la calotte des cieux*.

Chapelier (dérivé de *chapel* = *chapeau*), s. m. : CALOTTE DE FER.

Chaple (subst. verbal de *chapler*), s. m. : ACTION DE FRAPPER, COUP, COMBAT.

Chapleiier (est à *chapler* ce que *flamboyer* est à *flamber*), verbe : FRAPPER.

Chapleit. De *chapleiier*.

Chapler (lat. *capulare*), verbe : FRAPPER.

Charboncle (lat. *carbunculum*), s. m. : ESCARBOUCLE, *rubis*. Voy. *Escharboncle*.

Charle. Nom propre. Dans la Chanson de Roland, Charlemagne est appelé tantôt *roi*, tantôt *empereur*, tantôt *baron*.

Charlemaigne. Voy. *Charle* et *maigne*.

Charlon. Une des formes du cas régime de *Charle*, employée quelquefois comme cas sujet.

Charn (lat. *carnem*, fr. : *charn, char, chair*), s. f. : CHAIR.

Charre (lat. *carra*, plur. neutre) forme féminine de *char*. Le ms. d'Oxford porte *charre* sans *s* au plur. On peut conserver cette forme en la considérant comme un reste du plur. neutre latin.

Charreiier (lat. **carricare*, fr. : *chargier*, d'où *charger*, ou *charreiier*, d'où *charroyer* et *charrier*). verbe : CHARROYER.

Chartre (lat. *chartula*), s. f. : CHARTE, ÉCRIT, MANUSCRIT.

Charz, plur. de *charn*.

Chascun. S'emploie dans le sens actuel de *chaque*. La Fontaine dit encore : « Aussitôt que *chacune* sœur... (fable du *Testament expliqué par Esope*.)

Chasteiier (puis *chastier*, *châtier*. — Lat. *castigare*) verbe : RÉPRIMANDER.

Chataigne (lat. **capitaneum*, formé sur *caput*, d'où vient *chef*. — *Capitaine* dérive du même mot par l'intermédiaire d'une autre langue romane), s. m. : CAPITAINE. — Dans « conte chataigne », *chataigne* est adj. et paraît avoir le sens de *vaillant*.

Chernuble. Nom d'un Sarrazin. Il est appelé Chernuble de Valneire (Voy. ce mot). Il a des cheveux qui traînent à terre. Il figure parmi les douze pairs de Marsile. Il est tué par Roland.

Chevage (se rattache à *chef* = *tête*, comme *forestage* à *forêt*), s. m. : IMPÔT PERSONNEL, TRIBUT.

Cheval (lat. *caballum*), s. m. — En parlant de plusieurs personnes on disait : « être aux chevaux » au lieu de « être à cheval ». Voy. *Chief* pour une particularité semblable. — Constamment la Ch. de Roland dit : « Il pique *le* cheval » au lieu de « *son* cheval », comme nous disons : « il tend *la* main » au lieu de « *sa* main ».

Chevalchier (lat. **caballicare*), verbe : CHEVAUCHER. S'emploie avec un régime direct exprimant le pays parcouru à cheval : « chevaucher voies et chemins ». Mais on disait aussi « chevaucher une monture » : « Ne mul ne mule que poissiez *chevalchier*. » — On disait « chevaucher après quelqu'un », comme nous disons encore *courir après*.

Chevalerie (dérivé de *chevalier*), s. f. : CHEVALERIE, PROUESSE DE CHEVALIER. — « Par chevalerie » = *avec vaillance*.

Chevalzt, subj. (3e pers. sing.) de *chevalchier*.

Cheveledure (puis *cheveleüre, chevelure*, dérivé de *chevel* = *cheveu*), s. f. : CHEVELURE.

Chiédet. De *chadeir* (subj. prés., 3e pers.).

Chief (lat. **capum* pour *caput*, fr. : *chief, chef*), s. m. : TÊTE. — En parlant de plusieurs personnes on disait : « on leur a coupé, ils ont levé, etc., *les chefs* » ; nous mettrions le singulier : *la tête*. Voyez pour une particularité analogue le mot *cheval*. — « En lo premier chef » = *en tête*.

Chier (lat. *carum*, fr. : *chier, cher*), adj. : CHER, DE GRANDE VALEUR. On disait « avoir quelqu'un cher », c'est-à-dire *le chérir*.

1. **Chiére**, fém. de *chier*.

2. **Chiére** (puis *chère*. — Lat. **cara* mot d'origine grecque), s. f. : TÊTE. — Ce mot s'est conservé dans « faire *chère* lie » (Voy. *Liét*) et « faire bonne *chère* ». Du sens primitif de « bonne ou joyeuse *figure* » la locution a passé au sens de « bon *accueil* » puis « bon *repas* ».

Chiés, cas sujet sing. et régime plur. de *chief*.

Chrestientét (lat. *christianitatem*),

s. f. : CHRÉTIENTÉ, RELIGION CHRÉTIENNE. — « Avoir chrétienté » c'est *être chrétien.*

Ci. Voy. *Ici.*

Ciclaton (mot venu du grec par l'intermédiaire de l'arabe), s. m. : ÉTOFFE DE SOIE.

Cil. Voy. *Icil.* Ce pronom s'est conservé comme cas sujet de *celui* jusqu'au commencement du XVIIe siècle. La Bruyère le regrette : « *Cil* a été dans ses beaux jours le plus joli mot de la langue française : il est douloureux pour les poëtes qu'il ait vieilli. »

Cist. Voy. *Icist.*

Cit (paraît être formé sur *citét* = *cité* par abrégement), s. f. : CITÉ, VILLE.

Claim, Claimet, Claint. Voy. *Clamer* (*claimet* est la 3e pers. de l'indic. prés. ; *claint,* la 3e pers. du subj. prés. ; *claim,* la 1re pers. de l'indic. ou du subj. présent).

Clamer (lat. *clamare*) verbe à radical variable : *claim*... tonique, *clam*... atone. — APPELER. — « Clamer sa colpe » c'est *faire son mea culpa.* — « Clamer quelqu'un à garant » c'est *le proclamer son défenseur.* — « Se clamer par quelqu'un » c'est *se réclamer de lui, être sous ses ordres.* — « Clamer quitte », voy. *Quite.*

Clarifan. Voy. *Clariien.*

Clariien. Nom propre. Clariien et Clarifan sont les deux fils du roi Maltraiien et lui ont succédé dans l'emploi de messager de Baligant. Celui-ci, débarqué sur les bords de l'Ebre, les envoie vers Marsile. En arrivant à Saragosse, ils assistent à la désolation des Sarrazins. Ils montent au palais pour s'acquitter de leur message. C'est Clariien qui prend la parole. Il est obligé d'imposer silence à la reine Bramimonde qui se répand en lamentations. Les deux messagers rapportent à Baligant, avec les clefs de Saragosse, la nouvelle de la défaite.

Clarin. Nom de l'un des Sarrazins que Marsile charge d'accompagner Blanchandrin près de Charlemagne. Il est appelé « Clarin de Balaguer ». Voy. *Balaguer.*

Clartét (d'un mot formé sur *clarum,* qui a donné *clair*), s. f. : CLARTÉ, REFLET.

Cler (lat. *clarum*), adj. : CLAIR, BRILLANT ; adv. : CLAIREMENT ; D'UNE VOIX CLAIRE ; D'UN SON CLAIR ; D'UN VISAGE CLAIR, RIANT.

Climborin (écrit aussi *Climorin* dans le manuscrit). Nom d'un Sarrazin qui possède la moitié de Saragosse. Il fait cadeau à Ganelon d'une épée, d'après un passage du manuscrit, ou d'un heaume d'après un autre. A Roncevaux il tue Engelier de Gascogne, mais il est tué par Roland.

Cliner (lat. *clinare*), verbe : INCLINER, PENCHER, S'INCLINER. — « Cliner à quelqu'un » c'est *se pencher vers lui.*

Ço. Voy. *Iço.*

Codarder (puis *coarder, couarder.* — Formé sur *codart*), verbe. « Se codarder el (= en le) piz » = *laisser entrer la couardise dans son cœur.*

Codardie (puis *couardie,* ou, avec un autre suffixe, *couardise.* — Dérivé de *codart.* — Les deux formes par *ie* et par *ise* se trouvent dans le ms. d'Oxford), s. f. : COUARDISE. — « Faire couardise » c'est *se montrer couard.* Le mot *lâcheté* peut de même désigner le sentiment ou l'acte.

Codart (puis *coart, couard.* — Formé sur *cauda,* d'où vient *queue*), adj. : COUARD.

Code (lat. **coda* pour *cauda ;* fr. : *code, coe, queue*), s. f. : QUEUE.

Coife (origine incertaine), s. f. : COIFFE DU HAUBERT, *capuchon de maille.*

Coillir (lat. *colligere,* auquel se rattache le mot savant *collection.* Aujourd'hui *cueillir*) verbe à radical variable : *coeil*... tonique, et *coil*... atone. — PRENDRE ou RECEVOIR. Le sens de *recevoir* s'est conservé dans le composé « accueillir », le sens de *prendre* s'est conservé dans le simple « cueillir », mais en se spécialisant. — « Cueillir quelqu'un en haine » c'est *le prendre en haine.*

Col (lat. *collum,* fr. *col* puis *cou.* Le mot est resté *col* dans le sens de *col* de vêtement) : s. m. COU.

Colchier (lat. *collocare,* fr. : *colchier, coucher*). Le sens propre de ce mot est PLACER, et, dans plusieurs passages de la chanson de Roland, il paraît n'avoir pas d'autre valeur. Par extension : COUCHER. — « Se colchier à la terre » = *se coucher à terre.* Voy. *Joster.* « Se coucher à terre » peut aussi signifier *se prosterner.*

Colombe (lat. *columna,* qui a produit *colonne* et *colombe,* comme *flamma* a produit *flamme* et *flambe.* Voy. *Flambe.* « Colombe », nom de l'oiseau, n'a rien de commun avec ce mot), s. f. : COLONNE.

Color (lat. *colorem*), s. f. : COULEUR. — Ce mot, appliqué au teint du visage, ne s'emploie plus guère au singulier. — « Perdre sa couleur en son visage » c'est *perdre ses couleurs, pâlir.* — « Couleurs peintes » = *peintures.* Vers 2594, on trouve « couleurs peintes et écrites » ; le qualificatif « écrites » paraît désigner spécialement le *dessin* des peintures, et « peintes », la *couleur.* Dans *Baudouin de Sebourc,* texte du XIVe siècle, il est question d'étoffes « écrites de peinture dorée ».

Colp (lat. *colaphum*, qui signifie *coup de poing*), s. m. : COUP. — « Le coup de Roland » c'est *l'honneur de frapper Roland*. « Demander le coup » c'est *demander le premier coup, l'honneur d'engager la bataille*. — « Faire ou rendre des coups » c'est simplement *en donner*. — « Prendre des coups », voy. *Prendre*.

Colpe (lat. *culpa*, fr. *colpe, coulpe*), s. f. : FAUTE, PÉCHÉ. — « N'y avoir coulpe » c'est *ne pas en être coupable*. — « Clamer ou réclamer sa coulpe » c'est *faire son mea culpa*. — En s'adressant à Dieu : « Meie colpe de mes péchés vers tes vertus » = *je crie vers toi mea culpa pour mes péchés*. Voy. *vertut* et *meie*.

Colper (formé sur *colp*), verbe : COUPER, TAILLER. — « Des pieds coupés » en parlant d'un cheval, ce sont *des pieds bien taillés*.

Cols, cas sujet sing. et rég. plur. de *colp* (= *coup*) ou de *col* (= *cou*).

Colvert (origine incertaine), s. m. : PERFIDE, MISÉRABLE. Ce mot n'a rien de commun avec le participe passé du verbe *couvrir*, qui est *covert* dans l'ancienne langue.

Colzt, subj. (3e pers. sing.) de *colchier*.

Com. Voy. *Come*. Dans le sens de « lorsque », *com* peut venir du latin *quum*.

Comander (lat. *commendare*), verbe : COMMANDER, DONNER UN SERVICE A ; RECOMMANDER, CONFIER. On trouve « commander à » au lieu de *commander de*.

Comandét. Part. passé de *comander*, qui peut avoir le sens de VASSAL.

1. **Comant**. De *comander* (1re pers. de l'indic. ou du subj. prés. ou 3e pers. du subj.).

2. **Comant** (subst. verbal de *comander*), s. m. : COMMANDEMENT. — « A vostre comant » = *à vos ordres*.

Combatant. Part. prés. de *combatre*, qui peut avoir le sens de *vaillant, brave à la guerre*.

Combatre (composé de *batre*), verbe. — « Se combattre à ou od » ou « combattre à » = *combattre contre*, mais peut aussi signifier *combattre avec* (*avec l'aide de...*) — « Se combattre » absolument = *combattre*.

Come (et *com*. Lat. *quomodo*), conj. : COMME, LORSQUE. S'emploie au lieu de *que* après les adverbes exprimant une égalité. — « Si com » = *comme* ou *lorsque*. — « Altresi com » = *comme*. — « Tant com », voy. *Tant*.

Comencier (lat. **cuminitiare*. Ce verbe est donc de la même famille que les mots savants *initial, initier*) verbe. — L'infinitif peut être employé substantivement avec un régime direct : « l'estour commencer » c'est *le commencement du combat*.

Coment (formé sur *come*), adv. — « Comment qu'il soit » = *quoi qu'il doive arriver*.

Commibles. Une des villes que Roland se vante d'avoir conquises.

Compaing, cas sujet de *compaignon*.

Compaigne. Ce mot n'est pas le féminin de *compaignon*, mais un substantif qui fait double emploi avec *compaignie* : COMPAGNIE, TROUPES, RÉUNION.

Compaignie (de la même famille que *compaignon*), s. f. : COMPAGNIE, CAMARADERIE, SOCIÉTÉ.

Compaignon (parait formé sur *panem* = *pain*. Littéralement : *celui qui mange le pain avec*), s. m. : COMPAGNON, AMI.

Comperer (lat. **comperare* pour *comparare*, au sens de *acheter*), verbe : ACHETER. — « Ainz vos avront li meillor comperéde », dans les paroles adressées par Ganelon à son épée, = *auparavant les meilleurs vous auront achetée de leur sang*. — « Le (neutre) comperer » = *le payer, être battu*.

Compert, subj. de *comperer*, 3e pers. sing.

Comun (lat. *communem*), adj. : COMMUN, GÉNÉRAL.

Comunel (formé sur *comun*, comme *continuel* sur *continu*), adj. — « Etre comunel d'une chose » c'est *la faire ensemble*.

Comunement, adv. : TOUS ENSEMBLE. Voy. *Comun*.

Conduire (composé de *duire*. Voyez ce mot pour la conjugaison), verbe : CONDUIRE, ACCOMPAGNER.

Conduist. De *conduire*.

Confaitement (composé de *com*, du participe féminin *faite* et du suffixe adverbial *ment*), adv. : DE QUELLE FAÇON.

Confès (lat. *confessum*, sur lequel a été fait le verbe *confesser*), adj. : CONFESSÉ.

Confondre (lat. *confundere*), verbe : DÉTRUIRE, RUINER, CAUSER LA PERTE DE.

Confort (subst. verbal de *conforter*, dont nous avons le composé *réconforter*), s. m. : ENCOURAGEMENT. Corneille emploie encore « confort » dans ce sens : « Vain et triste confort, soulagement léger ! » Ce mot nous est revenu d'Angleterre avec un sens spécial que nous avons adopté.

Confusion (lat. *confusionem*), s. f. : DESTRUCTION, MALHEUR. — « Male confusion » a le même sens. On disait : « male confusion est dessur lui » ou « de lui ». Dans cette locution « male » est le féminin de l'ancien adjectif *mal*.

Congiét (lat. *commeatum*), s. m. : CONGÉ. — La locution « donner congé » ou « donner le congé » n'avait pas le sens défavorable qu'elle a pris depuis. C'était *donner la permission de partir, donner une autorisation*.

Conoissance, s. f. : CONNAISSANCE, SIGNE DE RECONNAISSANCE (peinture de l'écu).

Conoistre (lat. *cognoscere*), verbe : CONNAÎTRE, RECONNAÎTRE. — « Connaître quelqu'un de vasselage » c'est *le connaître pour un homme de courage*.

Conqueramment (formé sur *conquérant*), adv. : EN CONQUÉRANT.

Conquerre (Voy. *Querre*, pour la conjugaison) : CONQUÉRIR, VAINCRE.

Conquist. De *conquerre*.

Conreder (racine germanique), verbe : SOIGNER, et aussi ARMER.

Conreit (puis *conrei*, *conroi*. — Même racine germanique que dans *conreder*), s. m. : SOIN. — « Faire conroi à quelqu'un » c'est *lui donner des soins, s'occuper de lui*.

Conseil (lat. *consilium*), s. m. : CONSEIL, AVIS ; DÉCISION ; ENTENTE, CONVENTION. — « Dire à conseil » = *adresser un conseil*. — « Prendre conseil que... » c'est *se décider à*. — « Prendre un conseil à », voy. *Prendre*. — « Aller à conseil » c'est *aller délibérer*. — « Tenir conseil de... » c'est *délibérer sur*.

Conseillier (formé sur *conseil*); verbe. — « Conseiller à quelqu'un », sans régime direct, c'est *lui donner des conseils*.

Consent, indic. prés. ou impér. de *consentir*.

Consentir (lat. *consentire*. Se conjugue comme *sentir*), verbe : ACCORDER. — « Dieu tout mal te consente ! » = *Dieu te maudisse !*

Conseüt. De *consivre*.

Consivre (composé de *sivre*. Voy. *Sivre* pour la conjugaison), verbe : ATTEINDRE. Au vers 2372 on a un exemple de ce verbe conjugué avec l'auxiliaire *être* (comme le verbe déponent latin d'où il dérive) sans qu'il perde sa valeur active : « le jorn que sui conseüz » = *le jour que j'ai atteint* (comme on dit *atteindre un âge avancé*).

Constantinoble. Roland se vante d'avoir conquis Constantinople. La légende, telle que nous la connaissons, raconte seulement un voyage de Charlemagne à Constantinople.

1. **Conte** (lat. *comitem*), s. m. : COMTE.

2. **Conte** (subst. verbal de *conter* = *compter*. Voy. *Aconter*), s. m. : COMPTE. — « Avoir par compte » c'est *compter* (avoir un nombre de...).

Contenant, gérondif ou part. prés. de *contenir* ; peut avoir le sens de *contenance*. Entre *contenant* et *contenance* il y a, au point de vue de la forme, le même rapport qu'entre *séant*, qui s'emploie aussi substantivement, et *séance*.

Contençon (lat. *contentionem*, dont la forme savante est *contention*. De la même famille que le verbe *tendre*, que les substantifs *tension*, *attention*), s. f. : EFFORT. — « Par molt grant contençon » = *de toutes ses* (ou *mes*, *tes*, *leurs*, etc.) *forces*.

Contenement (formé sur *contenir*), s. m. : même sens que *contenance*. Ces deux mots sont, au point de vue de la forme, dans le même rapport que *tempérament* et *tempérance*.

Contenir (composé de *tenir*), verbe. — « Se contenir » = *se tenir* (c'est le sens qui s'est conservé dans le dérivé *contenance*).

Contenser (composé de *tenser*), verbe : S'EFFORCER, SE HÂTER. Voy. *Contençon*.

Contor (dérivé de *conte* (comte), avec le suffixe *or* (eur) = latin *orem*), s. m. : nom d'une dignité féodale. Dans la Chanson de Roland on ne trouve le mot qu'une fois, appliqué aux Sarrazins.

Contraire (latin *contrarium*), adj. — Pris substantivement, *contraire* a le sens de « chose contraire, désagrément, malheur. »

Contraleiier (latin **contraricare*. Le ms. d'Oxford a une fois la forme par *l*, et une autre fois la forme par *r*, d'où dérive le verbe actuel *contrarier*) verbe. — « Se contraleiier », ou « contraleiier » intransitif = SE DISPUTER.

Contrarïos (formé sur le latin *contrarius* avec le suffixe *osum* = *os, eux*), adj : CONTRAIRE. — « Contrarios envers... » = *hostile à...*

Contre (lat. *contra*), prép. : CONTRE, VERS. Au vers 444, ce mot paraît avoir le sens de *environ*. — « Contre » a aussi le sens de *vers*, *au moment de*, dans « contre midi. »

Contredit, part. passé de *contredire* : MAUDIT.

Contremont, adv. : EN HAUT, VERS LE CIEL. Comparez *contreval*.

Contrester (formé sur *ester*, comme *contredire* sur *dire*. — *Contraster* est de même origine que *contrester*, mais nous est venu par l'intermédiaire de l'italien), verbe : RÉSISTER À ; TENIR TÊTE À.

Contreval, adv. : EN BAS, VERS LA TERRE, À TERRE. Voy. *Contremont* ; ces deux adverbes sont dans le même rapport que *en amont* et *en aval*. — « Tourner contreval » c'est *faire tomber à terre.*

Contrevaleir (composé de *valeir*) verbe : VALOIR, ÉGALER.

Conut. De *conoistre.*

Convertir (lat. **convertire* pour *convertere*), verbe : CONVERTIR ; SE CONVERTIR.

Corage (formé sur le lat. *cor* (= cœur) avec le suffixe *aticum*), s. m. : CŒUR, AME, INTENTION, DISPOSITION D'ESPRIT. — « Tourner le (= son) courage de quelqu'un » c'est *changer de disposition vis-à-vis de quelqu'un.*

Coraille (formé sur *cor* = *cœur*, avec le suffixe que l'on retrouve dans *entrailles*), s. f. : POITRINE.

Corant, part. prés. de *corre.* — « Cheval corant » = *cheval rapide, léger.* C'est une épithète de nature. — « Eve corant » = *eau courante.*

Corn (lat. *cornu*, dont le pluriel a produit le subst. fém. *corne*), s. m. : COR.

Corner (formé sur *corn*), verbe qui signifie *sonner du cor.* et qui peut être pris substantivement dans le sens de *action de corner* ou de *son du cor.* — On disait « corner haut » dans le sens de *sonner fort.* — Ce verbe peut être précédé de *en* comme tant d'autres verbes de l'ancienne langue) Voy. *En 2*), et l'adverbe *y* peut se placer entre *en* et *corner*, comme entre *en* et *avoir* dans « il en y a » au lieu de « il y en a. »

Corone (lat. *corona*), s. f. : COURONNE et TONSURE.

Coronét, part. pas. : COURONNÉ, et aussi TONSURÉ.

Corre (lat. *currere*, qui a donné *corre* (courre) et *courir.* La forme *courre* s'est conservée dans quelques locutions), verbe : COURIR. — « Laisser son cheval courre, le laisser courre à exploit » c'est *lui lâcher la bride.* — « Courre à quelqu'un » c'est *l'atteindre à la course* ou simplement *courir à lui.* — « Lui courre » c'est *courir à lui.* Nous employons encore « lui courir » dans ce sens, mais en ajoutant un adverbe : « lui courir après. » Voy. aussi *lui venir* au mot *venir*, à propos duquel nous expliquons cette particularité.

Corroços (puis *courrouceux.* Forme sur *corroz* = *courroux*, comme *haineux* sur *haine*), adj. indéclinable au masculin : PLEIN DE COURROUX, *de ressentiment.*

1. **Cors** (lat. *corpus.* On écrit aujourd'hui ce mot avec un *p* pour rappeler plus complètement l'origine latine), s. m. indécl. : CORPS ; PERSONNE ; CORPS DE TROUPES. — « Mon corps » peut avoir le sens de *ma persone, moi.* De même « ton corps, son corps, etc. » = *toi, lui*, etc. — Au vers 3410, « mon corps » parait signifier *mes faveurs personnelles.*

2. **Cors** (lat. *cursum*, fr. : *cors, cours*) s. m. : COURSE. — « Le cours, » locution adverbiale qui signifie *à la course, en courant.* — « Plein cours », même sens.

Corsablis. Nom d'un roi sarrazin. Il est de Barbarie (Voy. *Barbarin*). Il s'offre pour combattre les douze pairs. Il est tué par Turpin.

1. **Cort.** De *corre.*

2. **Cort** (lat. *cortem*, fr. : *cort, cour*), s. f. : COUR.

3. **Cort** (lat. *curtum*), adj. : COURT.

Corteis (formé sur *cort* 2), adj. : COURTOIS, et aussi INDULGENT.

Corz, cas suj. sing. ou rég. plur. de *corn.*

Costedir (puis *costeir.* Lat. *custodire*), verbe : GARDER.

Costét (formé sur *coste* = *côte*), s. m. : CÔTÉ. Au pluriel ce mot peut désigner *la poitrine.*

Costume (latin *consuetudinem*, fr. : *costume, coustume, coutume.* — Le mot *costume* actuel, qui nous vient d'Italie, a la même origine, et signifie proprement *vêtement habituel*), s. f. : COUTUME.

Cous (puis *queux*, lat. *coquos*), s. m. rég. plur. : CUISINIERS. — Ce mot s'emploie surtout précédé de *maître* : « *un maître queux.* »

Covenir (lat. *convenire*, dont l'*n* est tombée comme dans *conventum* = *couvent.* La forme actuelle serait *couvenir*, si le préfixe n'avait été refait par assimilation), verbe : CONVENIR.

Covent (puis *couvent.* — Lat. *conventum*, qui avait le sens de *réunion.* d'où la signification actuelle de *couvent.* On comprend que de l'idée de *réunion* on ait pu passer à celle de *convention.* C'est ainsi que le verbe latin *convenire* avait à la fois le sens de *se réunir* et celui de *s'accorder.* Le verbe français *convenir* n'a conservé que la signification dérivée, tandis que *couvent* n'a gardé que la signification primitive. *Convention*, qui se rattache à *convenir*, a les deux valeurs : faire une convention, et la Convention nationale), s. m. : CONVENTION. — Sur « bien seit nostre covenz, » voy. *Estre.*

Craventer (lat. *crepantare*, se rattachant à *crepare* qui a produit *crever*), verbe : ABATTRE, ÉCRASER, S'EFFONDRER.

Credez, credissez, credrez. Voy. *Creidre.*

Creidre (lat. *credere*, fr. : *creidre, creire, croire*), verbe à radical variable :

creid... tonique, *cred...* atone. Part. prés. : *credant*. Part. passé : *credut*. Ind. présent : *jo creit*, *il creit*. Futur : *jo credrai*. Imparf. du subj. : *que jo credisse*. — CROIRE, AVOIR CONFIANCE EN.

Creit. De *creidre*.

Crendre (lat. *tremere*), verbe à radical variable : *criem...* ou *crien...* tonique, *crem...* ou *cren...* atone. Ce verbe a été ensuite assimilé aux verbes en *aindre*. — CRAINDRE. — Au vers 257 dans « jo me crendreie », *me* est explétif : « je craindrais. »

Creüt (puis *crû*. Part. passé de *creistre* = *croître*), adj. : ACCRU, d'où par extension NOBLE.

Crient (prononcez comme *vient*). Voy. *Crendre*.

Crignel (formé sur *crin*), sm. : CHEVEU.

Crignête (mot formé comme *crinière*, mais avec un autre suffixe), s. f. : CRINIÈRE.

Croce (puis *crosse*. — Forme féminine de *croc*), s. f. : CROSSE.

Croisier (puis *croiser*. — Lat. *cruciare*, formé sur *crucem* qui a donné *croix*), verbe : CROISER.

Croissent. Voy. *Croissir*.

Croissir (origine germanique) verbe : GRINCER.

Croist. De *croissir*.

Croller (lat. **corotulare*, fr. : *croller*, *crouler*. Le *c* est tout ce qui reste du préfixe latin *co* (pour *com*), ordinairement représenté en français par *com*, *con*), verbe : BRANDIR, AGITER. La Fontaine emploie le verbe *crouler* dans le sens transitif : « Jupin *croulant* la terre. »

Crote (puis *croute*. — Lat. *crypta*, dont la forme savante est *crypte*. Quant au mot *grotte*, il dérive aussi de *crypta*, mais par l'intermédiaire de l'italien), s f. : GROTTE.

Cuens, cas sujet de *conte* 1.

Cui (lat. *cui*, fr. : *cui*, *qui*) cas régime du pronom relatif ou interrogatif = QUI, QUE, DE QUI, A QUI. Aujourd'hui *cui* (sous la forme *qui*, sous laquelle il se confond avec le cas sujet) n'est régime direct que comme pronom interrogatif : « Qui appelez-vous? » Comme pronom relatif il s'emploie seulement après les prépositions : le régime direct est toujours *que*.

Cuidier (lat. *cogitare*). Indic. prés. : *jo cuit, tu cuides, il cuidet*. — PENSER. La Fontaine emploie encore ce verbe : « Tel, comme dit Merlin, cuide engeigner autrui... » (*La Grenouille et le Rat*). On avait aussi le composé *outrecuider*, que Saint-Simon emploie encore, et dont il nous reste le dérivé *outrecuidance*.

Cuit. De *cuidier*.

Cure (latin *cura*, qui signifie *soin*, *souci*), s. f. : SOUCI, SOIN. La Fontaine : « Le meunier n'en a cure. » C'est par un développement de sens facile à imaginer que *cure* est arrivé au sens de *traitement d'une maladie*. — La Bruyère : « On dit *curieux*, qui est dérivé de *cure*, qui est hors d'usage. »

Curios (puis *curieux*. — De la même famille que *cure*. Voy. ce mot), adj. : SOUCIEUX, INQUIET. C'est par l'intermédiaire du sens de « qui prend souci de » qu'on est arrivé au sens actuel. — Bossuet : « Ceux qui connaissent tant soit peu les antiquités savent combien les premiers temps étaient *curieux* d'ériger et de conserver de tels monuments. »

D

Dam. Voy. *Damne*.

Damage (lat. *damnaticum*), s. m. : DOMMAGE, PERTE, DÉSASTRE. — « Faire dommage de quelqu'un » c'est *lui causer du dommage*.

Dame. Voy. *Damne*.

Damne (lat. *dominum* ou *dominam*, fr. : *damne*, puis *dame*, formes qui sont des deux genres. On trouve aussi pour le masculin la forme *dam* au cas régime, *danz* au cas sujet). Dans la Chanson de Roland *dame* est substantif féminin, *damne* est toujours joint au nom de *Dieu* dans la locution « Damne Dieu » devenue plus tard « Dame Dieu » et qui signifie proprement *le Seigneur Dieu*. Enfin *dam* se joint aux noms propres avec le sens de *Seigneur*.

Danz, cas sujet de *dam*.

Dapamort. Nom du roi des Wilzes. Il aide Baligant à diviser son armée en trente échelles. Il est tué par Guineman.

De (lat. *de*), préposition : DE. Sens divers : PAR, après les verbes passifs, notamment dans « Sauvé soyez *de* Dieu ! » formule de salutation. — AVEC : « frapper *de* cœur et *de* vigueur. » On dit encore : « *de* tout cœur. » — QUANT A : « *Du* roi païen, croyez que, etc. *Des* Sarrazins, il leur fait grand dommage. » Ce sens de « de » s'est conservé assez longtemps avec les pronoms personnels comme régimes. Malherbe, dans les stances à Du Périer : « *De* moi, déjà deux fois d'une pareille foudre Je me suis vu perclus. » La Bruyère parle avec regret de cette locution : « Il y avait à gagner à dire *de moi* au lieu de *pour moi* ou de *quant à moi*. » — POUR : « *De* nos intérêts il m'a engagé sa foi. » — PAR L'EFFET DE, A CAUSE DE : « il se pâme *du* sang qu'il perd. » Nous disons : « il se pâme *de* douleur. » — QUE, après un comparatif : « tu es meilleur *de* lui ; mieux *de* moi. » Nous employons encore *de* avec cette valeur dans quelques locutions : « plus *de* deux, moins *de* vingt. » — « De » peut encore avoir le sens de *au nom de*.

Dechadeir (auj. *déchoir*. — Composé de *chadeir*), verbe : TOMBER.

Dechadrat. De *dechadeir*.

Dechiédent. De *dechadeir*.

Dedenz (puis *dedans*. — Composé de *de* répété et de *enz*), prép. et adv. : DANS, DEDANS. Au XVIIe siècle *dedans* s'employait encore comme préposition. Racine : « J'en voyais et dehors et *dedans* nos murailles. »

Dedesoz (puis *dedessous*. — Composé de *desoz*, qui a le même sens), prép. et adv. Dans *dedessous* le préfixe *de* se trouve répété. Il en est de même dans *dedans* (= *de d'enz*. Voy. *Enz*).

Dedevant (Voy. *Dedesoz* pour une formation semblable), prép. : DEVANT.

Defaillir (composé de *faillir*. Voy. ce mot pour la conjugaison), verbe : MANQUER, FAIRE DÉFAUT.

Defalt. De *defaillir*.

Defendre (lat. *defendere*), verbe. Après « défendre à quelqu'un que », le sujet de la proposition subordonnée peut ne pas être le même que le régime indirect de *défendre* : « Je vous défends que personne n'y touche. »

Defenir (composé de *fenir*), verbe : ACHEVER. — « Defenir une bataille » c'est *la gagner*.

Defension (lat. *defensionem*), s. f. : ACTION DE SE DÉFENDRE, DÉFENSE. — « Grand défension » = *belle défense*.

Definement (formé sur *definer*, composé de *finer*), s. f. : TERMINAISON, FIN DU MONDE.

Defoler (composé de *foler* = *fouler*) verbe : FOULER AUX PIEDS.

Defors (composé de *fors*), adv. et prép. : DEHORS, HORS DE.

Defroissier (composé de *froissier*) verbe : BRISER.

Deguaster (composé de *guaster* = *gâter*), verbe : DÉVASTER.

Dehait (origine germanique, même racine que dans *souhait*), sm. : MALHEUR. — « Dehait ait ! » = *Maudit soit... ! Malheur à... !*

Deie. Voy. *Deveir*.

Deintiét (lat. *dignitatem*, dont la forme savante est *dignité*), s. f. : DIGNITÉ, HONNEUR.

Deit (lat. *digitum*. — Le pluriel est une fois *deie* dans le ms., et cette forme peut être considérée comme un reste de pluriel neutre), s. m. : DOIGT.

Dejeter (pour la conjugaison, voy. *Jeter*), verbe : REJETER.

Dejoste (est à *joste* ce que *dedans* est à *dans*), prép. ; même sens que *joste* : AUPRÈS DE.

Del, pour *de le* : DU.

Delez (composé de *de* et de *lez*. Voy. *Lez*), prép. qui a le même sens que *lez* : A COTÉ DE, PRÈS DE, LE LONG DE.

Delgiét (puis *deugié*, *deugé* ou *dougé*. — Lat. *delicatum*, dont la forme savante est *délicat*), adj. : DÉLICAT, FIN.

Demain (Voyez *Main*), adv. Nous disons *demain soir*, mais nous ne dirions plus *demain nuit*.

Demander (latin *demandare*), verbe : DEMANDER, APPELER, CRIER. — « Demander de quelqu'un » c'est *demander de ses nouvelles*.

Demaneis (origine douteuse), adv. : AUSSITÔT.

Demeinent, demeint. De *demener*.

Demener (composé de *mener*. Voyez ce mot pour la conjugaison), verbe. « Démener son corps » équivaut à *se démener* actuel, mais avec une signification plus relevée. — « Demener irance » = *être furieux*. — « Démener douleur » c'est *se lamenter, exhaler sa douleur*.

Dementer (lat. *dementare*. Même famille que *mental*, *démence*, etc.), verbe. — « Se dementer » c'est *se désoler*.

Demi (lat. *dimidium*), adj. : LA MOITIÉ DE. — « Demi mon ost » = *la moitié de mon armée*.

Demis, part. passé de *demettre* ; parait avoir le sens de *fondu* au vers 1635.

Demorer (lat. **demorare*), verbe : DEMEURER, TARDER, RETARDER. — « Se demeurer » = *rester en vie* ou *être en retard*. — « Demeurer de venir » = *renoncer à venir*.

Demostrer (lat. *demonstrare*. Le verbe français a été refait sur le latin), verbe : MONTRER. — « Demostrer grant ire à quelqu'un » c'est *témoigner une grande irritation*.

Denier (lat. *denarium*), s. m. : DENIER. — « Ne pas valoir un denier », c'est *ne rien valoir, être impuissant, inutile.*

Denise (lat. *Dionysium*). Nom propre : DENIS. Le pommeau de Durendal contient des cheveux de saint Denis. Margariz de Séville se vante de coucher à Saint-Denis avant un an.

1. **Denz**, cas régime pluriel de *dent*, qui était masculin dans l'ancienne langue.

2. **Denz** (puis *dans*. Composé de *de* et de *enz*) adv. : DEDANS.

Departide, part. passé féminin de *departir*, ou s. f. = SÉPARATION.

Departir (composé de *partir* dont le sens propre est, comme on sait, *partager, séparer*), verbe : SÉPARER, TRANCHER, TERMINER (une bataille). — « Se départir » ou « départir » intransitif = *se séparer, se terminer* (en parlant d'une bataille).

Depecier (Voy. *Pecetier*), verbe à radical variable : *depiéc...* tonique, *depec...* atone. C'est aujourd'hui *dépecer*. — METTRE EN PIÈCES.

Depiécent. De *depecier*.

Derompre (composé du préfixe *de* et de *rompre*), verbe : ROMPRE, FENDRE, METTRE EN DÉROUTE ; SE ROMPRE.

Deront. De *derompre*.

1. **Des**, pour *de les* : DES.

2. **Des** (lat. *de ex*), prépos. : DÈS, DEPUIS. — « Dès or » (voyez *Or*) = *alors*. Nous avons perdu la locution *dès or*, mais nous avons encore *dès lors*, qui n'en diffère que par l'article, et *désormais*.

Desafrét (composé de *safrét*), part. passé : *dégarni de ce qui constituait le haubert safré* (Voy. *Safrét*).

Descendre (lat. *descendere*) verbe. — « Descendre » signifie souvent *descendre de cheval*. De même « descendre à pied. »

Deschevalchier. Est à *chevalchier* = *chevaucher*, pour la forme et pour le sens, ce que *démonter* est à *monter*.

Desclodre (composé de *clodre* = *clore*), verbe : OUVRIR. Tout le monde connaît l'heureux usage que Ronsard a fait de ce verbe : « Mignonne allons voir si la rose — Qui ce matin avoit desclose — Sa robe de pourpre au soleil... »

Desclot. De *desclodre*.

Descolorét (composé de *colorét* = *coloré*. Voy. aussi *Escolorét*. — Si ce mot n'avait pas subi d'influence savante, il serait vraisemblablement aujourd'hui *découloiré* ou *découleuré*) : DÉCOLORÉ. On disait : « être décoloré en son visage. »

Desconfire (composé de *confire* dont le sens propre est *achever*) verbe : DÉFAIRE, DÉMOLIR, BRISER.

Deseivret. De *desevrer*.

Desert (lat. *desertum*), adj. : DÉSERT ; PRIVÉ. — « Etre désert de... » en parlant d'un pays, c'est *avoir perdu...*

Desertét, part. passé de *déserter*. Se dit d'un pays qui perd ses défenseurs. Voy. *Desert*.

Deservir (lat. *deservire*, composé de *servire* = *servir*) verbe : MÉRITER. Ce sens, qui s'est conservé jusqu'au XVIe siècle, dérive directement du latin *deservire*, qui signifiait *servir avec zèle*. Quant aux sens actuels de *desservir*, ils se rattachent en réalité à un autre verbe, composé des mêmes éléments que l'ancien, mais de formation française. D'ailleurs dans le verbe ancien on a le préfixe *de*, et dans le nouveau le préfixe *des*.

Desevrer (composé de *sevrer*) verbe : SÉPARER.

Desfaçon (formé sur *façon* avec le préfixe *des* = latin *dis*), s. f. : MUTILATION. Le mot n'est pas dans le manuscrit d'Oxford.

Desfaimes. De *desfaire*. Voy. *Faire* pour la conjugaison.

Desfaire (composé de *faire* et du préfixe *des*) verbe : DÉFAIRE, ABATTRE ; SE DÉFAIRE.

Desguarnir (composé de *guarnir*), verbe : DÉGARNIR, PRIVER (d'une protection).

Desherberger (formé sur le substantif *herberge*. Voy. ce mot. *Desherberger* est à *herberge* ce que *décamper* est à *camp*), verbe : LEVER LE CAMP, DÉCAMPER.

Deshonor (le préfixe *des* vient du latin *dis*), s. f. : DÉSHONNEUR. — « A deshonor » = *ignominieusement*.

Desidrer (lat. *desiderare*), verbe : DÉSIRER. — « Désirer quelqu'un à tuer » c'est *désirer le tuer*.

Desist. Voy. *Dire*.

Deslacier (composé de *lacier* = *lacer*), verbe : DÉLACER. — On disait « délacer à quelqu'un son heaume de la tête. »

Desmaillier (formé sur *maille*), verbe : BRISER LES MAILLES DE.

Desmentir (lat. **dismentire*), verbe : DÉMENTIR (par ses paroles ou par sa conduite), DONNER UN DÉMENTI A. — « Démentir la geste » c'est *se montrer indigne de l'histoire, de ses aïeux.*

Desmesurédement (auj. *démesurément*). Cet adverbe se rattache à *mesure*, mais il faut se rappeler que *mesure* dans l'ancienne langue a aussi le sens de *nombre*. « Démesurément » peut équivaloir à *sans nombre*.

Desor (composé de *de* et de *sor* = *sur*),

prépos. et adv. qui a le même sens que *sor* : SUR, PAR-DESSUS. Cette préposition (*dessur*) ne s'est conservée que dans le langage populaire.

Desordener (composé de *ordener* = *ordonner*), verbe : RENVERSER.

Desore (lat. *de supra*. — Voy. *Desor*), adv. : AU-DESSUS. — « Aler desore » c'est *l'emporter*.

Desotreiier (composé d'*otreiier*), verbe : REFUSER.

Desoz (composé de *de* et de *soz*), prép. qui a le même sens que *soz*, et aussi adv. : SOUS, DESSOUS, A TERRE, EN BAS VERS. *Dessous* est devenu exclusivement adverbe; mais on le trouve employé comme préposition jusqu'au XVIIIe siècle. Racine : « Ses sacrilèges mains *Dessous* un même joug rangent tous les humains. » V. Hugo a encore employé *dessous* comme préposition.

Despersoner (formé sur *persona* d'où vient *personne*, comme *défigurer* sur *figure*) verbe : DÉFIGURER, OUTRAGER.

Desque (ne peut s'expliquer par *deusque*, qui a donné *josque*. Il est probable qu'il y a eu une confusion entre *dès que* (= *depuis que, aussitôt que*) et *de ci que* (Voy. *Ici*). La première expression a pris le sens de la seconde), prép. — « Desque à » = *jusqu'à*.

Desrengier (formé sur *reng* = *rang*), verbe : OCCUPER EN SE DÉTACHANT. Le sens le plus fréquent de ce verbe au moyen âge est « sortir du rang, se détacher. »

Destoldre (composé de *toldre*), verbe. — « Se destoldre de... » équivaut à *se soustraire à*.

Destolt. De *destoldre*.

Destorbier (formé avec le suffixe *ier*, sur le verbe *destorber* = lat. *disturbare*) s, m. : EMPÊCHEMENT, OBSTACLE. — « Avoir destorbier » c'est *être empêché de* faire quelque chose.

1. **Destre** (lat. *dextrum*), adj. des deux genres : DROIT, DROITE.

2. **Destre** (lat. *dextram*), s. f. : MAIN DROITE.

Destreit (lat. *districtum*, fr. : *destreit*, *destroit*, *détroit*), part. passé de *destreindre* : RÉDUIT; adj. : ÉTROIT; EN DÉTRESSE; s. m. : DÉFILÉ; DÉTRESSE, MALHEUR. Ce mot a perdu sa valeur de participe et d'adjectif. Comme substantif il a pris le sens spécial de « défilé maritime ». Notre substantif *détresse* vient d'un dérivé de *districtum*. — « Etre détroit à mort » c'est *être réduit à la mort, être mourant*. — « Etre de détroit » = *être serré, pressé*. — « Tenir quelqu'un en détroit » c'est *le presser fort*.

Destrier (en deux syllabes. — Lat. **dextrarium*), s. m. : DESTRIER, cheval de bataille.

Desver (puis *dêver*, dont nous avons conservé le composé *endêver*. Origine incertaine), verbe : RENDRE FOU.

Detorst, prétérit (3e pers. sing.) de *detordre* qui signifie *tordre*. Voy. *Estordre* pour la conjugaison.

Detraire (composé de *traire*), verbe : TIRER, ARRACHER.

Detrenchier (composé de *trenchier* = *trancher*), verbe : TAILLER EN PIÈCES, COUPER, TRANCHER.

Detres (composé de *de* et de *tres*. Voyez *tres*), prépos. : DERRIÈRE (proprement *au delà de*).

Deu (lat. *Deum*, fr. : *Deu* ou *Dieu*). — DIEU.

Deüsse. Voy. *Deveir*.

Devant (pour *de avant*), prépos. et adv. : DEVANT, AUPARAVANT, EN AVANT DE. — « Etre devant à quelqu'un » = *être devant lui*.

Deveir (puis *devoir*. — Lat. *debere*) verbe à radical variable : *deiv*... ou *dei*... tonique, *dev*... atone. Subj. prés. : *que jo deie*, imparf. : *que jo deüsse*.

Devendrai. De *devenir*. Voy. *Venir* pour la conjugaison.

Devers (composé de *de* et de *vers*), prépos. : VERS; DU COTÉ DE (avec idee d'éloignement ou idée de rapprochement. Dans le premier cas, il faudrait peut-être écrire *de vers* en deux mots).

1. **Di** (lat. *diem*, d'où dérive *diurnum*, qui a produit *jour* en formation populaire et *diurne* en formation savante), s. m. : JOUR. — « Toz dis » = *toujours*. — « Anz et dis » locution qui signifie *de longues années et de longs jours, longtemps*.

2. **Di**. De *dire*.

Die. Voy. *Dire*.

Dire (lat. *dicere*). Indic. prés. : *jo di, il dit, il dient*. Prétér. : *jo dis, il dist*. Subj. prés. : *que jo die*. Imparf. : *que jo desisse*. — « Nel dire ja » (infinitif pour impératif) = *ne le dites plus*.

1. **Dis** (lat. *decem*). Nom de nombre : DIX.

2. **Dis**, indic. prés., 2e pers., ou prétér. 1e pers. de *dire*.

3. **Dis**, cas sujet sing. ou régime plur, de *di* 1.

Discipline (lat. *disciplina*), s. f. : CHATIMENT.

Disme (lat. *decimum*), adj. : DIXIÈME.

Dist. De *dire*. « Dist » est toujours le prétérit. et « dit » le présent.

Doblaigne, féminin de *doblaing*.

Doblaing (formé sur *doble = double* comme *hautain* sur *haut*. Voy. *Haltaing*), adj. : DOUBLÉ.

Doble (lat. **duplum*), adj. : DOUBLE. Cet adjectif peut être pris substantivement et désigner les *doubles* du haubert (Voy. *Doblét*).

Doblét, partic. passé de *dobler* (= *doubler*). Se dit en parlant du haubert ou de la broigne. On trouve aussi : « doblét en treis » c'est-à-dire sans doute *de triple épaisseur*.

Doel (plus tard *deuil*. Subst. verbal de *doleir*, plus tard *douloir*, qui signifie *souffrir, se lamenter*), s. m. : SOUFFRANCE, DOULEUR, SUJET DE DOULEUR, PERTE. — « Avoir deuil de quelqu'un » c'est *être affligé de sa mort*.

Doins, doinset, doinst. Voy. *Doner*.

Dolcement, adv. : DOUCEMENT, TENDREMENT.

Dolor (lat. *dolorem*), s. f. : DOULEUR, SOUFFRANCE, SUJET DE DOULEUR, PERTE DOULOUREUSE. — « Avoir douleur de quelqu'un », c'est *être affligé de sa perte*.

Doloros (puis *douloureux*. Formé sur *dolor*), adj. : *qui éprouve de la douleur*, TRISTE.

Doloser (de la même famille que *dolor = douleur*), verbe : PLEURER LE MALHEUR DE. — « Se doloser » = *se lamenter*.

Domeigne (lat. **dominium*, fr. : *domeigne, domaine*), adj. : DE SEIGNEUR. — « Son cors domeigne » = *son propre corps*. — Pris substantivement, cet adjectif est devenu notre subst. *domaine*.

Don (lat. *donum*), s. m. : DON. « Tenir par le don de quelqu'un », voy. *Tenir*.

Donc (origine douteuse), adv. Dans l'ancienne langue ce mot a le même sens que le lat. *tunc* : ALORS.

Doner (lat. *donare*) Indic. prés. : *jo doins, tu dones, il donet*. Futur : *jo donrai*. Subj. prés. : *qu'il doinset, doinst* ou *dont* (on trouve aussi *donget*, dans le ms.). — « Donner bataille », voy. *Bataille*. — « Dieu me donne le venger ! » = *Dieu me donne de le venger !*

Donrai. Voy. *Doner*.

Dormir (lat. *dormire*), verbe. On disait *dormir* et *se dormir* avec le même sens.

Dotance (formé sur *doter*, qui vient de *dubitare*, et qui avait le sens de *craindre*, sens conservé dans le composé *redouter*), s. f. : CRAINTE.

Doter (lat. *dubitare*), verbe : CRAINDRE. Ce sens ne s'est conservé que dans le composé *redouter*.

Dous (lat. *duos*). Nom de nombre : DEUX.

Drecier (lat. *directiare*), verbe : DRESSER, LEVER, RELEVER.

Dreit (lat. *directum*, fr. : *dreit, droit*) 1° adj. : DROIT (sens propre et figuré), JUSTE, QUI CONVIENT. — 2° subst. m. : DROIT. « N'est dreiz que » ou « nen est dreiz que » signifie *le droit n'est pas que, il n'est pas juste que*. — « Faire droit à quelqu'un d'une injure » c'est *réparer cette injure, faire réparation*. — « Avoir droit » c'est *avoir le droit pour soi, avoir raison*, ou *recevoir réparation*. On disait aussi « avoir droit vers » dans le sens de *avoir raison contre*. — « Avoir droit dans un pays » c'est *en être le légitime seigneur*. — « Juger le droit de.. », c'est *juger la cause de*. — « Faire le droit », c'est *trancher la question*. — « Ni à droit, ni à tort », locution qui équivaut à *sans raison, sans provocation*.

Dreiture (formé sur *dreit = droit*), s. f. : JUSTICE.

Drodmont (origine incertaine), s. m. : VAISSEAU d'une espèce particulière.

1. **Drut** (origine douteuse), adj. : ÉPAIS.

2. **Drut** (origine germanique), s. m. : AMI.

Duire (latin *ducere*). Prétérit : *il duist, il duistrent*. — TIRER. — Ce verbe, que l'on retrouve encore dans les dérivés *conduire, réduire*, etc., s'est conservé assez longtemps avec le sens de *plaire*. La Fontaine : « Genre de mort qui ne *duit* pas A gens peu curieux de goûter le trépas. » P.-L. Courier l'emploie encore : « S'il vous *duit*, nous pourrons donner au public un joli volume. » J. de Maistre en a donné une étymologie qui nous fait sourire aujourd'hui : « Voyez comment nos ancêtres opérèrent jadis sur les deux mots latins *duo* et *ire*, dont ils firent *duire, aller deux ensemble*, et, par une extension très naturelle, *mener, conduire*.. Quand nous disons aujourd'hui en style familier : *Cela ne me duit pas*, le sens primitif subsiste toujours ; car c'est comme si nous disions : *Cela ne peut aller avec moi, m'accompagner, subsister à côté de moi ;* et c'est encore dans un sens tout semblable que nous disons : *Cela ne me va pas*. »

Durendal. Nom de l'épée de Roland. D'après la Chanson de Roland, elle a été donnée à Roland par Charlemagne sur l'ordre d'un ange.

Durrai. Futur de *durer*.

Dus, cas sujet sing. et rég. plur. de *duc*.

E

E, interjection : EH ! AH !

Edage (lat. *ætaticum, fr. : *edage, eage, âge*), s. m. : AGE, VIE.

Edét (lat. *ætatem*, fr. : *edét, eé, aé*. Entre ce mot et *edage* (= *âge*), il y a le même rapport qu'entre le vieux mot *vis* et *visage*), s. m. : AGE, VIE. — « Perdre son edét » c'est *perdre la vie*.

Edrer (lat. *iterare*, dérivé de *iter* qui signifie *voyage*. Fr. : *edrer, errer*), verbe : MARCHER, PROCÉDER. Ce verbe s'est conservé dans la locution « Juïf-errant » ; on le retrouve aussi dans le dérivé *errement*, qui signifie *procédé* et non *erreur* (suivre les anciens *errements*). Quant au verbe *errer* actuel, il a un tout autre sens, et vient du latin *errare*. — « Errer par quelqu'un » c'est *le consulter avant de prendre un parti*.

Eissir (lat. *exire*), verbe à radical variable : *iss...* tonique, *eiss...* atone. — SORTIR. — « S'eissir » ou « s'en eissir » ou « eissir fors », même sens.

1. **El**. Pour *en le*.

2. **El** (lat. *alum* pour *aliud*), pron. indéf. neutre : AUTRE CHOSE.

Els (lat. *illos*, fr. : *els, eux*), pron. pers. : EUX. Ce pronom peut s'employer dans des cas où nous mettrions le pr. réfléchi : « por els esbaneiier » = *pour se divertir*.

Embatre (composé de *batre*), verbe : ENFONCER.

Embronc (origine incertaine), adj. : INCLINÉ.

Embronchier (formé sur *embronc*), verbe : INCLINER, BAISSER ; S'INCLINER. — « Le heaume lui embronche » = *son heaume s'incline*.

Empeindre (lat. *impingere*). Prétérit *il empeinst*. — POUSSER, ENFONCER, TRANSPERCER, EMBOUCHER, LANCER. — Le verbe actuel qui répondrait le mieux, comme sens, à l'ancien verbe *empeindre*, est *enfoncer* : « enfoncer une lance dans le corps d'un ennemi ; enfoncer un ennemi, en appuyant sur la lance qui le transperce, comme on dit enfoncer une porte ; enfoncer un clairon dans la bouche, l'emboucher ». Toutefois le sens primitif d'*empeindre* est plutôt *pousser* qu'*enfoncer*. — « Empeindre des troupes en mer » = *les embarquer*.

Empeinst. Voy. *Empeindre*.

Empenét (formé sur *penna* = *plume*), part. passé : EMPENNÉ, *garni de plumes*. « Empenét d'or » = *garni de plumes d'or*. — La Fontaine : « Mortellement atteint d'une flèche *empennée* ».

Emperedor (lat. *imperatorem*, fr. : *emperedor, emperéor, empereur*), s. m. : EMPEREUR.

Emperédre, cas sujet de *emperedor*.

Empleiier (Voy. *Pleiier* pour la conjugaison) verbe : EMPLOYER. On disait « employer de grands coups » dans le sens de *frapper de grands coups*.

Empleit. De *empleiier*.

Empor (composé de *en* et de *por*), prép. : même sens que *por*.

Emprendre (composé de *en* et de *prendre*), verbe : ENTREPRENDRE.

Emprès (composé de *en* et de *près*), adv. et prép. : APRÈS, ENSUITE.

1. **En** (lat. *in*), prép. : EN, DANS. Cette préposition a souvent le sens de SUR qu'elle avait en latin et qu'elle n'a conservé en français que dans quelques locutions comme « sauter en selle, mettre en croix ». Nous disons encore « mettre en croix », mais nous ne dirions pas « en la croix » pour *sur la croix*. La Ch. de Roland dit : ville située *en* une montagne ; monter *en* cheval ; se dresser *en* pieds, frapper quelqu'un *en* l'heaume ; *en* terre, pour *sur terre ; en* la place, pour *sur la place*. — « En » au lieu de *à* : « En Sarragoce. » Malherbe dit encore : « En Lacédémone. » De même « en l'ombre » pour *à l'ombre*. — « En » après le verbe *baiser*, au lieu de *à* ou de *sur* que nous mettrions aujourd'hui : « baiser en le cou, en la bouche, etc. » De même « avoir le frein en la tête ». Sur « mettre en le cou », voy. *Métre*. — « En » est très souvent employé là où nous mettrions *dans*.

2. **En** (lat. *inde*). adv. et pr. rel., qui s'emploie souvent avec le sens vague de *en cela, pour cela, avec cela*, comme lorsque nous disons encore : « *en* croire quelqu'un ». — « En » peut équivaloir à *de nous, de vous* : « ils *nous* enterreront, et les loups n'*en* mangeront pas. » Comparez Malherbe : « Qu'est-ce que j'en puis attendre, sinon que toutes ces passions *me* démembrent pour *en* avoir chacune sa pièce. » — « En » presque explétif se joignait dans l'ancienne langue à beau-

coup de verbes. Il s'est fondu depuis avec un certain nombre de ces verbes : « en-mener, en-porter, s'en-fuir, etc. » Il est encore séparé du verbe dans « s'en aller ». On trouve dans la Chanson de Roland : « en entrer, en passer, en pasmer, en relever, en venir, s'en écrier, en conduire, en répondre, en recroire, en voir, etc. » Entre chacune de ces formes et le même verbe sans *en*, il y a à peu près la même nuance de signification qu'entre *emmener* et *mener*.

Enaprès. Composé de *après ;* a le même sens.

Enchadeignier (composé de *chadeignier*), verbe : ENCHAÎNER.

Enchalcier (puis *enchaucier*, *enchausser*. — Formé sur le mot latin *calceum*, d'où dérive le français *chausse*), verbe : TALONNER, POURSUIVRE. — Remarque : *enchalcier* n'est pas un composé de *chalcier* (Voy. ce mot), mais ces deux verbes ont été formés séparément sur le même substantif.

Enchalz (subst. verbal de *enchalcier*), s. m. : POURSUITE. — « Tenir l'enchauz » c'est *poursuivre activement*.

Enclin (lat. *inclinem*), adj. : PENCHÉ. Ce mot ne s'emploie plus qu'au figuré.

Encliner (lat. *inclinare*. Ce verbe a été refait sur le latin), verbe : S'INCLINER DEVANT, SALUER.

Encombrer (lat. *in-cumulare*), verbe : PESER SUR.

Encontre. A les mêmes sens que *contre*, parmi lesquels celui de « en comparaison de » — « Mettre quelque chose encontre à une autre », c'est *les opposer l'une à l'autre*. — « Répondre encontre » = *répondre* (avec l'idée accessoire de *contredire*). — « Racheter encontre », voy. *Rachater*. — « Choir encontre terre », c'est *tomber à terre* (avec une idée accessoire d'adhérence, d'écrasement).

Encontrer (formé sur *encontre*), verbe : RENCONTRER.

Encontreval (composé de *encontre* et de *val*), adv. : A VAU L'EAU.

Encor. Voy. *Encore*.

Encore (ou *encor*. Lat. *hinc ad horam*. Voy. *ore*), adv. : ENCORE, DÉSORMAIS.

Encreistre (composé de *creistre*), verbe : CROITRE.

Encrième (lat. *intremum ?*), adj. : PERFIDE (Dans le ms., la forme du mot est *encrisme*).

Encui (est à *hui* ce que *encore* est à *ore*), adv. : AUJOURD'HUI.

Endementres (formé avec le préfixe *en* et *dementres* qui vient du lat *dum interim*), adv. : PENDANT CE TEMPS.

Endreit (composé de *en* et de *dreit* = *droit*), prép. et adv. — « Endroit soi » = *à son endroit*, *en ce qui le concerne*. — Comme adverbe, « endroit » s'ajoute aux adverbes de temps et de lieu, et les renforce : on peut le traduire par *précisément* ou *même*.

Enfodir (lat. **infodire*), verbe : ENFOUIR, ENTERRER.

Engeignier (formé sur *ingenium*, qui a donné *engin*, et auquel se rattache le mot savant *ingénieux*). Indic. et subj. prés. : *il engignent*. — TROMPER. — La Fontaine emploie encore ce verbe : « Tel, comme dit Merlin, cuide *engeigner* autrui Qui souvent s'*engeigne* soi-même » (*La Grenouille et le Rat*). Dans l'édition de La Fontaine qui fut faite en 1692 (mais qui porte la date de 1678), l'imprimeur, ne comprenant pas ce mot, l'avait remplacé par « enseigner ».

Engelier (origine germanique). Un des douze pairs. Il est appelé Engelier le Gascon de Bordeaux, ou Engelier de Gascogne. A Roncevaux il tue Escremiz de Valtierra et Esperveris, et il est tué par Climborin.

Engignent. De *engeignier*.

Engraignier (latin **ingrandiare ;* même racine que dans *grand*), verbe : S'AGRANDIR, S'AUGMENTER.

Enguarde (formé sur *garde*), s. f. : ACTION D'ÉCLAIRER UNE ARMÉE, TROUPE D'ÉCLAIREURS, AVANT-GARDE. On disait : « faire les enguardes ».

Enhaitier (de même famille que *dehait*, *souhait*), verbe : BÉNIR.

Enheldit (formé sur *helt*), part. passé : POURVU D'UNE GARDE. — « Enheldi d'or » = *avec une garde d'or*.

Enlignièt (formé sur *lign*. Voyez ce mot) : BIEN APPARENTÉ.

Enmi (composé de *en* et de *mi*) prép. : AU MILIEU DE. — « Tres enmi » a le même sens, mais contient en plus l'idée de « à travers ».

Enoiier (formé sur *odium*, d'où dérive le mot savant *odieux*), verbe à radical variable : *enoi*... atone, *enui*... tonique. — ENNUYER, mais avec un sens plus fort qu'aujourd'hui ; HARASSER. — Impersonnellement « il m'ennuie à » avec ou sans ellipse du pronom neutre sujet, = *il m'est insupportable de..., je ne saurais...* Toutefois je dois dire que cette locution se trouve dans un passage que je rectifie.

Enquerre (composé de *en* et de *querre*, qui est devenu *quérir* par la substitution du suffixe *ir* à *re*), verbe : S'ENQUÉRIR DE.

Enquis. De *enquerre*.

Enrengier (composé de *rengier* =

ranger), verbe : METTRE EN RANG, RANGER.

Enseigne (lat. *insignia*), s. f. : ENSEIGNE, et aussi CRI DE GUERRE. Les lances avaient « une enseigne », un gonfanon, à leur extrémité. — « Enseigne avoir de crier... » = *avoir pour cri de ralliement...*

Enseignier (lat. **insignare*), verbe : INDIQUER, MONTRER. Ce verbe s'emploie encore dans ce sens.

Ensemble (lat. *insimul*), adv. — Il forme avec *od* une locution prépositive. Voy. *Od*.

Ensement (formé sur *ensi* = *ainsi*, avec le suffixe adverbial *ment*, comme *quasiment* sur *quasi*), adv. : AINSI. — « Ensement come » = *comme*.

Ensorquetot (composé des prép. *en* et *sor*, de la conj. *que*, et de l'adj. indéf. *tot*), adv. : SURTOUT ; EN OUTRE.

Entendre (lat. *intendere*), verbe : ENTENDRE, APPRENDRE, ÊTRE INFORMÉ DE. — « Entendre à quelqu'un » c'est *l'écouter, suivre ses avis*.

Entercier (lat. **intertiare* dans Du Cange), verbe : RECONNAÎTRE.

Entorn (composé de *en* et de *torn*, subst. verbal de *torner* = *tourner*. Ce mot s'est conservé dans la locution « à l'entour »), prép. : AUTOUR DE.

Entre (lat. *inter*), prép. : ENTRE, AU MILIEU DE. — « Entre Pierre et Paul viennent » est une locution qui signifie : *Pierre et Paul viennent tous les deux*.

Entrel, pour *entre le*.

Entrer (lat. *intrare*), verbe. « Entrer en sa voie » c'est *commencer son voyage*.

Entresque. Voy. *Tresque*.

Entrevedeir (composé de *vedeir* = *voir*), verbe. — « S'entrevoir » = *se voir les uns les autres*.

Entreveident. De *entrevedeir*.

Enuiet. De *enoiier*.

Envadir (puis *envaïr*, *envahir*. — Composé de *vadir*, verbe dont il ne nous est resté que l'indic. prés. et aussi dans l'ancienne langue le subj. prés. Voy. *Vois*), verbe : ENVAHIR, SE JETER SUR.

Envei, 1re pers. de l'indic. ou du subj. prés. de *enveiier* (formé sur *veie* = *voie*) = *envoyer*.

Enveisier (lat. *invitiare ?*), verbe. — « S'enveisier » = S'AMUSER.

Envers, prép. et adv. : VERS ; A L'ENVERS (sur le dos). — « Parler envers quelqu'un » = *parler à quelqu'un*. — « S'aproismier envers... » c'est *s'approcher de...* — « L'exploiter envers... », voy. *Espleitier*.

Environ (formé du préfixe *en*, du suffixe *on*, et du radical du verbe *virer*), prép. : AUTOUR DE ; adv. : TOUT AUTOUR.

Enz (lat. *intus*, fr. *enz* devenu *ans* dans les composés *dans*, *dedans*). adv. : DEDANS. — « Enz en » = *dans*. — « D'enz de » = littéralement *du dedans de*.

Eret. De *estre* : ETAIT.

Ermes. De *estre* : SERONS.

Ermines. Nom de peuple : ARMÉNIENS. L'hermine est une fourrure d'Arménie.

Ert. De *estre* : ETAIT.

1. **Es** (le manuscrit d'Oxford a les formes *as*, *ais*. — Lat. *ecce*, que l'on retrouve comme préfixe dans les pronoms *icel*, *icest*, dans l'adv. *ici*), prép. : VOICI, VOILA. — « Es les vos » = littéralement *voilà les vous, vous les voilà*, c'est-à-dire *les voilà*, car *vous* est ici explétif. Cette préposition est généralement accompagnée ainsi d'un pronom explétif. *Es* peut êtr suivi du cas sujet : voy. vers 413.

2. **Es**, pour *en les*. Nous disons encore « bachelier ès lettres ».

Esbaldir (puis *esbaudir*, *ébaudir*. — Formé sur *balt*. Voy. ce mot), verbe : RENDRE HARDI ET JOYEUX.

Esbaneiier (formé du préfixe *es*, du suffixe *eiier*, et d'un radical germanique qu'on retrouve dans *bannière*), verbe : DIVERTIR.

Escababi. Nom d'un sarrazin tué par Olivier.

Eschalguaite (puis *échauguette*), s. f. : GRAND-GARDE. — Ce mot désigne aujourd'hui une guérite placée sur un lieu élevé.

Eschange (subst. verbal d'*eschanger*), s. m. — « Avoir échange de quelqu'un », c'est *pouvoir le remplacer*. — « Donner échange de quelqu'un », c'est *le remplacer par un autre*, et « donner échange efforcé de », c'est *remplacer avec avantage par un autre*. — « Prendre échange de quelque chose » c'est *prendre cette chose en échange*.

Eschanteler (formé sur *chantel* = *coin, quartier d'écu*), verbe : ÉCORNER, BRISER.

Escharboncle (composé de *charboncle*. Même sens), s. m. : ESCARBOUCLE. Voy. *Charboncle*.

Escharboner (formé sur *charbon*), verbe : JAILLIR EN ÉTINCELLES.

Eschevit (origine germanique), adj. : SVELTE.

1. **Eschiec** (origine germanique), s. m. : BUTIN.

2. **Eschiec** (vient du persan *schah*, qui veut dire *roi* ; nous disons « le schah de Perse »), s. m. : ÉCHEC, jeu.

Eschiele (origine germanique. Ne pas confondre avec *eschiele*, auj. *échelle*, venant du lat. *scala*), s. f. : BATAILLON, CORPS D'ARMÉE.

Eschiés, cas sujet sing. ou rég. plur. de *eschiec*.

Eschiez, cas sujet sing. ou rég. plur. d'un mot d'origine germanique, qui est de la même famille et qui a le même sens que *esquif*.

Eschine (origine germanique), s. f. : ÉPINE DORSALE. A propos du pluriel de ce mot dans certaines locutions, là où nous mettrions un singulier s'appliquant à plusieurs personnes, voy. *chief* et *cheval*, qui s'emploient de même.

Eschipre (origine germanique), s. m. : MARIN.

Eschiver (origine germanique), verbe : ESQUIVER, ÉVITER.

Escience (lat. *scientiam*, dont la forme savante est *science*), s. f. : SCIENCE. — « Avoir grand escience à un exercice » c'est *y être très habile*.

Escïent (ou *escientre*. — Lat. *sciendo* et *scienter*), s. m. : CONNAISSANCE. « Mien escient » ou « mien escientre » ou « par le mien escient » = *à mon escient, à ma connaissance, je le sais* ou *je le crois*.

Escïentre. Voy. *Escïent*.

Esclace (sans doute de même origine que *esclat* = *éclat*), s. f. : il faudrait pouvoir traduire par *éclat de sang*. Mais on ne dit pas « éclat » d'un liquide ; cependant le verbe « éclabousser » contient l'idée d' « éclat de boue ».

Esclairier (formé sur le mot latin d'où vient *clair*. Comparez *esclaircir* et *esclargier*. Nous avons conservé deux de ces verbes et perdu le troisième), verbe : ÉCLAIRER, ÉCLAIRCIR (*soulager*, en parlant de la colère), S'ÉCLAIRER, S'ILLUMINER, LUIRE, DOMINER (en parlant d'un son).

Esclarcir (lat. *exclarescere*, où l'on retrouve *clarum*, qui a produit *clair*. Comparez *esclairier* et *esclargier*), verbe : ÉCLAIRCIR, S'ÉCLAIRCIR. — « S'éclaircir vers quelqu'un » c'est *lui sourire*. — Ce verbe s'applique à la fois au jour qui arrive et à la nuit qui s'en va.

Esclargier (formé comme *esclairier* sur le mot latin d'où vient *clair*, mais avec un suffixe différent), verbe : ECLAIRCIR, ÉCLAIRER, SOULAGER (le cœur, la colère, le talent dans l'ancien sens de ce mot).

Esclavers. Même mot que *Esclavoz* avec un autre suffixe.

Esclavoz (origine germanique. Dérivé de *esclave*, dont le sens primitif est « slave »). Nom de peuple : SLAVES ou ESCLAVONS.

Esclice (origine germanique), s. f. : ÉCLAT DE BOIS.

Esclicier (origine germanique), verbe : BRISER EN ÉCLATS ; SE BRISER.

Esclot (origine germanique), s. m. : TRACE.

Escolorét (même mot que *descolorét*, avec un autre préfixe. *Descolorét* se trouve aussi dans la Chanson de Roland), part. passé : DÉCOLORÉ.

Escombatre (composé de *combatre*), verbe : CONQUÉRIR.

Escordosement (formé sur un adj., *escordos*, qui avait le sens de *cordial*, mot de même famille), adv. : DE TOUT CŒUR.

Escremir (origine germanique, même racine que dans *escrimer*), verbe : SE LIVRER A L'ESCRIME.

Escremiz. Nom d'un Sarrazin, seigneur de Valtierra (Voy. *Valterre*). Il figure parmi les douze pairs de Marsile. Il est tué par Engelier de Gascogne.

Escrider (auj. *écrier*. — Composé de *crider*), verbe. — « Ecrier » intransitif, ou « s'écrier » (dans les temps composés le pronom réfléchi peut être supprimé. Voy. *Lever*), signifie CRIER, S'ÉCRIER. — « Ecrier » transitif = APPELER OU CRIER. — « S'écrier d'un nom » peut vouloir dire *le prendre comme cri* (de guerre). — « Ecrier un sermon » c'est *prononcer à très haute voix une exhortation*.

Esdemétre (composé de *demétre*, lequel est lui-même un composé de *métre*), verbe : S'ÉLANCER.

Esforcier (composé de *forcier*, lui-même formé sur le mot latin d'où vient *force*), verbe : EFFORCER. — « Echange efforcé », voy. *Eschange*.

Esforz (subst. verbal d'*esforcier*. Ce mot est devenu *effort*, avec un *t*, sous l'influence de l'adj. *fort*), s. m. : FORCE. — « Un grant effort » = *de grandes forces*. — « A effort » = *de toutes ses forces*. — « A merveilleux effort » = *en très grand nombre*.

Esfreder (origine germanique ; fr. : *esfreder, esfreer, esfraer, effrayer*), verbe : EFFRAYER et COURROUCER.

Esgraignier (origine inconnue), verbe : S'ÉBRÉCHER. Voy. *Esgruignier*.

Esgruignier (origine inconnue), verbe : S'ÉBRÉCHER. Voy. *Esgraignier*.

Esguarder (composé de *guarder* et du préfixe *es*. Il nous reste de ce verbe le substantif verbal *égards*), verbe : REGARDER.

Esguarét (origine germanique), part. passé : ÉGARÉ, TROUBLÉ.

Eslais (subst. verbal de *eslaissier*, composé de *laissier* = *laisser*, qui signifie *laisser courrir*), s. m. : GALOP DE PARADE.

Eslegier (lat, **exlitigare*. Ce mot est par conséquent de même famille que le mot savant *litige*), verbe : DISPUTER. — « Eslegier as espédes » = *disputer avec l'épée* ou *à coups d'épée*.

Esmaiier (composé du préfixe *es*

(= lat. *ex*) et d'un verbe germanique dont la forme actuelle est *mögen* = *pouvoir*), verbe : DÉCOURAGER (littéralement *mettre hors de puissance*, *hors de force*), METTRE EN ÉMOI.

Esmerét (formé sur *mier* (Voy. ce mot) ou sur le mot latin d'où dérive *mier*), part. passé : *épuré, de bon aloi* (en parlant de monnaie).

Esmoveir (puis *esmovoir*, *émouvoir*. Voy. *Moveir* pour la conjugaison), verbe : METTRE EN MOUVEMENT.

Esmut. De *esmoveir*.

Espaenter (puis *espoenter*, *épouvanter*, Lat. **expaventare*), verbe : ÉPOUVANTER.

Espan (la forme véritablement française serait *espain*. — Lat. *hispanum*. — *Espagnol* et *épagneul* sont des dérivés. Le second seul est de forme française), adj. : ESPAGNOL.

Espandre (puis *épandre*. — Latin *expandere*. — Ce verbe tombe en désuétude, mais le composé *répandre* est très employé), verbe : RÉPANDRE ; SE RÉPANDRE.

Espaneliz. Nom du païen qui marche à la droite de Baligant lorsqu'il descend de son vaisseau sur la terre d'Espagne.

Espargnance (est à *espargner* ce que *tempérance* est à *tempérer*), s. f. : GRACE. — « Avoir épargnance de... », c'est *être sauvé de*, *dispensé de*. Le mot ne se trouve pas dans le manuscrit d'Oxford.

Esperveris. Nom d'un Sarrazin, fils de Borel, qui est tué par Engelier.

Espés (puis *espais*, *épais*. Lat. *spissum*), adj. : ÉPAIS. — « En le plus épais » = *au plus épais*.

Espiét (origine germanique. Ne pas confondre avec *épieu*), s. m. : ÉPIÉ, sorte de lance.

Espiier (origine germanique), verbe : TRAHIR.

Espine (lat. *spina*), s. f. : AUBÉPINE (le mot *aube*, qui entre dans la composition d'*aubépine*, signifie *blanche*, et existe indépendamment dans la langue comme substantif.)

Espleit (puis *esploit*, *exploit*. — Lat. *explicitum*, dont la forme savante est l'adj. *explicite*), s. m., qui entre dans la locution « à esploit » = *à volonté*, *avec ardeur*.

Espleitier (lat. **explicitare*, fr. *espleitier*, *exploiter*. Voy. *Espleit*), verbe : RÉUSSIR, ACCOMPLIR CE QU'ON VEUT. Corneille dit encore, à peu près dans le même sens : « Vous en exploitez bien. » — « L'exploiter (*le* neutre) envers Espagne », c'est *fuir en Espagne*.

Esprendre (puis *éprendre*. — Composé de *prendre*), verbe : ENFLAMMER ; S'ENFLAMMER. Il ne reste de ce verbe que le participe passé *épris*, qui s'emploie au figuré.

Esprover (puis *éprouver*. — Composé de *prover* = *prouver*), verbe : ÉPROUVER. — « Etre éprouvé de vasselage » c'est *être d'un courage éprouvé*. « Souvent » joint à *éprouvé* dans cette locution ajoute l'idée accessoire que le courage a été souvent éprouvé.

Esquasser (composé de *quasser* = *casser*), verbe : BRISER.

Esragier (formé sur *rage*), verbe. « S'esragier » = S'ENRAGER, ENRAGER.

Essaiiét (part. passé de *essaiier* = *essayer*) : ÉPROUVÉ.

Essemple (lat. *exempla*), s. f. : EXEMPLE. Ce mot a aussi le sens spécial d'*exemples* introduits dans une instruction religieuse.

Essil (lat. *exilium*), s. m. : MALHEUR.

Establer (formé sur *estable* = *étable*) verbe : METTRE A L'ÉCURIE.

Estache (origine germanique), s. f. : POTEAU.

Estage (est au verbe *ester* ce que *éclairage* est au verbe *éclairer*, etc.), s. m. : SÉJOUR. Le sens de ce mot s'est considérablement restreint. — « Prendre son étage », c'est *s'arrêter*, *faire halte*.

Estal (d'origine germanique, ou formé sur *ester*), s. m. qui se rencontre surtout dans la locution « en estal ». — « Remaneir en estal », c'est *rester à son poste*. — « Prendre estal », c'est *s'arrêter*.

Esteit. De *estre*.

Estendre (composé de *tendre*), verbe : ÉTENDRE, TENDRE, SE TENDRE.

Ester (lat. *stare*). Indic. prés. : *il estat, il estont*. Prétérit : *il estut*. — ETRE OU RESTER DEBOUT, S'ARRÊTER, ÊTRE EN REPOS, TENIR FERME. — « Laisser quelqu'un ester », c'est *le laisser en repos*, et quelquefois *l'abandonner*. « Laisser ester » sans régime (avec un régime neutre sous entendu), c'est *rester tranquille, se taire*. — « S'ester » = *s'arrêter* ou *se tenir debout*. — « Remanoir en estant » ou « être en estant », c'est *rester debout*. — « Se dresser en estant » = *se relever* (quand on a été assis ou couché).

Esterminal (origine inconnue), s. m. : nom d'une pierre précieuse.

Estét. De *estre*.

Estoet. De *estoveir*.

Estoltie (lat. * *stultiam*), s. f. : TÉMÉRITÉ.

Estoner (composé de *toner* = *tonner*), verbe : ÉBRANLER (comme par un coup de tonnerre) ; CHANCELER.

Estont. De *ester*.

Estordre (composé de *tordre*. — Lat. *extorquere*, qui a aussi produit la forme savante *extorquer*). Prétér. : *il estorstrent*. Futur : *il estordrat*. — « S'estordre de » ou « estordre de » = *se tirer de*.

Estorgant. Nom d'un Sarrazin. Il figure parmi les douze pairs de Marsile. Il est tué par Othon.

Estorgos. Nom d'un Sarrazin qui est tué par Olivier.

Estorn (puis *estor, estour*. — Origine germanique), s. m. : COMBAT. — « Rendre un estour à quelqu'un », c'est *lui livrer bataille*. On disait de même « rendre bataille ». Voy. *Bataille*. — « Vaincre l'estour », c'est *gagner la bataille*.

Estoveir (d'après l'ingénieuse hypothèse de M. Tobler, le lat. *est opus* (= il est besoin), serait devenu *est oes* (Voy. *Oes*) dont on aurait fait un seul mot : *estoes*. Puis, ce mot ayant le sens d'un verbe à la 3e personne, on l'a terminé par le *t* caractéristique des 3es personnes : *estoet*. Enfin sur cette 3e personne on a créé une conjugaison tout entière par analogie avec les verbes qui ont la diphtongue *oe* au singulier de l'indicatif présent), verbe impers. à radical variable : *estoev*... tonique, *estov*... atone. — FALLOIR, ÊTRE NÉCESSAIRE DE. — « Plus bels n'en estoet » = *il n'en faut pas de plus beaux, il n'en est pas de plus beaux*. — On disait : « il *les* estoet morir » et non « il *lor* estoet morir ».

Estrait (part. passé de *estraire* (lat. *extrahere*) qui est devenu *extraire* sous une influence savante) : SORTI.

Estramarin, nom propre. C'est un des Sarrazins que Marsile charge d'accompagner Blanchandrin près de Charlemagne.

Estramariz (aussi écrit *Astramariz*), nom d'un Sarrazin. Il figure parmi les douze pairs de Marsile. Il est tué à Roncevaux par Béranger.

Estrange (lat. *extraneum*), adj. : ÉTRANGER. Corneille et La Fontaine emploient encore *étrange* dans ce sens. La Fontaine : « Et se font écouter des nations *étranges* » (Fable du *Renard anglais*). — « Homme étrange » = *étranger*.

Estre (lat. **essere*). Part. passé : *estét*. Part. prés. : *estant*. Indic. prés : *jo sui, tu iés, il est, nos somes, vos estes, il sont*. Imparf. : *il ert* ou *éret*, ou *il esteit*. Prétérit : *jo fui, tu fus, il fut, nos fumes, vos fustes, il furent*. Futur : *il iert, nos ermes, il ierent*, ou bien : *jo serai, tu seras, il serat, vos serez*. Condit. : *il sereit*. Subj. prés. : *que jo seie, qu'il seit, qu'il seient*. Imparf. : *qu'il fust*. — ÊTRE. — « Bien soit...! » formule qui équivaut à : *Puisse réussir...!* « Mal soit...! » = *Maudit soit...!* — « Est, n'est » peuvent équivaloir à « il y a, il n'y a pas ». De même aux autres temps. — « Il ne peut être que » = *il est impossible que*.

Estréde (puis *estrée*. — Lat. *strata*, d'où dérive aussi *estrade* par l'intermédiaire de l'italien. *Estrade* a conservé le sens de *route* dans les locutions *battre l'estrade, batteur d'estrade*), s. f. : ROUTE. — « Je suis en l'estrée » peut signifier *je vous montre la route*.

Estreit (lat. *strictum*), adj. : ÉTROIT. — Employé adverbialement : ÉTROITEMENT SERRÉ.

Estreu (origine germanique), s. m. : ÉTRIER, qui est le même mot avec un autre suffixe.

Estroér (composé de *troer* = trouer), verbe : TROUER.

Estut. Voy. *Ester*.

Esvertuder (puis *esvertuer, évertuer*. — Formé sur *vertut*), verbe : ÉVERTUER.

Ethiope (lat. *Æthiopiam*). Nom de pays : ÉTHIOPIE. Comparez la vieille forme *Arabe* au sens d'*Arabie*. L'Ethiopie fait partie des domaines du calife, oncle de Marsile.

Eudropin. Nom de l'un des Sarrazins que Marsile charge d'accompagner Blanchandrin près de Charlemagne.

1. **Eve** (lat. *aqua*. — Nous avons conservé le dérivé *évier*, dont la forme savante est *aquarium*), s. f. : EAU.

2. **Eve** (lat. *equa*), s. f. : CAVALE.

F

Faillir (lat. **fallire*). Indic. prés. : *il falt*. Prétérit : *il faillirent*. Futur : *je faldrai*. Se conjugue avec l'auxiliaire *être*. — MANQUER, FAIRE DÉFAUT ; S'ARRÊTER (en parlant d'un livre, d'une histoire).

Faimes. Voy. *Faire*.

Faire (lat. *facere*). Indic. prés. : *jo faz, tu fais, il fait, nos faimes, vos faites, il font*. Prétérit : *jo fis, tu fesis, il fist, nos fesimes, vos fesistes, il firent*. Impér. : *fai, faimes, faites*. Subj. prés. : *que jo face*. Imparf. : *que jo fesisse*. — Nous employons encore « se faire » avec le sens de *devenir, être*, mais seulement dans quelques expressions consacrées : « il se fait tard, je me fais vieux ». Ce gallicisme était d'un usage plus général dans l'ancienne langue. L'adjectif suivant se mettait au cas sujet. — « Faire que » suivi d'un adj. ou d'un subst. attribut = *agir en* ; *faire en*, comme dit encore Corneille (*le Cid*) : « Ayez soin que tous deux *fassent en* gens de cœur. » L'ancienne langue aurait dit : « *fassent que* gens de cœur ». La Fontaine (Fable *du pot de terre et du pot de fer*) : « Il ferait que sage ». — *Faire* peut s'employer comme verbe suppléant même lorsque le verbe suppléé n'exprime pas une action : « Mielz en valt l'ors que ne *font* cinc cenz livres », c'est-à-dire : que ne *valent*. — « Le (neutre) faire » = *agir, se conduire*, ou bien *en être cause*. Nous employons de la même façon *le* neutre dans la locution « l'emporter ». Voyez aussi *jugier* dans ce glossaire. — « Faire » suivi d'un gérondif, voy. *Recreidre*.

Fais (lat. *fascem*), s. m. : FAIX.

Faldestoel (plus tard *fauteuil*. — Origine germanique), s. m. : SIÈGE ROYAL.

Faldrai. Voy. *Faillir*.

Faldron. Nom d'un Sarrazin tué par Roland à Roncevaux, *Faldron del Pui*. La forme française actuelle serait : *Faudron du Puy*.

1. **Fals** (lat. *falsum*, fr. : *fals, faux*), adj. Cet adjectif a souvent, même appliqué aux choses, le sens de *perfide, méchant*, qu'il n'a conservé qu'appliqué aux personnes.

2. **Fals**. De *falser*.

Falsaron (la forme française actuelle de ce nom serait *Fausseron*), nom du frère de Marsile. Il s'offre pour combattre les douze pairs. Il est tué par Olivier.

Falser (puis *fausser*. Formé sur *fals* = *faux*), verbe. — « Fausser à quelqu'un », c'est *lui donner un démenti*.

Falserie (formé sur *fals* = *faux*), s. f. : MENSONGE, INSTRUMENT DE MENSONGE.

Falt. Voy. *Faillir*.

Faz. Voy. *Faire*.

Fedeil (lat. *fidelem*, dont la forme française savante est *fidèle*), adj. : FIDÈLE.

Feindre (lat. *fingere*). Prétérit : *il feinst*. — « Se feindre mort », c'est *contrefaire le mort*.

Feinst. De *feindre*.

Feit (lat. *fidem*, fr. : *feit, fei, foi*), s. f. : FOI, AMITIÉ FIDÈLE, FIDÉLITÉ. — « Par amour et par foi » locution = *avec amour et confiance*, ou *avec amour et fidélité*.

Feiz (lat. *vicem*, fr. : *feiz, feis, fois*), s. f. : FOIS. — « A ceste feiz » = *cette fois* ou *pour cette fois*.

Fel. Cas sujet de *félon*.

Felon (origine germanique), adj. et s. m. : FÉLON, TRAÎTRE, terme général d'injure et de malédiction. — « Félon soit... ! » ou « Tout soit félon... ! » équivaut à *Maudit soit...!*

Fendre (lat. *findere*), verbe : FENDRE ; SE FENDRE, SE BRISER. On disait : « fendre (se fendre) de douleur, de colère », ce qui n'est pas plus extraordinaire que de dire, comme nous faisons, « fondre en larmes, éclater de rire, cœur brisé de douleur. » — En parlant d'un éclair on disait : « le ciel *fend*. »

Fenir (lat. *finire*, fr. : *fenir* et *finir*), verbe : FINIR, TENIR (conseil). « Finir son conseil » a peut-être le sens de *prendre une décision*.

Ferez. Peut être le futur de *faire* ou l'indicatif présent ou l'impératif de *ferir*.

Ferir (lat. *ferire*), verbe à radical variable : *fier*... tonique, *fer*... atone. Participe passé : *ferut*. Futur : *jo ferrai*. Subj. prés. : *que jo fierge*. — FRAPPER. « Se férir enz », c'est *se jeter dedans* (dans la mêlée). — « Férir à », c'est *frapper sur*. « Férir en » = *frapper à*. — « Etre féru parmi », c'est *avoir le corps transpercé*. — « Férir à coup ». locution pléonastique, même sens que *férir*.

Fermer (lat. *firmare*), verbe : RENDRE FERME, ASSUJETTIR, PLANTER. — « Fermer son heaume », c'est *le lacer sur sa tête*. — « Un gonfanon fermé », c'est *un gonfanon fixé à la lance*. — « Enseigne fermée », même sens.

Ferrai, ferut. Voy. *Ferir*.

Fesimes, fesis, fesisse. Voy. *Faire*.

Fichier (formé sur un dérivé du verbe latin *figere*, verbe dont le participe passé se retrouve comme racine dans *fixer*), verbe : ENFONCER.

Fidance (lat. **fidanciam*, fr. : *fidance, fiance*), s. f. : ASSURANCE, CONFIANCE. — « Donner fiance de quelque chose à quelqu'un », c'est *lui promettre cette chose*. — « Prendre ou avoir fiance de quelqu'un », c'est *recevoir son engagement* ou *sa soumission.*

Fider (lat. *fidare*, fr. : *fider, fier*), verbe : FIER.

Fieble (lat. *flebilem*), adj. : FAIBLE.

Fieblement (formé sur *fieble* = *faible*), adv. : FAIBLEMENT.

1. **Fier**. Voy. *Ferir*.

2. **Fier** (lat. *ferum*), adjectif.

Fiérent, fiergent, fiert. Voy. *Ferir*.

Fieu (origine germanique), s. m. : FIEF.

Fil (lat. *filium*), sm. : FILS.

Filiastre (est à *fils* ce que *marâtre* est à *mère*), s. m. : BEAU-FILS.

Filie (prononcez *fille*. — Lat. *filiam*), s. f. : FILLE.

Fin (lat. *finem*), s. f. : FIN. — « N'est fin que... » signifie *il n'est pas fini que*, c'est-à-dire *ce n'est pas le moment que*.

Finer (formé sur le substantif *fin*, tandis que *fenir*, que l'on trouve aussi dans la Chanson de Roland, dérive directement du verbe latin *finire*), verbe : TERMINER, S'ARRÊTER, FINIR, TENIR (conseil). « Finer son conseil » a peut-être le sens de *prendre une décision*. — « Etre finé par jugement », c'est *être condamné à mort*. — « Etre finé de mort » = *être tué*.

Fit (lat. *fidum*; mot de même famille que *confiance*, etc.), adj. : ASSURÉ.

Flambe (lat. *flamma* qui a produit aussi *flamme*. La forme *flambe* se retrouve dans les dérivés *flamber, flamboyer*, etc.), s. f. : FLAMME. — Sur *feu et flamme*, voy. *Fou*. — « L'orie flambe » = l'*oriflamme* (Voy. *Orie*).

Flambeiier (formé sur *flambe* avec le suffixe *eiier* = lat. *icare*). Indic. prés. 3e pers. plur. : *il flambeient* ou *flambient*. » — FLAMBOYER, BRILLER.

Flambeios (formé sur le verbe *flambeiier*, avec le suffixe *os* = *eux*, dérivé de *osum* latin), adj. : FLAMBOYANT.

Flambient. De *flambeiier*.

Flambor (formé sur *flambe*), s. f. : LUEUR, ÉCLAT.

Flor (lat. *florem*, fr. : *flor, fleur*), s. f. : FLEUR. — « A fleurs » peut signifier *orné de fleurs peintes*.

Florit, part. passé du verbe *florir* (= *fleurir*) : FLEURI, ORNÉ DE FLEURS, BLANC (en parlant de la tête, de la barbe) — « Un bouclier fleuri », c'est *un bouclier à fleurs, orné de fleurs peintes*.

Foedre (puis *foerre, feurre*. — Origine germanique. — *Fourreau* est un dérivé du même mot), s. m. : FOURREAU.

Foildre (lat. *fulgura*, fr. : *foildre, foldre, foudre*), s. f. : FOUDRE. Ce mot, même dans son sens propre, s'employait au pluriel.

Fol (lat. *follem*), adj. : FOU.

Folage (formé sur *fol* comme *servage* sur *serf*), s. m. : FOLIE.

Folc (origine germanique. Ce mot ressemble, par la forme et par le sens, à notre substantif féminin *foule*, qui a une tout autre origine), s. m. : TROUPE, FOULE.

Fols. Cas sujet singulier et régime pluriel de *fol* ou de *folc*.

Forcèle (puis *fourcelle*. — D'un diminutif de *furca* qui a donné *fourche*), s. f. : CLAVICULE.

Forchedure (puis *forcheüre, fourchure*. Dérivé de *forche* = *fourche*), s. f. : ENFOURCHURE.

Forment (de l'adj. *fort* qui, comme on sait, ne prenait pas d'*e* muet au féminin. L'adverbe a été modifié quand l'adjectif a pris cet *e*), adv. : FORTEMENT.

Fors (lat. *foris*, fr. : *fors, hors*), adv. : HORS, DEHORS, EXCEPTÉ.

Forsfaire (composé de *fors* et de *faire*. Voy. *Faire* pour la conjugaison), verbe. — « Se forsfaire », c'est *commettre une trahison, forfaire à l'honneur*. — « Se forsfaire » ou « forsfaire à quelqu'un » (au passé *il s'est forsfait* ou *il est forsfait*), c'est *lui faire du tort*. — « Forsfaire un mal à quelqu'un », c'est *lui faire du mal*.

Forsfesist, forsfis, forsfist. De *forsfaire*.

Fort (lat. *fortem*), adj. : FORT. Ne prend pas d'*e* au féminin. — « Fort à souffrir » = *dur à supporter*. — « A fort » = *avec force*. La préposition *à* forme aujourd'hui encore des locutions adverbiales avec certains adjectifs : *à sec*, *à nu*, etc. « A fort » n'existe plus, mais nous avons « à force » qui a à peu près le même sens.

Fou (lat. *focum*, fr. : *fou, feu*), s. m. : FEU. — On trouve la locution « feu et flamme » qui s'est conservée dans « jeter feu et flamme »; le verbe dont cette locution est sujet se met au singulier.

Fraindre (lat. *frangere*). Participe passé : *frait*. Prétérit : *il frainst*. — BRISER, RENVERSER, SE BRISER. Nous avons perdu le simple *fraindre*, mais nous avons conservé le composé *enfreindre*.

Frainst. De *fraindre*

Fraisnin (dérivé de *fraisne*), adj. : DE FRÊNE.

Frait. De *fraindre*.

Franc. Adj. : FRANÇAIS ; FRANC, LIBRE NOBLE.

France. Ce nom est souvent employé par le poète pour désigner tout l'empire de Charlemagne. Mais souvent aussi il désigne le domaine royal tel qu'il était constitué à la fin du XIe siècle.

Francor (lat. *francorum*), adj. : DES FRANCS, DES FRANÇAIS.

Freit (lat. *frigidum*), adj. : FROID.

Fremir (lat. **fremire* pour *fremere*), verbe : RETENTIR SOUS LES COUPS.

Fremor (puis *fremeur*. Lat. *fremorem*. Même famille que *frémir*), s. f. : MURMURE, BRUIT.

Froissier (lat. **frustiare*, formé sur *frustum*), verbe : BRISER ; SE BRISER.

Fui. De *estre*.

Fuie (pour des raisons phonétiques qu'il serait trop long d'exposer ici, *fuie* ne peut guère venir que d'une forme telle que *fugia* par *u* long, au lieu de *fuga*. Le mot a été ensuite refait en *fuite* d'après les formes de la conjugaison du verbe *fuir* qui ont un *t* final), s. f. : FUITE. — « Tourner quelqu'un en fuite » c'est *le mettre en fuite*.

Fuïr (lat. *fugere*). Part. passé : *fuit*. Part. prés. : *fuiant*. Indic. prés. : *il fuit, nos fuions, il fuient*. Futur : *jo fuirai*. Subj. prés. : *qu'il fuiet*. — FUIR. — Au vers 830 il faut sans doute entendre que Charlemagne, en se cachant sous son manteau, se soustrait à la nécessité de faire bonne contenance. — Nous écrivons « s'en fuir » en deux mots pour la raison qui nous a fait écrire de même *en mener*. Voy. *Mener*.

1. **Fust** (puis *fût*. — Lat. *fustem*), s. m. : BOIS, BOIS DE LANCE, PARTIE EN BOIS DU BOUCLIER, BATON. Ce mot a pris différents sens dont le plus usuel est celui de *tonneau*. — « L'arbre de mal fust, » littéralement « l'arbre de mauvais bois », c'est *la potence*. En lat. : *arbor infelix*.

2. **Fust**. De *estre*.

Fuz. Cas sujet singulier ou régime pluriel de *fust*.

G

Gab (origine germanique), s. m. : PLAISANTERIE. — « Tenir une chose en gab », c'est *y voir une plaisanterie, ne pas la prendre au sérieux*.

Gaber (formé sur *gab*), verbe : S'AMUSER.

Gabriel (origine hébraïque). Roland, sur le point de mourir, se recommande à l'ange Gabriel. C'est l'un des anges qui emportent son âme au paradis. Il est chargé par Dieu de garder Charlemagne pendant la nuit qui suit la défaite des Sarrazins de Marsile, et il lui envoie deux songes. Pendant la bataille contre Baligant, au moment où Charlemagne est blessé par l'émir, saint Gabriel vient le réconforter. A la fin de la Chanson il ordonne à l'empereur de marcher à de nouveaux combats.

Gaillardement. Adverbe : AVEC ARDEUR.

Gaillart (racine celtique), adj. : VIGOUREUX.

Galafre. Nom d'un émir à qui un diable avait donné un écu merveilleux, qu'il transmit à Abisme. Il y a dans la Chanson de *Mainet* un Galafre, roi de Tolède, qui joue un grand rôle.

Galazin, adj. : DE GALAZA.

Galie (origine douteuse. Le mot paraît être de la même famille que *galère*. — Le ms. d'Oxford a *galée* et *galie*), s. f. : GALÈRE.

Galop (origine germanique), s. m. — « Les galops » = AU GALOP.

Garçon (origine incertaine), s. m. : VALET D'ARMÉE.

Geboïn. Nom propre. C'est l'un des barons à qui Charlemagne confie la garde du champ de bataille de Roncevaux avant de se lancer à la poursuite des païens. Il est aussi chargé d'escorter les chars qui contiennent les restes de Roland, d'Olivier et de Turpin. Dans la bataille contre Baligant il commande la seconde échelle, composée de Français. Il est tué par Baligant.

Gemalfin. Arabe à qui Baligant confie le commandement de son armée pendant qu'il va lui-même rendre visite à Marsile. Pendant la bataille, c'est lui qui vient raconter à Baligant que son fils et son frère ont été tués.

Gème (lat. *gemma*), s. f. : GEMME, PIERRE PRÉCIEUSE.

Gemét (formé sur *gème* = lat. *gemma*), part. passé : GEMMÉ, ORNÉ DE PIERRERIES, ORNÉ. — « Gemét ad or » = *orné d'or* ou *orné de pierreries et d'or*. — Aux vers 1452 et 3306, il est question de heaumes « aux pierres d'or gemmées », c'est-à-dire *ornés de pierres précieuses montées sur or.*

1. **Gent** (lat. *gentem*), s. f. : PEUPLE, ARMÉE, GENS. Ce mot est encore employé familièrement avec le sens de *race, espèce.* Dans La Fontaine : « La gent trotte menu ». — *Gent* étant un nom collectif, le verbe dont il est sujet peut se mettre au pluriel.

2. **Gent** (lat. *genitum*, qui veut dire *né*, d'ou le sens de *bien né*), adj. : NOBLE, BEAU, GRACIEUX. C'est un des mots que regrette La Bruyère : « On a dit *gent*, le corps *gent :* ce mot si facile, non seulement est tombé, l'on voit même qu'il a entraîné *gentil* dans sa chute. »

Gentement (formé sur *gent* 2), adv. : NOBLEMENT.

Gentil (lat. *gentilem*), adj. : NOBLE, sens que le mot a conservé dans *gentilhomme.*

Gerart (origine germanique). Nom propre : GÉRARD ou GIRARD. Girard de Roussillon est un des héros les plus célèbres de notre vieille littérature épique. Dans la Chanson de Roland il est présenté comme l'un des douze pairs. Il est tué à Roncevaux par Marsile. Le poète l'appelle Girard le vieux.

Gerier (origine germanique). Un des douze pairs, inséparable de son ami Gerin. Il assiste à l'arrivée de Blanchandrin et au conseil de Charlemagne. A Roncevaux il tue l'amirafle de Balaguer, il attaque, de concert avec Gerin, et tue Timozel. Il est tué par Crandoigne.

Gerin (origine germanique). Un des douze pairs, inséparable de son ami Gerier. Il assiste à l'arrivée de Blanchandrin et au conseil de Charlemagne. A Roncevaux il tue Malprime de Brigal, il attaque, de concert avec Gerier, et tue Timozel. Il est tué par Grandoigne.

Gernon (lat. **granonem*, formé sur *grani.* Voy. Gloss. de Du Cange. — fr. *gernon* ou *grenon*), s. m. : MOUSTACHE.

Gerrai. Voy. *Gesir.*

Gesir (lat. *jacere*). Gérond. : *gisant.* Indic. prés. : *il gist, il gisent.* Prétérit : *il jut, il jurent.* Futur : *jo gerrai.* — COUCHER (intransit.); ÊTRE COUCHÉ; ÊTRE ÉTENDU, ÉTALÉ; REPOSER. — « Se gésir » a le même sens.

Geste (lat. *gesta*, plur. neutre), s. f. : HISTOIRE. C'est ce mot qui entre dans la locution « chanson de geste ». Au vers 3262, dans le ms. d'Oxford, *geste* est au sing. et le verbe au plur. : c'est peut-être une trace de la valeur plur. primitive de ce mot.

Giel (puis *gel.* — Lat. *gelu.* Nous avons conservé le composé *dégel.* Le simple *gel* a été remplacé par le dérivé *gelée*), s. m. : GELÉE.

Gilie (prononcez *Gille*, comme *fille.* — Lat. *Ægidium*), nom propre : GILLE. — Saint Gille appartient à l'époque de Charles Martel. La légende en a fait un contemporain de Charlemagne.

1. **Gironde**. Nom de ville : GIRONE.

2. **Gironde** (lat. *Garundam*, qui a produit en français *Garonne* et *Gironde*). Nom de fleuve : GARONNE.

Glacier (formé sur *glace*), verbe : GLISSER, COULER. Ce verbe ne se trouve pas dans le ms. d'Oxford.

Glatir (origine germanique), verbe : GLAPIR.

Gloton (lat. **gluttonem*), s. m. : GLOUTON, terme d'injure.

Gloz, cas sujet singulier de *gloton.*

Godselme (origine germanique), nom propre : GAUCELME. C'est lui qui commande, avec Jozeran, la septième échelle, composée de Poitevins et d'Auvergnats.

Gonfanonier (dérivé de *gonfanon*, avec le suffixe *ier*), s. m. : GONFALONIER, PORTE-DRAPEAU.

Graciier (formé sur *gratia* = *grâce*), verbe : REMERCIER.

Gradanter (d'un verbe formé sur *gratum*, d'où viennent *gré, agréer*), verbe : AGRÉER, APPROUVER.

Graignor, comparatif de *grant*, employé souvent avec le sens d'un superlatif absolu ou simplement d'un positif renforcé : PLUS GRAND, TRÈS GRAND, GRAND.

Graisle (lat. *gracilem*, fr. : *graisle, gresle, grêle*), adj. : GRÊLE, MINCE, ÉLANCÉ. Pris substantivement, et masculin, cet adjectif a le sens de CLAIRON. Remarquez que le mot *clairon* contient la même idée de « instrument à son grêle, clair ».

Gramimont. Nom du destrier de Valdabron. Il est tué par Roland du même coup que son maître.

Grandoigne. Nom d'un païen, fils du roi de Cappadoce, Capuel. A Roncevaux il tue Gerin, Gerier, Béranger, Gui de Saint-Antoine, Austoire; mais il est tué par Roland.

Grant (lat. *grandem*), adj. : GRAND, FORT; NOMBREUX. Ne prend pas d'*e* au féminin (2e déclinaison des adjectifs).

Gresil (origine probablement germanique), s. m. : GRÊLON.

Grét (puis *gré.* — Lat. *gratum*, auquel se rattachent les mots savants *ingrat, gratitude*), adj. pris substantivement et employé dans la locution « de grét» = VOLONTAIREMENT, A DESSEIN, EXPRÈS.

Grief (en une syllabe. — Lat. *gravem*, dont la forme savante est *grave*), adj. : PÉNIBLE, DUR, TERRIBLE. — Cet adjectif tombe en désuétude, mais il nous reste le subst. *grief* et l'adv. *grièvement*. Il faut remarquer que dans l'ancienne langue et jusqu'à Malherbe, *grief* n'avait qu'une seule syllabe. Malherbe : « Non qu'il ne me soit *grief* que la terre possède Ce qui me fut si cher ».

Griés, cas sujet sing. et rég. plur. de *grief*.

Gros (lat. *grossum*), adj. — « Gros » pris substantivement = le *pavillon* d'un cor.

Grossaille. Nom d'un roi païen que Turpin a tué en Danemark et dont il a pris le destrier. C'est sur l'ancien cheval de Grossaille, longuement décrit vers 1651 et suivants, que Turpin combat à Roncevaux.

Guaignon. Nom du destrier de Marsile.

Guaitier (puis *guetter*. — Origine germanique), verbe : VEILLER (une personne endormie ou un mort).

Guált (origine germanique, allem. : *wald*), s. m. : BOIS.

Gualtier (origine germanique) : GAUTIER. Il y a dans la Chanson de Roland un comte Gautier de l'Hum, qui a vaincu jadis Maelgüt. Il est neveu du vieux Drouon. Vassal de Roland, il se joint à lui pour l'arrière-garde, et il est chargé d'occuper les hauteurs avec mille hommes. Il est attaqué par Almaris, roi de Belferne. Tous ses hommes sont tués, et lui-même, gravement blessé, redescend vers Roland ; il continue à combattre, mais il est bientôt tué à son tour.

Guarant (origine germanique), s. m. « Avoir guarant », c'est *avoir un défenseur, être protégé, sauvé*. — « Etre garant à quelqu'un », c'est *le protéger*. — « Etre garant de quelque chose », c'est *la garantir*. Cette locution est encore française.

Guarantir (formé sur *guarant*), verbe : PROTÉGER OU ÊTRE PROTÉGÉ. — *Guérir* (Voy. *Guarir*) avait aussi les deux sens et les a conservés. — « Garantir son jugement », c'est *soutenir son avis*.

Guarantison (formé sur *guarantir*), s. f. : PROTECTION. — « Avoir garantison de quelque chose », c'est *pouvoir s'en préserver*.

Guarde (subst. verbal de *guarder*), s. f. : ACTION DE PRENDRE GARDE.

Guarder (origine germanique, allem. actuel : *warten*). Conformément aux règles de l'ancienne conjugaison, ce verbe ne prend pas d'*e* muet au sing. du subj. présent, et il a conservé cette particularité jusqu'au XVIIe siècle dans la formule *Dieu vous gard!* La Fontaine : « Dieu nous gard de plus grand fortune ! » — GARDER, et aussi REGARDER. — On trouve « se garder » dans le sens de *se préserver*, suivi de la conjonction *que*. — « Garder que » ou « garder » avec ellipse de *que* = *prendre garde que, faire en sorte que*.

Guaresis. De *guarir*.

Guarèt (lat. *vervactum*), s. m. : GUÉRET.

Guarir (origine germanique, fr. : *guarir, guérir*). Prétérit : *tu guaresis, il guarit*. — Ce verbe n'a pas dans l'ancienne langue le sens restreint qu'il a aujourd'hui. Il signifie PRÉSERVER, SAUVER, SE SAUVER. — « Etre guéri pour quelqu'un », c'est *être sauvé à cause de quelqu'un, grâce à quelqu'un, par quelqu'un*. — « Etre guéri de pamoison », c'est *revenir à soi après un évanouissement*.

Guarison (puis *guérison*. Dérivé de *guarir* = *guérir*), s. f. : PROTECTION, SALUT. — « Avoir guérison par... », c'est *être sauvé par*. — « Venir à guérison », c'est *se sauver*.

Guarlan. Nom de l'un des Sarrazins que Marsile charge d'accompagner Blanchandrin près de Charlemagne. Il est appelé « Garlan le barbu ».

Guarnement (subst. formé sur le verbe *guarnir*), s. m. : ÉQUIPEMENT, ARMURE, PROTECTION (de là, plus tard, le sens de protecteur, défenseur, et celui de *mauvais défenseur, mauvais sujet*).

Guarnir (origine germanique), verbe : GARNIR, FOURNIR.

Guart. De *guarder*.

Guascoigne. Nom de pays : GASCOGNE. Voy. *Acelin* et *Engelier*.

Guaste (lat. *vastam*. Même famille que *gâter* et *dévaster*), adj. fém. : INCULTE, VIDE, PRIVÉE.

Guaster (lat. *vastare*, dont le composé lat. *devastare* a produit *dévaster* en formation savante), verbe : DÉVASTER. Le sens de ce verbe s'est considérablement affaibli.

Guedredon (puis *guerredon*. — Origine germanique), s. f. : RÉCOMPENSE.

Guenelon. Nom du beau-père de Roland. C'est sa trahison qui amène le désastre de Roncevaux. Il a le titre de comte. On rencontre dans l'histoire un Ganelon (*Wenilo* en latin), archevêque de Sens, qui trahit son bienfaiteur Charles le Chauve.

Guènes, cas sujet de *Guenelon*.

Guerpir (origine germanique. Il nous reste le composé *déguerpir*), verbe : ABANDONNER, SE DESSAISIR.

Guerreiier (formé sur *guerre*), verbe : GUERROYER. On ne dit plus *guerroyer quelqu'un*. Encore dans Voltaire : « Je veux guerroyer le roi mon seigneur ».

Guider (origine germanique), verbe : GUIDER, CONDUIRE.

Guidon (origine germanique). Nom qui est devenu *Guyon*, mais qui existe aussi sous la forme de l'ancien cas sujet : *Gui*. Il y a, dans la Chanson de Roland, un Gui de Saint-Antoine, qui est tué à Roncevaux par Grandoigne.

Guige (origine incertaine), s. f. : étoffe qui servait d'ornement ou d'attache au bouclier.

Guineman. Nom propre. Voy. *Rabel*. Guineman tue le roi des Wilzes, Dapamort.

Guinemer (origine germanique). Nom de l'oncle de Ganelon, qui lui tient l'étrier au moment de son départ pour Saragosse.

Guise (origine germanique), s. f. — « En guise de » = *à la manière de ; comme* (*pour tenir lieu de*). — « Par nule guise » = *d'aucune façon*.

Guitsant. Nom de lieu : WISSANT.

Guivre (lat. *vipera*, dont la forme savante est *vipère*), s. f. : SERPENT. Le mot est encore employé par Victor Hugo.

H

Hadir (origine germanique), verbe : HAÏR.

Hador (puis *haor*, *haeur*. — Formé sur *hadir* = *haïr*), s. f. : HAINE.

Haingre (origine germanique. — Notre adj. *malingre* paraît être un composé de *haingre*), adj. : MAIGRE.

Halberc (origine germanique), s. m. : HAUBERT, *cotte de mailles*. — L'*h* de *halberc* n'empêchait pas l'élision de la voyelle de l'article.

Halçor (comparatif de *halt* = *haut*) : PLUS HAUT, TRÈS HAUT. Pour les différentes valeurs des comparatifs, voy. *Graignor*.

Halt (lat. *altum*), adj. : HAUT, GRAND.

Haltaing (plus tard *haltain*, *hautain* ; dérivé de *halt*), adj. : ÉLEVÉ. Ce mot ne s'emploie plus qu'au figuré. On le trouve encore avec son sens propre au XVIe siècle dans Louise Labé : « Des dieux hauteins tous puissans. » Le féminin est *haltaigne*.

Halteclére, s. f. : HAUTECLAIRE, nom de l'épée d'Olivier, qui, d'après la Chanson de *Girard de Vienne*, avait appartenu à l'empereur Closamont. Dans son imitation de *Girard de Vienne* (Le Mariage de Roland) Victor Hugo a commis une singulière méprise : il a fait de Closamont un autre nom de Hauteclaire : « L'épée est cette illustre et fière Closamont... ».

Haltement, adv. : HAUTEMENT ; A HAUTE VOIX.

Haltisme (superl. de *halt* = *haut*. Voy. *Saintisme*), adj. : TRÈS HAUT.

Haltodide (puis *Haltoïe*). Nom de lieu. C'est sous Haltoïe que Marsile fit exécuter Basan et Basile, les deux envoyés de Charlemagne. Voy. pages 5 et 6.

Hamon (origine germanique) nom propre. Dans la bataille contre Baligant, Hamon commande, avec Rambaud, la huitième échelle, composée de Flamands et de Frisons. Il est appelé Hamon de Galice.

Hanste (origine douteuse), s. f. : BOIS DE LANCE ou *de javelot*. — « Pleine sa hanste » est une locution qu'on peut traduire par « à pleine lance », c'est-à-dire *toute la lance étant entrée dans le corps*.

Hardement (de la famille de *hardi*, origine germanique), s. m. : HARDIESSE, BRAVOURE.

Hasteiier (est à *hâter* ce que *flamboyer* est à *flamber*), verbe : SE HATER.

Haster (origine germanique), verbe : HATER, SE HATER.

Hastif (formé sur *haste* = *hâte*. — Origine germanique), adj. : HATIF, PRESSÉ, ACTIF. — « Etre hâtif de sa parole », c'est *se presser de parler*.

Hastis, cas sujet sing. ou rég. plur. de *hastif*.

Heir (lat. **herem*), s. m. : HOIR, HÉRITIER.

Helme (origine germanique), s. m. : HEAUME, *coiffure de guerre*. — « Chevalier à heaume », *à heaume* est une épithète de nature. — L'*h* de *helme* n'empêchait pas l'élision de la voyelle de l'article.

Helt (origine germanique), s. m. : GARDE DE L'ÉPÉE. — « Entre les helz » signifie sans doute, comme le croit L. Gautier, *entre la garde et le pommeau*.

Henri (origine germanique). Nom du neveu de Richard le Vieux (Voy. *Ri-*

chart). Il assiste au conseil tenu par Charlemagne.

Herberge (origine germanique), s. f. : CAMPEMENT. — « Prendre sa herberge » = *choisir son campement*.

Herbergier (formé sur *herberge*), verbe. « Herberger » ou « se herberger » = CAMPER. — L'infinitif peut être pris substantivement.

Herbut (puis *herbu*. Formé sur *herbé* comme *touffu* sur *touffe*), adj. : GARNI D'HERBE.

Herite (l. *hereticum*), adj. : HÉRÉTIQUE.

Herman (origine germanique). Nom propre. Dans la bataille contre Baligant, Herman, duc de Thrace, commande la quatrième échelle, composée d'Allemands.

Hoese (origine germanique), s. f. : BOTTE. Ce mot s'est conservé dans le nom de *Robert Courte-Heuse*. Le dérivé *houseau* est encore employé par La Fontaine : « Mais le pauvret, ce coup, y laissa ses *houseaux* » (Fable du *Renard anglais*).

Hom, cas sujet de *home*. S'emploie avec la valeur de notre pronom indéfini *on*, qui en dérive d'ailleurs. — « Hom ne » équivaut à *on ne* ou à *personne ne*.

Home (lat. *hominem*), s. m. : HOMME. — On trouve souvent ce mot accompagné d'épithètes de nature comme *vivant*, *mortel*, *de chair*, *charnel*, etc., dans les locutions telles que : « Il ne reconnaitrait aucun homme *mortel*. »

Hongre (lat. *Hungari*, mot d'origine slave) nom de peuple : LES HONGROIS. On trouve encore *Hongre* dans Corneille avec le sens de « Hongrois ». Ce mot est arrivé à désigner une certaine espèce de chevaux qu'on tirait surtout de la Hongrie. Le nom de peuple actuel est formé sur l'ancien par l'adjonction du suffixe *ois*.

Honir (origine germanique), verbe : HONNIR, DÉSHONORER.

Honor (lat. *honorem*), s. f. : HONNEUR, ÉLOGE. Ce mot peut avoir aussi le sens de *fief*. — « Avoir l'honneur du champ » c'est *avoir l'honneur du champ de bataille*, *remporter la victoire*. — Il ne faut pas oublier que *honneur*, comme tous les substantifs en *eur*, était féminin. Ils ont été faits masculins au XVIe siècle sous l'influence du latin, et ce genre est resté à *honneur*, tandis que les autres ont repris leur genre primitif.

Hontage (formé sur *honte*), s. m. : DÉSHONNEUR.

Hore (lat. *horam*), s. f. : HEURE. — « D'heures en *ou* à autres » est une locution qui équivaut aux locutions actuelles : « de temps en temps », « de temps à autre », et qui a le même sens, car il ne faut pas croire que l'intervalle ainsi marqué soit d'une heure. — « A tel heure » = *à ce moment*.

Hostel (lat. *hospitalem*), s. m. : HOTEL, avec le sens général d'*habitation*.

Hosteler (formé sur *hostel* = *hôtel*) verbe : INSTALLER.

Hu (est formé sur *huer*, à moins que ce ne soit l'inverse, auquel cas *hu* serait une onomatopée), s. m. : HUÉE.

Hui (lat. *hodie*), adv. : AUJOURD'HUI. — « Hui ce jour », voy. *Jorn*. — « Hui matin » = *ce matin*.

Huidme (lat. **octimum*, par imitation de *septimum* et de *decimum*), adj. : HUITIÈME.

Humle (lat. *humilem*, fr. : *humle*, *humble*), adj. et adv. : HUMBLE ; HUMBLEMENT ; AVEC AFFECTION.

I

I (lat. *ibi*), adv. : Y. Cet adverbe entre dans le gallicisme « il y a », que l'on trouve dans la Chanson de Roland avec ellipse du pronom neutre sujet : « i at », au prétérit « i out ». Cette locution est toujours suivie du cas régime. Au vers 26, « prod'home i out » paraît signifier *il y avait* (*en lui*) *un homme sage*. Au lieu de « il y a », l'ancienne langue disait aussi « y est » : « Un païen y est » = *il y a un païen*. On trouve aussi « ço i at » dans le sens de *il y a*. « N'i a celui », voyez *Celui*. — *I* est souvent explétif. Il l'est encore dans « il y a ». — Cet adverbe est souvent placé autrement que de nos jours : « Vint i ses niés » = *son neveu y vint*. — *I* peut être employé au lieu de *lui* ; le langage populaire a conservé cet emploi.

Icel (ou *cel*, lat. *eccillum*), adj. ou pron. démonst. : CE (masc.) OU CET, CELUI, CELUI-CI OU CELUI-LA. Une autre forme du même pronom était *icelui*, *celui*. Le cas sujet sing. ou plur. est *icil* ou *cil*, le cas régime plur. : *icels*, ou *cels* devenu *ceux*. Le fém. sing. est *icéle* (puis *icelle*) ou *céle* (puis *celle*), et le fém. plur. : *icéles* (puis *icelles*) ou *céles* (puis *celles*). Quand ce pron. démonst. a le sens de « *celui, celle, ceux, celles* », il peut être séparé du pr. rel. dont il est l'antécédent : « *Cil* sont montét *qui* le message firent ». — Souvent *cel*, comme adj., a une valeur démonstrative très affaiblie, et équivaut à l'article.

Icéle (ou *céle*), fém. de *icel :* CETTE, CELLE, CELLE-CI ou CELLE-LA. Voy. *Icel.*

Icéles (ou *céles*), fém. plur. de *icel :* CES (fém.), CELLES, CELLES-CI ou CELLES-LA. Voy. *Icel.*

Icels (ou *cels*), cas régime plur. de *icel :* CES (masc.), CEUX, CEUX-CI ou CEUX-LA. Voy. *Icel.*

Icest (ou *cest*, lat. *eccistum*), adj. ou pron. démonst. : CE (masc.), CET, CELUI, CELUI-CI ou CELUI-LA. — Le cas sujet sing. ou plur. est *icist* ou *cist*, le cas régime plur. est *icez* ou *cez*. Le fém. sing. est *iceste* ou *ceste*, et le fém. plur. (identique au cas régime du masc. plur.) : *icez* ou *cez*. — Souvent « cest », comme adj., a une valeur démonstrative très affaiblie, et équivaut à l'article.

Iceste (ou *ceste*), fém. de *icest :* CETTE, CELLE, CELLE-CI ou CELLE-LA. Voy. *Icest.*

Icez (ou *cez*), cas régime plur. masc., ou cas unique plur. fém. de *icest :* CES, CEUX, CELLES, CEUX-CI ou CEUX-LA, CELLES-CI ou CELLES-LA. Voy. *Icest.*

Ici (ou *ci*. Lat. *ecce-hic*), adv. : ICI ; MAINTENANT. — « De ci que a » = *de maintenant jusqu'à* (comme on dit encore : « *d'ici à* deux jours »). — « D'ici que » = JUSQUE.

Icil (ou *cil*), cas sujet sing. ou plur. de *icel :* CE (masc.) ou CET, CES (masc.), CELUI, CEUX, CELUI-CI ou CELUI-LA, CEUX-CI ou CEUX-LA. Voy. *Icel.*

Icist (ou *cist*), cas sujet sing. ou pl. de *icest :* CE (masc.) ou CET, CES (masc.), CELUI, CEUX, CELUI-CI ou CELUI-LA, CEUX-CI ou CEUX-LA. Voy. *Icest.*

Iço (ou *ço*. — Lat. *ecce hoc*), pron. démonst. neutre : CE, CELA. — *Ço... que* équivaut souvent à *que* : « Ço vos mandet que... » = *il vous mande que...* « Ço vos lodet que... » = *il vous conseille que.* — « Ço » se joint comme régime aux verbes *dire*, *croire*, etc., employés en incise : « ço dit, ço creit ». Aujourd'hui nous exprimons toujours le pronom sujet, mais nous ne mettons pas de régime : « dit-il, je crois » — « D'iço » peut signifier *en cela.* — On emploie quelquefois « ço » là où nous mettrions le pronom neutre *le :* « Ço vos sai-jo bien dire » = *je saurai bien vous le dire.* — « Ço est » suivi du nom de la personne qui parle = *je suis..., c'est moi.*

Idle (lat. *idola*, dont la forme savante est *idole*), s. f. : IDOLE.

Idonc (formé sur *donc*, comme *itel* sur *tel*, *itant* sur *tant*. Voy. *Itel* et *itant*), adv., même sens que *donc* : ALORS.

Iérent. De *estre :* SERONT.

Iert. De *estre :* SERA.

Iés. De *estre :* ES.

Il (lat. *illic* et *illi*, qui ont aussi produit l'article *li*), pr. pers. sing. et plur. : IL, ILS. — Remarquez l'emploi de *il* au vers 260 : « Ne vos ne *il* n'i porterez les piez. » Nous mettrions *ni vous ni lui*, mais l'emploi de *il* est plus logique, puisque *lui* est un cas régime et qu'ici le pronom est sujet.

Iloec (de *illo loco* ?), adv. : LA.

Imagene (prononcez *imajne* en trois syllabes. — Lat. *imaginem*, fr. : *imajne*, *image*), s. f. : IMAGE, STATUE.

Innocent (mot savant. — Lat. *innocentem*), adj. et s. m. : SAINT.

Irance (dérivé de *ire*, comme *iror*, avec un autre suffixe), s. f. : FUREUR. — « Démener irance », voy. *Demener.*

Irascut, part. passé du vieux verbe *iraistre* (du lat. **irascere*) : IRRITÉ.

Ire (lat. *ira*), s. f. : IRE, COLÈRE, RESSENTIMENT, GRANDE DOULEUR. Ce mot a été employé par Malherbe, Corneille, La Fontaine, Regnard, et, de nos jours, par Lamartine : « L'*ire* du Seigneur, rude mais salutaire. » — « Porter ire à quelqu'un », c'est *avoir du ressentiment contre lui.* On dit encore, en donnant à *porter* une valeur semblable, « porter intérêt ».

Iriédement, adv. formé sur l'adj. *iriét :* AVEC FUREUR.

Iriét (formé sur *ire*), adj. : COURROUCÉ, FURIEUX.

Iror, dérivé de *ire* (Voy. ce mot), qui a le même sens. — « Faire grand ireur à quelqu'un » c'est *lui causer un grand courroux.*

Isnel (origine germanique), adj. : RAPIDE, LÉGER. Ce mot est tombé en désuétude au commencement du XVIIe siècle. Malherbe le blâme chez Desportes.

Isnelement (formé sur l'adj. *isnel*), adv. : RAPIDEMENT.

Issent. Voy. *Eissir.*

Issi (composé du lat. *sic* (Voy. *Si*) et d'un autre mot qui est peut-être *æque*), adv. : AINSI. — « Issi com » = *comme.* « Issi seit com vos plaist » = littéralement *qu'il en soit comme il vous plaît*, c'est-à-dire *comme il vous plaira, comme vous voudrez.*

Ist. Voy. *Eissir.*

Itant (formé sur *tant* par imitation de *icel* à côté de *cel*, etc. Voyez *Itel* et *idonc*), adv. : TELLEMENT, et aussi A CET ENDROIT MÊME OU EN CE MOMENT MÊME.

Itel (formé sur *tel* par imitation de *icel* à côté de *cel*, de *icest* à côté de *cest*. *Icel* et *icest* sont les formes primitives, *cel* et *cest* des formes abrégées. A l'inverse *tel* est la forme primitive, et *itel* une forme allongée factice. Voy. *idonc* et *itant*), adj. Même sens que TEL.

Ives, cas sujet de *Ivon*.

Ivon. Voy. *Ivorie*.

Ivorie (prononcez *Ivore*, en mouillant l'*r*). Nom de l'un des douze pairs, inséparable de Ivon, dont il est le frère d'après une autre chanson de geste. Ils sont tués tous les deux par Marsile à Roncevaux.

J

Ja (lat. *jam*), adv. : ALORS, DÉJA, DÉSORMAIS, JAMAIS. Ce mot est souvent explétif.

Jaconce (lat. *hyacinthum*), s. f. : JACINTHE, pierre précieuse rouge.

Jameil (lat. **gamelum*), s. m. : GROSSE CORDE.

Jangleu. Nom propre. C'est à Jangleu d'Outre-mer que Baligant demande conseil au moment où la bataille est presque perdue.

Jazerenc (origine incertaine), adj. : A MAILLES.

Jerusalem. D'après la Chanson de Roland, Jérusalem a été prise par le païen Valdabron (Voy. ce mot), et le patriarche tué. Le fait historique qui sert de fondement à cette légende est probablement la destruction de la grande église de Jérusalem en 1012 : le patriarche eut les yeux crevés.

Jesu. — « Al Jesu » signifie *au (nom de) Jésus*.

Jeter, verbe à radical variable : *jiét...* tonique, *jet...* atone. — « Jeter quelqu'un de mort » ou « de chalenge », c'est *le sauver de la mort* ou *du procès qui lui est intenté*. — « Jeter son épée du fourreau », c'est *la tirer*. — « Jeter un cheval mort sous son cavalier », c'est *le tuer sous lui*. — « Se jeter à quelqu'un », c'est *se jeter sur lui*.

Jiétent, Jiétet. Voy. *Jeter*.

Jiou (lat. *jocum*, fr. : *jiou, jieu, jeu*), s.m. : JEU.

Jo (lat. *ego;* fr. : *jo, je*), pron. pers. : JE. Remarquez l'emploi de *jo* au vers 800 : « Et jo od vos » = *et je avec vous*. Nous dirions : « Et moi », mais l'emploi de *je* est plus logique, puisqu'ici le pronom est sujet.

Jode (puis *joe, joue*. — Latin *gabata* qui signifie *écuelle*. La joue a été comparée à une écuelle. Le même mot latin a produit aussi le français *jatte*, qui a conservé le sens latin), s. f. : JOUE.

Joënt de *joér*.

Joér (latin *jocare*) : JOUER.

Jofreit (origine germanique). Nom propre : GEOFFROI. Geoffroi d'Anjou est le gonfalonier de Charlemagne : c'est lui qui porte la bannière impériale, sur laquelle voyez page 111. Il aide à relever l'empereur quand celui-ci se pâme de douleur sur le champ de bataille de Roncevaux, puis il propose d'enterrer les cadavres. Il se bat vaillamment contre l'armée de Baligant. Il assiste au combat judiciaire entre son frère Thierry et le champion de Ganelon. — On identifie ce personnage avec Geoffroy d'Anjou, dit Grise-Gonelle, qui mourut en 987, mais que la légende transforma bientôt en un contemporain de Charlemagne.

Joïmer. Nom de l'un des Sarrazins que Marsile charge d'accompagner Blanchandrin près de Charlemagne.

Joindre (lat. *jungere*), verbe. — « Joindre à » = *se joindre à, combattre contre*.

Joiose (lat. **gaudiosam*) : JOYEUSE, nom de l'épée de Charlemagne. Voyez page 93.

Jol. Pour *jo le*.

Jorfaleu (écrit aussi *Jorfalet* dans le ms.). Nom du fils de Marsile. Il s'irrite contre le message insolent de Ganelon, et demande sa tête. Puis il assiste aux pourparlers de la trahison. A Roncevaux il est tué par Roland.

Jorn (lat. *diurnum*, fr. : *jorn, jor, jour*. La forme savante du même mot est l'adjectif *diurne*. Le latin *diurnum* est formé sur *dies*, qui veut dire *jour*, et d'où dérive le *di* français que l'on retrouve dans *midi* et dans les noms des jours de la semaine. L'*i* final de *midi*, et le *j* de *jour* sont donc de même origine), s. m. : JOUR. — « Le jorn » = *ce jour-*

là. — Dans la locution encore usitée « le jour que... », *que* peut être séparé de *jour* par un membre de phrase. — « Ce jour » = *aujourd'hui.* « Hui ce jour » (vers 2107), qui est une locution pléonastique (comme *aujourd'hui* d'ailleurs), a le même sens.

Jorz, cas sujet sing. ou rég. plur. de *jorn.*

Jos, pour *jo les.*

Josque (lat. *de usque*), prépos. et conjonction : JUSQUE, JUSQU'A CE QUE. — « Josqu'a » = *jusqu'à* ou *d'ici à.* Comparez *desque.*

Joste (lat. *juxta*, fr. : *joste*, *jouste*), prépos. : PRÈS DE. C'est sur cette préposition qu'ont été formés les verbes *jouter*, *ajouter.* Voyez *Joster* et *Ajoster* dans ce glossaire.

Joster (formé sur *joste.* Voyez ce mot et *ajoster*), verbe : PLACER AUPRÈS, DISPOSER, METTRE AUX PRISES. — « Se joster à » ou « joster à » = *se réunir à quelqu'un pour combattre*, *se mesurer avec quelqu'un*, ou simplement *se joindre à lui.* — « Se jouter » en parlant de deux ou plusieurs personnes, c'est *se joindre*, *combattre l'un contre l'autre*, ou simplement *se réunir.* Dans les temps composés, le pronom réfléchi peut être supprimé. Voyez *Lever.* — « Jouter à la terre » c'est *tomber à terre* (avec l'idée accessoire de *s'étendre*) — « Jouter une bataille » c'est *disposer*, et par extension *engager*, *livrer une bataille.*

Jovente (lat. *juventam*), s. f. : JEUNESSE, par extension JEUNE HOMME. — « Perdre sa jovente », c'est *mourir à la fleur de l'âge.*

Jozeran (écrit aussi *Joceran.* Origine germanique. Ce nom s'est conservé sous sous les formes *Josserand* et *Jusserand*). Nom propre. Le comte Jozeran de Provence, de concert avec le duc Naimes, organise les échelles de l'armée impériale au moment de la bataille contre Baligant. Il commande, avec Gaucelme, la septième échelle composée de Poitevins et d'Auvergnats.

Judise (puis *juïse.* Latin *judicium*), s.m. : JUGEMENT. — « Le vrai juise », c'est *la vraie religion.*

Jugedor (puis *jugeor*, *jugeur.* — Latin *judicatorem*, formé sur *judicare* qui a donné *juger*), s.m. : JUGE.

Jugement (se rattache à *juger*, anciennement *jugier*, comme *ornement* à *orner*), sm. : JUGEMENT; AVIS. — « Faire jugement » c'est *donner son avis* (comme juge). — « Par jugement de... » = *d'après l'avis de.* — Pour les sens de ce mot au XIe siècle, voy. ceux de *jugier.*

Jugier (lat. *judicare*). Ind. prés. : *jo juz.* Prétérit : *il jujat.* — JUGER, DÉSIGNER, CONDAMNER, ÊTRE D'AVIS QUE. — « Le (neutre) juger sur quelqu'un » ou « juger quelque chose sur quelqu'un » = *désigner quelqu'un pour cette chose*, *pour une charge*, *un office.* — « Juger que » (= être d'avis que, décider que) gouverne le subjonctif. — « Juger quelqu'un à », c'est *désigner quelqu'un pour.* — « Juger quelqu'un à bataille » c'est *décider qu'il se battra.* — « Juger à mourir » c'est *condamner à mourir.* — « Juger une bataille » c'est *en décider le sort.*

Jujat (aujourd'hui écrit *jugea*). De *jugier.*

Juliane. Nom propre : JULIENNE. C'est le nom que prend la reine Bramimonde en recevant le baptême.

Jurent, peut appartenir au verbe *jurer* ou au verbe *gesir.*

Jurer (latin *jurare*), verbe. — « Jurer à... » = *jurer de...*

Jurrai, futur de *jurer.*

Jus (latin **deusum* pour *deorsum*). adv. : EN BAS, A TERRE. — « Jus à la terre », même sens. — « Mettre à des chevaux les freins jus des têtes », c'est *les débarrasser des freins.* A propos du pluriel de *tête* dans cette locution, voy. *chief* et *cheval.*

Justin. Nom d'un Sarrazin tué par Olivier. Il est appelé *Justin de Valferrée.*

Justise (lat. *justitiam*), s. f. — « Faire la justise de... » = *faire justice de...* — On disait aussi absolument « faire justice » ou « faire sa justice ».

Jut, de *gesir.*

Juz, de *jugier.*

L

L', pour *li* (= *le* ou *lui*), ou pour *le.*

1. **La** (lat. *illa*), article féminin. — Peut être suivi d'un régime avec ellipse du substantif : « la Charle » = *la de Charles*, *celle de Charles.*

2. **La** (lat. *illac*), adv. : LA. Cet ad-

verbe peut être placé autrement que de nos jours : « Hom qui la vait » c'est à dire *homme qui va là.* — « Que jo de la repaidre » c'est-à-dire *que je revienne de là.*

Laidement. Lorsqu'il est dit que Marsile se couche laidement sur l'herbe (vers 2573), « laidement » est un adverbe de nature qui est appliquée à l'action de Marsile parce que celui-ci est un mécréant. C'est comme si l'auteur disait : « Le mécréant Marsile se couche sur l'herbe. »

Lairrai. Voy. *laissier.* Cette forme de futur et de conditionnel se trouve encore dans Descartes : « Quelques matières qui ne *lairraient* pas de faire voir assez clairement... »

Lais. De *laissier.*

Laissier (latin *laxare*). Ind. prés. : *jo lais, tu laisses,* etc. Futur : *jo laisserai* ou *jo lairrai.* — LAISSER. — « Ne laisser que ne » = *ne pas laisser de..., ne pas consentir à ne pas...* — « Laisser son temps », c'est *perdre la vie.* — « Ne rien laisser à quelqu'un », c'est *ne pas faire moins bien que lui.* — « Laisser la bataille », c'est *lâcher pied.*

Laiz, cas sujet sing. ou rég. plur. de *lait* = *laid.*

Lancier (formé sur le mot latin d'où vient *lance*), verbe : LANCER. — On disait : « lancer à lui » au lieu de *lui lancer,* comme on a dit pendant longtemps « parler à lui » au lieu de *lui parler.* De plus, « lancer » pouvait s'employer comme verbe intransitif, sans régime direct, avec le sens de *jeter des projectiles.*

Large (lat. *largum;* en français la forme masculine primitive est *larc.* Mais on trouve déjà *large* au masculin dans la Chanson de Roland), adj. : LARGE, VASTE.

Lariz (origine germanique), s. m. indéclinable : LANDE, TERTRE.

Las (lat. *lassum*), adj. : LAS, MALHEUREUX. — « Las ! », ou au féminin « Lasse ! », équivaut à notre interjection « hélas ! » qui en dérive.

Lasser (lat. *lassare*), verbe. — « Lasser » intransitif = *se lasser.*

Laver (lat. *lavare*), verbe. — Ce verbe ne s'emploie plus avec un régime précédé de *de,* que lorsqu'il est pris au figuré : « Laver quelqu'un *d'*une accusation. » Dans la Chanson de Roland on trouve : « laver les prés *du* sang. »

Laz (aujourd'hui écrit *lacs.* — Lat. *laqueum*), s. m. : LACS, LACETS.

Le, art. ou pron. pers. — Sur l'emploi de *le* neutre, voy. *Faire* et *Jugier*

Léde, fém. de *lét.*

Legerie (formé sur *legier*), s. f. : LÉGÈRETÉ. — « De légerie » = *légèrement, témérairement.* — « Faire un peu de légerie » = *faire quelque folie.* — « Faire un peu de légerie à quelqu'un » = *se conduire vis-à-vis de quelqu'un avec un peu de légèreté.*

Lei (lat. *legem,* fr. : *lei, loi*), s. f. : LOI, RELIGION. Ce mot est encore pris aujourd'hui dans le sens de *religion* lorsqu'on dit « les prophètes de l'ancienne *loi* ». — « La lei de chrestiiens » ou « la chrestiiéne lei », c'est *la religion chrétienne, la foi chrétienne.* « Recevoir la loi chrétienne », c'est *se convertir au christianisme.* — « La loi que vous tenez », c'est *la religion que vous pratiquez, que vous observez.* — « La lei de salvetét », c'est *la religion du salut, la religion qui sauve.* — « A loi de » ou « à la loi de » = *comme, à la manière de, suivant l'usage de.* — « De sa loi » = *dans sa religion* (comme on dit *de sa façon*).

Leiier (lat. *ligare*). Indic. présent, 3e pers. plur. : *il leient* ou *il lient.* — LIER.

Leon (lat. *leonem*), s. m. : LION.

Lét (puis *lé.* — Lat. *latum*), adj. : LARGE. — Cet adjectif existe encore avec une valeur substantive : « le *lé* d'une étoffe ».

Leupart (lat. *leopardum*), s. m. : LÉOPARD.

Leus. Nom de peuple : probablement LES LECHS.

Leutiz, adj. : WILZE. Voy. *Dapamort.*

Lever (lat. *levare*), verbe à radical variable : *liév...* tonique, *lev...* atone. — Comme tous les verbes pronominaux à l'origine, « se lever », dans les temps composés, peut être purement passif (sans pronom réfléchi) : « Turpins est levez » = « Turpin *s*'est levé ». — « Lever » peut avoir le sens de *tenir sur les fonds baptismaux, être parrain de,* et par extension *être parrain de... pour la chevalerie.* — « S'en lever de » veut dire proprement *se lever en s'éloignant de,* et renferme à la fois l'idée de *se lever* et celle de *quitter,* cette dernière contenue dans *en.* — « Lever » se dit en parlant de cadavres que l'on emporte pour les inhumer. Nous disons dans le même sens « faire la levée du corps ».

Lez (lat. *latus,* mot qui signifie *côté* et auquel se rattache l'adjectif *latéral,* de formation savante), prép. : LE LONG DE, À CÔTÉ DE. Cette préposition n'est restée en usage que dans les noms de lieux : « Plessis-les-Tours, Monplaisir-les-Lyon, etc.

1. **Li** (lat. *illic* et *illi*), cas sujet sing. ou plur. de l'art. défini masc. : LE, LES. Ex. : « li reis » = *le roi;* « li rei » = *les rois*.

2. **Li** (lat. *illi*), pron. pers. : LUI (dans le sens de *à lui*). L'*i* de *li* peut s'élider : « l'en enverrez » = *vous lui en enverrez*. — *Li* peut être placé après le verbe : « conquerrat li » = *il lui conquerra*. — Après les prépositions on a *lui* (et non *li*) pour le masculin, *li* (deux fois, vers 2578 et 3637) pour le féminin.

Liét (en une syllabe. — Lat. *lætum*), adj. : JOYEUX. Le féminin a été *liéde*, puis *liée*, enfin *lie*, qui s'est conservé dans la locution « faire chère lie ». Le sens primitif de cette locution est *faire joyeux visage*. Notre substantif « liesse » ne dérive pas de « liét », mais est de la même famille.

Lieuéde (puis *lieuée*. Dérivé de *lieue*, comme *pâtée* de *pâte*), s. f. : LIEUE.

Liévent, Liévet. Voy. *Lever*.

Lign (forme masculine de *ligne*), s. m. : LIGNAGE, RACE.

Liou (lat. *locum*, fr. *liou*, *lieu*), s. m. : LIEU, PLACE. — « Etre en lieu de » ou « ès lieux de », c'est *remplacer*.

Listét (part. passé d'un verbe formé sur *liste*, mot d'origine germanique dont le sens primitif est *bordure*. Le sens primitif s'est conservé dans *lisière*, qui paraît être pour *listière*) : BORDÉ. — Peut-être faut-il voir dans ce mot, au vers 3150, un substantif dérivé de *liste*, et devant lequel l'article aurait été supprimé.

Liverrai, futur de *livrer*.

Lodement (formé sur *loder* = *louer*), s. m. : APPROBATION, CONSEIL.

Loder (lat. *laudare*, fr. *loder*, *loer*, *louer*). Subj. prés. : *qu'il lot*. — CONSEILLER, et aussi LOUER. — « Louer à quelqu'un de... », c'est *lui conseiller à propos de....*

Lodevis (origine germanique. — Lat. *Ludovicum*) : LOUIS. Charlemagne offre à Aude de lui donner son fils Louis en mariage, à la place de Roland.

Lodun. Nom de ville : LAON. Cette ville fut la résidence des Carlovingiens du xe siècle.

Loér (lat. *locare*, formé sur *locum*, qui a donné *lieu*. Fr. : *loer*, *louer*) verbe : PAYER LE LOUAGE DE. Le sens propre de ce mot est « placer », mais on trouve déjà la signification actuelle dans notre texte.

Loherenc. Nom de peuple : LORRAINS (lat. *Lotharingi*).

Loier (de *locarium*, formé sur *locare*, qui a produit *louer*), s. m. : PAYEMENT. — « Donner mauvais loyer à quelqu'un », c'est *le mal payer*.

Loinz (lat. *longe*), adv. : LOIN. — On disait : « être loin *à* quelqu'un ».

Lonc (lat. *longum*), adj. : LONG. — Adv. : PRÈS DE

Longe, féminin de *lonc*.

Lor (lat. *illorum*), pron. pers. et adj. poss. : LEUR. Comme tous les adjectifs possessifs, *leur* peut être précédé de l'article sans cesser d'être adjectif : « *la leur* terre » = *leur terre*. — Comme pronom personnel, « leur » peut suivre le verbe, même quand ce verbe n'est pas à l'impératif : « Ils lancent leur », pour *ils leur lancent*.

Lorent. Nom propre : LAURENT. Dans la bataille contre Baligant, Laurent commande, avec Gebouin, la seconde échelle, composée de Français. Il est tué par Baligant.

Los (lat. *laus*), s. m. : GLOIRE. La Bruyère se plaint que l'usage ait préféré *louanges* à *los*.

Lot. Voy. *Loder*.

Luder (puis *luer*. — Lat. *lutare*, de *lutum* = *boue*), verbe : SOUILLER.

Lui (lat. *illui*, datif populaire de *ille*), pron. pers. On le trouve employé avec la valeur de *le* actuel ou de *se* : « Se *lui* laissiez », c'est-à-dire *si vous le laissez*.

Luiserne (lat. *lucerna*. — Même famille que le verbe *luire*), s. f. : LUMIÈRE.

M

M'. Pour *me* ou pour *ma*. On ne mettait pas l'adjectif possessif masculin devant les noms féminins commençant par une voyelle.

Machiner. Nom de Sarrazin. Il fait partie, avec son oncle Mathieu, de l'ambassade envoyée par Marsile près de Charlemagne au début de la Chanson.

Madraine (puis *marraine*. — Formé sur un dérivé de *mater* = *médre*, *mère*), s. f. : MARRAINE.

Maheu (lat. *Matthæum*). Nom propre : MATHIEU. C'est le nom d'un Sarrazin qui fait partie, avec son neveu Machiner, de l'ambassade envoyée par Marsile près de Charlemagne au début de la Chanson.

Mahom (ou *Mahomet*) : MAHOMET, un des dieux des Sarrazins, d'après la Chanson de Roland (Voy. page 1).

Mahomerie (dérivé de *Mahom*), s. f. : TEMPLE DE MAHOMET.

Mahomet. Voy. *Mahom*.

Maigne (lat. *magnum*), adj. : GRAND. Cet adjectif ne s'est conservé que dans le nom de *Charlemagne* et dans celui de *la tour Magne* à Nimes. On le retrouve aussi dans plusieurs mots d'origine savante : *magnanime*, *magnifique*, etc.

Mail (lat. *malleum*), s. m. : MAILLET. Le simple *mail* existe encore, mais avec des sens spéciaux qui s'appliquent à un jeu déterminé.

Main (lat. *mane*), adv. : LE MATIN. Notre adverbe « demain » signifie à l'origine « de bonne heure ». — « Par main » ou « le main » = *le matin*.

Mainent. De *maneir*.

Maior (lat. *majorem*, fr. : *maior*, *maieur*, *majeur*), comparatif de *magne* (= *grand*), pris dans le sens d'un superlatif. — « Terre maior », c'est *la grande terre*, *la France*.

Mais (lat. *magis*, qui signifie *plus*), adv. et conj. — Le sens primitif de *plus*, *davantage*, s'est conservé dans la locution « n'en pouvoir mais ». Toutefois « n'en pouvoir mais » a pris une signification spéciale qu'il n'avait pas dans l'ancienne langue, où il équivalait simplement à « n'en plus pouvoir ». — « Ne mais que » ou « ne mais » = *excepté*. — « Il n'y a mais que » peut signifier *il n'y a pas plus de*. — « Mais que » = *pourvu que*. — « Mais », au sens de *jamais*, peut être joint à *quant* interrogatif.

Maisniéde (plus tard, *maisniée*. — Mot formé sur le mot latin d'où vient *maison*, avec le suffixe *atam* = fr. *éde*, *ée*. Le même suffixe, appliqué plus tard au mot français *maison*, a produit *maisonnée*. Comparez *barnage* et *baronnage*), s. f. : FAMILLE proprement dite, ou *famille féodale* (les vassaux par rapport au seigneur).

Maistre (lat. *magister*), s. m., qui s'emploie comme adjectif et peut être mis au superlatif : « tout (adverbe) le plus maitre » = *le chef de tous*. Nous disons encore « un maître ouvrier », mais nous ne dirions pas « le plus maître ouvrier ». — « Un maître port », c'est *un grand défilé*.

1. **Mal** (lat. *malum*), s. m. : MAL, MALHEUR. — « Faire mal » à quelqu'un, c'est *lui faire du mal* dans le sens général de cette expression, et non pas seulement lui causer une douleur physique.

2. **Mal** (lat. *malum*), adj. : MAUVAIS. Cet adjectif s'est conservé sous sa forme féminine dans quelques expressions telles que « male chance ».

Malbien. Nom de l'un des Sarrazins que Marsile charge d'accompagner Blanchandrin près de Charlemagne. Il est appelé « Malbien d'outre-mer ». La forme actuelle serait : Maubien.

Malcuidant. Nom d'un païen d'Afrique, fils du roi Malcut. A Roncevaux il tue Anseïs, mais il est tué par Turpin.

Maldient, **Maldiet**. De *maldire* (= *maudire*), qui se conjugue comme *dire*.

Malduit. Nom du trésorier de Marsile. La forme actuelle de ce nom est *Mauduit*.

Malement (formé sur l'adj. *mal*), adv. : MAL. — « Il (neutre) nous va malement », avec ou sans ellipse du pronom neutre = *cela va mal pour nous*.

Maler (origine germanique), terme de duel judiciaire : ASSIGNER.

Malmétre (composé de *métre*, comme *maldire* de *dire*), verbe : METTRE EN MAUVAIS ÉTAT, METTRE EN MORCEAUX. — « Se malmettre vers quelqu'un », c'est *se mettre en mauvais cas vis-à-vis de quelqu'un, se rendre coupable envers lui*.

Malpalin. Nom d'un païen que Charlemagne a tué jadis et auquel il a pris son cheval *Tencendor*.

Malpreis. Voy. *Malprose*.

Malprime (écrit aussi *Malpramis* dans le ms.), nom du fils de Baligant. Il demande à son père l'honneur du premier coup. Il aide l'émir à diviser son armée en trente échelles. Dans la bataille il fait un grand massacre de Français. Mais il est tué par le duc Naimes.

Malprimis. Nom d'un Sarrazin. Il est appelé *Malprimis de Brigal*. Il s'offre pour combattre les douze pairs. Il est tué par Gerin.

Malprose. Nom d'un pays peuplé de géants. Le même pays se trouve appelé *Malpreis* dans une autre laisse.

Malsaron (la forme française actuelle serait *Mausseron*), nom d'un Sarrazin qui est tué par Olivier.

Maltalent (plus tard *mautalent*. — Composé de l'adjectif *mal* et du subst. *talent*. Voy. ces mots), s. m. : littéralement *mauvaise disposition*, IRRITATION, COLÈRE.

Maltalentif (formé sur *maltalent*), adj. : PLEIN D'IRRITATION.

Maltalentis. Cas sujet sing. ou rég. plur. de *maltalentif*.

Maltét. Nom de la lance de Baligant.

Malvais (origine incertaine), adj. : MAUVAIS, DE MÉCRÉANT.

Malz. Cas sujet sing. ou rég. pluriel de *mail*.

Mander (lat. *mandare*), verbe : MANDER, ENVOYER.

Maneir (lat. *manere*). Pour la conjugaison de ce verbe, voyez *Remaneir*. Indic. prés. 3e pers. du plur. : *il mainent*. — DEMEURER. — L'infinitif *manoir* est reste dans la langue comme substantif.

Manevit (origine germanique), adj. : PLEIN D'AUDACE.

Mangon (origine incertaine), s. m. : MANGON, *espèce de monnaie*.

Manovrer (lat. *manu operare*, qui signifie proprement *travailler de la main*), verbe : INSÉRER, ENCHASSER.

Mant. De *mander*.

Mar. Voy. *Mare*.

Marche (origine germanique), s. f. : MARCHE. Le sens propre de ce mot est « pays frontière ». Par extension : « pays ».

Marcule. Nom de l'Arabe qui tient l'étrier de Baligant lorsqu'il monte à cheval au moment de la bataille contre Charlemagne.

Mare (ou *mar*. — Origine incertaine), adv. : A TORT, POUR MON (ton, son, notre, votre, leur) MALHEUR. — « Mare estre » c'est *être malheureux, infortuné*. — « Il (neutre) te fut mare » = *tu as été malheureux*. — « Il (neutre) en va mar » = *les choses vont mal*. — « Mar », avec un verbe au futur, peut équivaloir à *il ne faut pas que*.

Margariz. Nom d'un Sarrazin très aimé des dames pour sa beauté. Il est appelé Margariz de Séville (Voy. *Sibilie*). Il frappe Olivier d'un coup de lance qui ne le blesse pas. C'est le seul des douze pairs de Marsile qui ne soit pas tué dans la première attaque.

Marine (lat. *marina*), s. f. : RIVAGE.

Marmorie (prononcez *Marmore*, mais en mouillant le second *r*), nom du destrier de Grandoigne. Il est tué par Roland du même coup que son maître.

Marsilie (prononcez *Marsille*, comme *fille*. Le second *i* indique simplement la mouillure de l'*l*) : MARSILE, nom du roi Sarrazin qui occupe Saragosse au moment où s'ouvre la Chanson de Roland. Sur le conseil de ses barons, il envoie une ambassade à Charlemagne pour lui promettre de lui faire hommage et de se convertir, sauf à ne pas tenir sa promesse. Lorsque Ganelon lui apporte la réponse de l'empereur, il s'indigne tout d'abord des termes insolents du message ; puis, averti des vrais sentiments de Ganelon, il règle avec lui les conditions de la trahison, et le comble de présents. A Roncevaux, Marsile tue Beuve, seigneur de Beaune et de Dijon, Ive, Ivoire et Girard de Roussillon ; mais Roland lui tranche la main droite, et il prend la fuite. De retour à Saragosse et sentant la mort venir, il remet son royaume d'Espagne à son suzerain l'émir de Babylone, qui vient d'arriver à son secours, et il meurt peu de temps après en apprenant la nouvelle de la défaite de l'émir.

Marsilion. Une des formes du cas régime de *Marsilie*, employée quelquefois comme cas sujet.

Martirie (prononcez *martire* en mouillant l'*r*), s. m. : MARTYRE, SOUFFRANCE. Au vers 591, le mot *la* qui précède *martirie* est l'adverbe et non l'article : *martirie* est masculin. — « Remaneir en martirie » c'est *rester pour sa perte*.

Matinét, diminutif de *matin*. — « Au matinet » = *au petit jour*.

Matir (terme du jeu d'échec. Origine persane), verbe : MATER, TUER.

Matiste (lat. *amethystum*), s. f. : AMÉTHYSTE.

Medisme (lat. **metipsimum*, fr. : *medisme, meïsme, mesme, même*), adj. indéf. et adv. : MÊME.

Mei (lat. *me*), pronom personnel : MOI, ME, A MOI.

Meie (lat. *mea*), adj. poss., qui a été remplacé par *mienne*, formé sur le masculin *mien*. — MIENNE. — Comme tous les adjectifs possessifs de l'ancienne langue, *meie* peut être employé avec l'article sans cesser d'être adjectif : « *la meie* mort » = *ma mort*. On le trouve aussi sans article là où nous mettrions *ma* : « De *meie* part » = *de ma part*.

Meillor (lat. *meliorem*), comparatif de *bon*, qui peut avoir la valeur d'un superlatif absolu : MEILLEUR, OU TRÈS BON. Ne prenait pas d'*e* muet au féminin. — « Meilleur de » = *meilleur que*, voy. *De*.

Meinent. **Meinet**. De *mener*.

Mel (autre forme de *mal* = lat. *malum*. L'*a* tonique latin suivi d'une *l*, tantôt se conserve (loyal), tantôt devient *e* (hôtel). Les deux formes par *a* et par *e* se rencontrent souvent pour le même mot), s. m. : MAL.

Mendeiier (lat. *mendicare*, fr. : *mendeiier*, puis *mendoyer* ou *mendier*), verbe : MENDIER.

Mendistiét (lat. *mendicitatem*, dont la forme savante est *mendicité*). s. f. : MENDICITÉ.

Menéde (part. passé fém. de *mener*),

s. f. : SONNERIE PROLONGÉE du clairon ou du cor.

Mener (lat. *minare*), verbe à radical variable : *mein...* tonique, *men...* atone. Futur : *jo menrai*. — « En mener » = *emmener*. Si nous écrivons ce verbe en deux mots, c'est que, à l'époque de la Chanson de Roland, *en* n'avait pas encore formé corps avec *mener* et pouvait en être séparé. C'est pour la même raison (à cause de : il s'*en* est *allé*) que *en aller* s'écrit aujourd'hui encore en deux mots.

Menor (puis *meneur*. — Lat. *minorem*, dont la forme savante est *mineur*. Le cas sujet singulier de *meneur* était *moindre*, qui s'est conservé), comparatif de *petit* : MOINDRE, PLUS PETIT. Ne prenait pas d'*e* muet au féminin.

Menrai. Voy. *Mener*.

Menut (lat. *minutum*), adj. : PETIT, MENU. — Pris adverbialement, ce mot a le sens de l'adverbe *souvent* auquel il se joint d'ordinaire. — Appliqué aux *dents* et aux *cheveux*, cet adjectif est une épithète de nature qui ne peut guère se traduire.

Mercider (formé sur *mercit*. — *Remercier*, anciennement *remercider*, est un composé de *mercider*), verbe. — « Mercider quelque chose à quelqu'un » c'est *récompenser quelqu'un de quelque chose*. — « Deus le vos mercidét ! » équivaut à *Dieu vous le rende!* ou *Dieu ait pitié de vous!* Mais on trouve aussi « mercier quelqu'un de quelque chose » dans le sens où nous employons *remercier*.

Mercit (lat. *mercedem*), s. f. : MERCI, PITIÉ. — « Avoir merci de... » = *avoir pitié de*. — « La merci Dieu » = *Dieu merci, grâce à Dieu*. — « En la merci de » = *à la merci de...* — « Par ta merci » = *par ta grâce*. — « Votre merci » peut signifier *merci à vous*.

Merveille (lat. *mirabilia*), s. f. — « Avoir grand merveille » c'est *s'émerveiller grandement*. — « N'est merveille » = *il ne faut pas s'étonner*.

Merveillier (fait sur *merveille*), verbe. « Se merveiller » = *s'émerveiller, se demander*.

Més (lat. *missum*, part. passé de *mittere*, qui signifie *envoyer* et qui a produit le français *mettre*. Le part. passé de *mettre* devrait donc être *més* : il a été modifié par l'analogie, et *més* est resté comme substantif. Sur *més* (ou sur *missum*) a été formé le dérivé *message*, comme *visage* sur *vis*), s. m. : ENVOYÉ, MESSAGER.

Mes, cas sujet singulier et régime pluriel de *mon* : MON, MES.

Meslissiez, imparf. du subj., 2e pers. plur., de *mesler* (lat. **misculare*, fr. : *mesler, mêler*). — *Se mesler* = ENGAGER UNE MÊLÉE.

Mespenser (est à *penser* ce que *médire* est à *dire*), verbe : AVOIR DE MAUVAISES PENSÉES.

Message (composé de *més* (Voy. ce mot) et du suffixe *age*), s. m. : MESSAGER (comme *més*), ou MESSAGE. La seconde valeur s'est seule maintenue. — « Message à... » = *messager vers...*

Mestier (puis *métier*. — Lat. *ministerium*), s. m. : BESOIN. — « Avoir mestier de... » c'est *avoir besoin de...* — « Avoir mestier à quelqu'un » c'est *lui être utile*.

Mesure (lat. *mensura*), s. f. : MESURE, NOMBRE. — « En savoir la mesure » c'est *en savoir le compte*.

Métre (lat. *mittere*, fr. : *métre, mètre, mettre*). Prétérit : *jo mis, tu mesis, il mist, nos mesimes, vos mesistes, il mistrent*. — METTRE, ENVOYER. — « Mettre les yeux hors de la tête à quelqu'un » c'est *lui arracher les yeux*. — « Mettre quelqu'un à honte », c'est *le déshonorer*. — « Mettre en le cou » = *mettre au cou*. — « Mettre quelqu'un en son nom », c'est *en faire son représentant*. — « Mettre en oubli » = *oublier*.

Mi (lat. *mei*). Cas sujet plur. de *mon* : MES.

Micenes (prononcez *Micnes*). Nom d'un peuple qui a occupé la Misnie aux IXe et Xe siècles.

Michiel (Saint) (origine hébraïque). Nom propre : SAINT MICHEL. Notre chanson l'appelle « Saint Michel du Péril » ; c'est le nom qu'on lui donnait en France à cause du monastère du mont Saint-Michel, en Normandie, sur le bord de la mer : le saint protégeait les matelots du péril de la mer. Saint Michel est un des trois anges qui emportent l'âme de Roland en paradis. C'est le jour de la fête de Saint-Michel que Marsile promet de se rendre à Aix-la-Chapelle pour faire sa soumission à Charlemagne.

Mie (lat. *micam*. C'est le même mot que *mie* de pain), substantif employé pour renforcer la négation, comme *pas* et *point*. « Ne mie » ou « ne... mie » = *ne... pas, non point, ne... plus*. — « N'avoir mie de quelqu'un », voyez *Aveir*. « Mie » peut se trouver dans une proposition dubitative avec le sens affirmatif (comme encore *aucun, en rien*) : « se jo mie l'otrei » = *si je l'accepte en quoi que ce soit, d'aucune façon*.

Mieldre (puis *mieudre*), cas sujet singulier de *meillor*.

Mielz (lat. *melius*), adv. : MIEUX.

Mien (lat. *meum*), adj. possessif. Comme tous les adjectifs possessifs de l'ancienne langue, *mien* peut être précédé de l'article sans perdre sa valeur d'adjectif : « le mien corps » = *mon corps*. Il peut être aussi précédé de l'adjectif démonstratif : « *Cest mien* parent », mot à mot : *ce mien parent*. — *Mien escient* ou *escientre*, voy. *Escient*.

Mier (lat. *merum*), adj. : PUR.

Mil (lat. *mille*), nom de nombre, dont le pluriel est *milie* (voy. ce mot) : MILLE. On trouve quelquefois « mil » au lieu de « milie ».

Milie (prononcez *mille*, comme *fille*. — Lat. *millia*), nom de nombre : MILLE. — « Milie » ne s'emploie que dans les multiples : *dous milie*, *treis milie*, etc. Un seul *mille* se dit : « mil ». — On disait *trois mille hommes* ou *trois mille d'hommes*.

Milon. Cousin de Thibaud de Reims. Il assiste au conseil tenu par Charlemagne. Plus tard il est chargé de garder le champ de bataille de Roncevaux pendant que l'Empereur se lance à la poursuite des païens. Puis il escorte les trois chars contenant les restes de Roland, d'Olivier et de Turpin.

Moerc, **Moerent**, **Moerge**. De *morir*.

Moigne (lat. *monacum*), s. m. : MOINE.

Moillier (lat. *mulierem*), s. f. : FEMME.

Molét, part. passé de *moler* = *mouler*. — « Bellement moulé » = *bien moulé, bien fait*.

1. **Molt** (lat. : adj. *multum*), adj. : *beaucoup de*.

2. **Molt** (lat. : adv. *multum*; fr. : *molt*, *moult*), adv. : BEAUCOUP, TRÈS. La Bruyère dit à propos de ce mot : « *Moult*, quoique latin, était dans son temps d'un même mérite (que *maint*), et je ne vois pas par où *beaucoup* l'emporte sur lui. »

Monjoie. Sur ce mot, voy. pages 93 et 111, en note.

Monter (dérivé de *mont*). Ce verbe signifie très souvent « monter à cheval ». — « Monter à plus » = AVOIR DU SUCCÈS, CONTINUER.

Mordrie (origine germanique. Dérivé de *meurtre*), s. f. : MASSACRE.

Moriane. Nom de pays, peut-être la *Maurienne*. C'est dans ce pays que, d'après la Chanson de Roland, Charlemagne, sur l'invitation d'un ange, donna Durendal à Roland. Un aumaceur (voy. *almaçor*) de Moriane figure parmi les douze pairs de Marsile. Il est tué à Roncevaux par le duc Samson.

Morions. De *morir*.

Morir (lat. **morire*), verbe à radical variable : *moer*... tonique, *mor*... atone. Indic. prés. : *jo moerc*. Subj. prés. : *que jo moerge*, *que nos morions*. — MOURIR. — « Avoir mort » = *avoir tué*.

Mors (origine arabe). Nom de peuple : MAURES.

Morst, prétérit (3e pers. du sing.) de *mordre*.

Mort, part. passé de *morir* : MORT ou TUÉ. — « Avoir mort » = *avoir tué*.

Mostier (puis *moustier*, *moutier*. Latin *monasterium*), s.m. : MONASTÈRE, ÉGLISE.

Mostrer (lat. *monstrare*, qui a produit *mostrer*, *moustrer*, et *monstrer*, *montrer*, de même que *pensare* a produit *peser* et *penser*), verbe : MONTRER.

Mot (origine incertaine), s.m. : MOT, PAROLE. — « Dire mals moz de quelqu'un », c'est *l'insulter*. — « A l'altre mot » signifie proprement *au second mot*, c'est-à-dire *ensuite*.

Moüstes. De *moveir*.

Moveir (lat. *movere*, fr. : *moveir*, *movoir*, *mouvoir*), verbe à radical variable : *moev*... tonique, *mov*... atone. Prétérit : *il mut*, *vos moüstes*. Futur : *jo movrai*. — MOUVOIR, et aussi VENIR (*se mouvoir vers*). — « Mouvoir un contraire à quelqu'un », c'est *attirer sur lui un malheur*.

Moz, cas sujet singulier ou régime pluriel de *mot*.

Mudable (puis *muable*, qu'on retrouve dans *immuable*. Formé sur *muder*. Voy. ce mot), adj. : QUI A MUÉ. Sur la valeur du suffixe *able*, voy. *Chadeignable*.

Muder (lat. *mutare*, fr. : *muder*, *muer*), verbe : CHANGER, PRENDRE SUCCESSIVEMENT ; S'EMPÊCHER. — « Muder la color », c'est *changer de couleur*. — « Ne podeir muder que ne », c'est *ne pouvoir s'empêcher de*.

Mudét, participe passé de *muder*. Appliqué à des oiseaux, ce participe signifie : « qui a mué ». Voy. *Mudier*.

Mudier (composé du suffixe *ier* et du radical du verbe *muder* = *muer*), adj. : QUI A MUÉ, qualité d'un oiseau de chasse.

Mul, masculin de *mule* : MULET.

Murglais (écrit dans le ms. *Murgleis* et *Murglies*). Nom de l'épée de Ganelon.

C'est sur les reliques de Murglais qu'il jure devant Marsile de trahir Roland.

Muserat (origine inconnue), s. m. : *arme de jet*, qui était empennée (vers 2156).

N

'N, pour *en*.

N', pour *ne* = *ne*, ou pour *ne* = *ni*.

Nafrer (origine germanique. — *Navrer*, qui a persisté, est une autre forme du même mot), verbe : BLESSER, PERCER.

Nagier (lat. *navigare*, fr. : *nagier*, *nager*), verbe : NAVIGUER (c'est le sens du mot latin).

Naimes. Nom propre. Dans le conseil tenu par Charlemagne, le duc Naimes se range à l'avis de Ganelon, qui propose d'accepter les offres de Marsile, et il demande à être chargé de l'ambassade. Pendant le passage des Pyrénées, il chevauche à côté de l'empereur et reçoit la confidence de ses tristes pressentiments. Lorsqu'on entend retentir le cor de Roland, il accuse Ganelon de trahison. Arrivé sur le champ de bataille de Roncevaux, il montre à Charlemagne la poussière soulevée par les Sarrazins en fuite, et l'engage à les poursuivre. Il aide à relever l'empereur quand celui-ci se pâme de douleur devant le cadavre de son neveu. Au moment de la bataille contre Baligant, il organise les différentes échelles de l'armée impériale. Il tue Malprime, fils de l'émir, et est blessé par Canabeu : il va succomber, quand Charlemagne vient à son aide. Plus tard il assiste au duel judiciaire de Thierry et du champion de Ganelon.

Namon, cas régime de Naimes (le ms. écrit *Naimon*).

Narbone. D'après la Chanson de Roland, Charlemagne passe par Narbonne en allant de Roncevaux à Bordeaux. Il y a là une difficulté géographique. M. G. Paris propose de substituer à Narbonne un nom de fleuve, peut être l'Adour.

Nasel (lat. *nasale*), s. m. : NASAL, partie du casque qui garantit le nez.

Navilie (prononcez *Naville*, comme *fille*. — D'un dérivé du mot latin qui a donné *nef*. — Le ms. d'Oxford a *navilie* et *navirie* (prononcez comme *navire* actuel, mais en mouillant l'*r*) : la seconde forme dérive de la première), s. m. : FLOTTE.

1. **Ne**, — Voy. *Nen* (Dans les cas où le latin employait *ne* au lieu de *non*, « ne » français dérive sans doute de *ne* latin).

2. **Ne** (lat. *nec*, fr. : *ne* ou *ni*), conjonct. : NI. Se met à la place de *et* dans les propositions coordonnées dubitatives ou négatives. Encore dans Villon : « Dites-moi où n'en quel pays ». — *Ne* au sens de *ni* est employé par La Fontaine et Molière. Molière : « Un mari... qui ne sache A *ne* B... » On dit encore familièrement « ne plus ne moins ». — « Ne bien ne mal » = *ni bien ni mal*, c'est-à-dire *pas du tout*. — « Ne mais que », voy. *Mais*.

Neieler (lat. *nigellare*), verbe : NIELLER.

Neif (puis *noif*. Lat. *nivem*. « Neige », qui a le même sens, vient d'un dérivé de *nivem*), s. f. : NEIGE.

Neiier (lat. *necare*, fr. : *neiier*, *noiier*, *noyer*), verbe : NOYER.

Nel. Pour *ne le*.

Nen (lat. *non*, qui a donné d'une part *non*, d'autre part *nen*, d'où dérive *ne*. Devant les voyelles on trouve tantôt *nen*, tantôt *ne* avec élision de l'*e*. Devant les consonnes on ne trouve que *ne*), adv. : NE ; NE... PAS.

Neporquant (composé de la négation *ne*, de la prépos. *por* et de l'adv. *quant*. Sens littéral : *non pour autant*), adv. : CEPENDANT.

1. **Nés** (lat. *nasum*). s. m. : NEZ.

2. **Nés**, pluriel de *nef* = *vaisseau*.

3. **Nes**. Pour *ne se* ou pour *ne les*.

Nevelon. Nom propre. Dans la bataille contre Baligant, Nevelon commande avec Thibaud de Reims et Othon la sixième échelle, composée de Bretons. (voy. *Odon*).

Nevot (lat. *nepotem*, fr. : *nevot*, *neveu*. Le ms. d'Oxford a la forme étrange *nevold*), s. m. : NEVEU.

Nïent (aujourd'hui *néant*. — Formé de *nec* (= *ni*), et de *entem* (= *être*) substantif verbal de *esse*), adv. : RIEN, EN RIEN, NULLEMETT. — « N'en faire nient, » c'est *n'en rien faire*. — « Il (neutre) est nient de », avec ou sans ellipse du pronom neutre, = *il n'y a pas de...*

Niés, cas sujet de *nevot*.

Nigre (lat. *nigrum*, dont la forme populaire est *noir*), nom de peuple : NÈGRE. Le mot *nègre* vient aussi de *nigrum* latin par l'intermédiaire du portugais.

Nisun (lat. *ne ipsum unum*), adj. indéfini : AUCUN.

Nobilie (prononcez *nobille*, comme *fille*. — Formé sur un dérivé de *nobilis* qui a donné *noble*), adj. : NOBLE.

Nodrir (puis *norrir*, *nourir*. — Lat. *nutrire*), verbe : NOURRIR, ÉLEVER ou ENTRETENIR A SA COUR.

Noevme (lat. **novimum* par imitation de *septimum* et de *decimum*), adj. : NEUVIÈME.

Noise (origine incertaine), s. f. : BRUIT. Ce mot se construit avec un infinitif régime, précédé de *de*, et exprimant la nature du *bruit* : « la *noise* de crier Monjoie ».

Nom. (lat. *nomen*), s. m. La locution « par nom d'occire » signifie : *au risque de le tuer, quand même il devrait être tué*. — « Les noms » de Dieu, ce sont ses attributs, que l'on invoque dans les litanies.

Nombrer (lat. *numerare*, sur lequel, avec un préfixe, a été fait le mot savant *énumérer*), verbe : COMPTER, ÉNUMÉRER.

Nonain. Pour *none* = *nonne*. Sur ces formes en *ain*, voy. ma Grammaire du vieux français § 59.

Noncier (lat. *nuntiare*), même sens que le composé *anoncier* = ANNONCER. — « Noncer des paroles » = *apporter des paroles*.

Nons. Cas sujet sing. ou rég. plur. de *nom*.

Noples. Nom de ville, ailleurs écrit *Nobles*. D'après une tradition épique qui nous a été conservée dans une version islandaise, Roland, en s'emparant de Nobles, avait mis à mort le roi Fouré contrairement aux ordres de Charlemagne; puis il avait cherché à laver les traces du sang répandu. Dans la Chanson de Roland, Roland se vante de la conquête de Noples, et plus tard Ganelon la rappelle à Charlemagne, au moment où on entend le cor de Roland, pour disposer défavorablement l'esprit de l'empereur par le souvenir de la désobéissance passée de son neveu.

Nos (lat. *nos*), pron. pers. : NOUS. Remarquez que *nos* a toujours le sens de « nous », et jamais celui de notre adjectif possessif « nos », dont la forme dans la Chanson de Roland est *noz*.

Nosche (origine germanique), s. f. : COLLIER.

Nostre (lat. *noster*, *nostrum*, *nostri* et *nostra*), adj. poss., cas unique sing. ou cas sujet plur. du masc., ou cas unique sing. du fém. : NOTRE, NOS (masculin). Ex. : « Nostre Franceis sont venut » = *Nos français sont venus*. — « Nostre », de même que les autres adj. poss., peut être employé avec l'article sans cesser d'être adj. : « Li nostre Deu » = *nos dieux*.

Novèle (fém. de *novel* = *nouveau*), adj. et s. f. : NOUVELLE. Au vers 3747, il faut entendre : « C'est maintenant que commence le récit du jugement qui vous apprendra ce qu'est devenu Ganelon. »

Noveler (formé sur *novel* = *nouveau*), verbe : SE RENOUVELER, RECOMMENCER.

Noz, adj. poss. : NOS. On trouve « les noz » = *les nôtres*.

Nul (lat. *nullum*), adj. et pron. : NUL, AUCUN. — « Nul » pronom pouvait être régime, tandis qu'on ne l'emploie plus que comme sujet.

Nut (lat. *nudum*), adj. : NU, ou seulement SANS BOUCLIER.

O

O (lat. *aut*, fr. : *o*, *ou*), conj. : OU.

Oan (lat. *hoc anno*, fr. : *oan*, *ouan*), adv. : CETTE ANNÉE, mais aussi CETTE FOIS, AUJOURD'HUI.

Oblider (lat. **oblitare*), verbe : OUBLIER.

Ocidant, ocident, ocidet. De *ocidre*.

Ocidre (lat. *occidere*, fr. : *ocidre*, *ocire*). Part. passé : *ocis*. Part. prés. : *ocidant*. Indic. prés. : *tu ociz*, *il ocit*, *il ocident*. Prétérit : *tu ocesis*, *il ocist*. Futur : *j'ocidrai*. Subj. : *que j'ocide*. — OCCIRE, TUER, CAUSER LA MORT DE.

Ocis. De *ocidre*.

Ocision (lat. *occisionem*), s. f. : ACTION DE TUER, SUPPLICE.

Od (lat. *apud*, qui entre dans la composition de *avec*), prép. : AVEC. — *Ensembl'od* a le même sens.

Odide (puis *oïe*, *ouïe*; part. passé fém. de *odir*), s. f. : OUÏE (le sens), SON, RETEN-

TISSEMENT, OREILLE (ne se trouve avec ce dernier sens que dans un passage que je corrige).

Odir (lat. *audire*, fr. *odir*, *oïr*, *ouïr*). Indic. prés. : *j'oi*, *il ot*, *nos odons*, *vos odez*, *il odent*. Prétérit. : *j'odi*, *il odit*, *il odirent*. Futur : *j'odrai*. Subj. prés. : *que vos oiiez*. Imparf. *que j'odisse*. — OUÏR, ENTENDRE, APPRENDRE, ENTENDRE DIRE. — « Odir orgoeil », c'est *entendre des paroles d'orgueil*.

Odon (origine germanique). Nom du seigneur des Bretons, qui composent la sixième échelle de l'armée de Charlemagne dans la bataille contre Baligant. Odon confie le commandement de ses Bretons à Nivelon, à Thibaut de Reims et à Othon.

Oeil (lat. *oculum*, *oculi*), s. m., cas rég. sing. ou cas sujet plur. : OEIL, YEUX. — Le cas sujet sing. et rég. plur. est *oelz*.

Oelz. Cas sujet sing. ou rég. plur. de *oeil* = OEIL.

Oes (lat. *opus*. Le vieux mot *oes* est donc de la même famille que *œuvre*, *ouvrage*), s. m. : BESOIN. — « Ad oes », suivi d'un substantif au cas régime, équivaut à *pour* (littéralement *au besoin de*).

Ogier (origine germanique) : OGIER LE DANOIS, un des personnages les plus célèbres de notre vieille littérature épique. Lorsqu'on commença à graver des jeux de cartes, on donna à l'un des valets le nom d'Ogier, qu'il a conservé. Ogier assiste au conseil de Charlemagne. Il est désigné par Ganelon pour commander l'avant-garde. Dans la bataille contre Baligant, il est placé à la tête de la troisième échelle, composée de Bavarois, et il se conduit vaillamment. Il tue Amboire, le porte-enseigne de Baligant. C'est lui qui règle les conditions du duel judiciaire entre Thierri et le champion de Ganelon, et il assiste au duel.

Oi. De *odir* ou de *aveir*.

Oiiez. Voy. *Odir*.

Oïl (composé de *o* dérivé de *hoc* latin, et du pron. pers.), adv. : OUI. A l'origine l'adverbe affirmatif était *o*. On faisait suivre *o* d'un pronom représentant le nom sujet du verbe de la question : « Etes-vous bien ? — O je », « Est-il venu ? — O il » Mais bientôt « O il » n'a formé qu'un seul mot, qui s'est employé dans toutes les réponses, et c'est de là que dérive notre adverbe *oui*.

Oissor (lat. *uxorem*), s. f. : ÉPOUSE.

Olifant (lat. *elephantum*, dont la forme savante est *éléphant*), s. m. : IVOIRE, COR D'IVOIRE. L'olifant de Roland est confié par Charlemagne à Guineman dans la bataille contre Baligant. A son retour en France, l'empereur le dépose sur l'autel de Saint-Séverin à Bordeaux. — « Un siège d'un olifant », c'est *un siège d'ivoire*.

Olive (lat. *oliva*), s. f. : OLIVIER. Ce mot désignait dans l'ancienne langue aussi bien l'arbre que le fruit. Mme de Sévigné écrit encore : « un rameau d'olive », et André Chénier parle de rochers « que l'olive épaisse entoure de son ombre ». Enfin nous avons conservé la locution « jardin des Olives, » qui signifie *jardin des Oliviers*. — Au vers 366, le singulier est collectif : « soz une olive halte » = *sous de hauts oliviers*.

Olivier (origine germanique). Nom de l'un des douze pairs, ami de Roland. Sur l'origine de cette amitié, voy. p. 61. Le comte Olivier est fils de Renier de Gênes. Il assiste à l'arrivée de Blanchandrin, puis au conseil tenu par Charlemagne. Il s'offre pour aller en ambassade près de Marsile. A Roncevaux il tue, entre autres païens, Falsaron, frère du roi Marsile, Malsaron, Turgin, Estorgos, Justin de Val-ferrée, Climborin, Alphaïen, Escababi, et le calife qui vient de le blesser à mort. D'après le *Galien*, roman de chevalerie en prose, Galien, fils d'Olivier, arrive sur le champ de bataille de Roncevaux au moment où son père rend le dernier soupir. Rien de semblable dans la *Chanson de Roland*. Pour les autres détails de l'histoire d'Olivier, voy. l'analyse qui accompagne le texte.

Oltrage (formé sur *oltre* = *outre*), s. m. : PROPOS OUTRÉ.

Oltre (lat. *ultra*), prépos., adv. et interj. : OUTRE, AU DELA DE, LOIN D'ICI ! — « Mettre outre quelque chose à quelqu'un », c'est *le transpercer*.

Oltremarin (formé sur *oltre mer*), adj. : D'OUTRE-MER.

Omnipotente (lat. *omnipotentem*. — Mot savant que nous avons conservé en supprimant l'*e* final au masc.), adj. : OMNIPOTENT.

Onc. Voy. *Onques*.

Onques (ou *onc*. — Lat. *unquam*), adv. : JAMAIS. Ce mot est encore très employé au XVIe siècle. — « Onques mais » a le même sens. *Onc* ou *onques* peut avoir simplement la valeur de *pas* ou *point ;* il parait avoir aussi le sens de *nulle part*, ce qui n'est pas extraordinaire, les adverbes de lieu se transformant facilement en adverbes de temps et *vice versa* (Voy. *Ici*).

1. **Or** (lat. *aurum*), s. m. : OR. — « L'or d'un objet », ce peut être *l'or que vaut cet objet.* — « A or » peut signifier *d'or* ou *orné d'or.*

2. **Or**, forme abrégée de *ore*, et qui a le même sens.

Ordre (lat. *ordinem*), s. m. — « Les ordres » = *les ordres que reçoivent les prêtres.*

Ore (ou *ores*, et *or* ou *ors.* — Lat. *hac hora* ou *ad horam*, qui signifie *à cette heure.* Ce mot est donc de la même famille que le subst. *heure*), adv. et conj. : MAINTENANT, OR, ALORS. La Fontaine emploie encore la forme *ore*, en répétant le mot avec le sens de « tantôt... tantôt. » Il l'emploie aussi sans répétition, avec l'*s* finale que lui donnait souvent l'ancienne orthographe : « *Ores* ce sont suppôts de sainte Eglise ». Cette forme en *e*, avec ou sans *s*, s'est conservée dans la locution *d'ores et déjà* et dans *encore* (Voy. ce mot). Le sens primitif s'est aussi maintenu dans *dorénavant* (anciennement aussi *doresenavant*) = *d'or en avant.* Enfin c'est le même adverbe, précédé de l'article, que l'on retrouve dans *lors* (= *l'ors*), *alors* (= *à l'ors*) et dans la conj. *lorsque* (= *l'ors que*). — « Dès or » est fréquent dans la Chanson de Roland, où il signifie *dès maintenant, dès ce moment, alors.*

Orer (lat. *orare*, fr. : *orer*, *ourer.* Même famille que *adorer*, *oraison*), verbe : PRIER.

1. **Orét** (formé sur le lat. *aura.* C'est le même mot qu'*orage* avec un autre suffixe. Comparez *barnét* et *barnage*, qui ont le même sens), s. m. : ORAGE.

2. **Orét** (formé sur *or*), adj. : DORÉ, D'OR.

3. **Orét**, part. passé de *orer.*

Orie (en deux syllabes : prononcez *ore* en mouillant l'*r.* — Lat. *auream*), adj. : D'OR OU DORÉ.

Orient, Oriente (lat. *orientem*) ORIENT.

Os (lat. *ausum*, sur lequel a été fait le verbe *ausare*, d'où vient *oser*), adj. : OSÉ.

Ost (lat. *hostem* qui signifie *ennemi*), s. f. : ARMÉE. Ce vieux mot est encore employé par La Fontaine qui lui donne le genre masc. : « On vit presque détruit L'*ost* des Grecs. » La Bruyère se plaint que l'usage ait préféré *armée* à *ost.*

Osteiier (dérivé de *ost*, avec le suffixe *eiier*, qui est devenu *oyer*, de *larmoyer*, *charroyer*, etc.), verbe : GUERROYER.

Ostor (lat. **acceptorem*, pour *accipitrem*), s. m. : AUTOUR, oiseau de chasse.

Ot. De *odir.*

Otes. Cas sujet d'*Oton.*

Oton (origine germanique). Nom propre : OTHON. C'est un des douze pairs. A Roncevaux il tue Estorgant, puis il succombe comme les autres pairs. — Il y a un autre Othon, qui porte le titre de marquis. Il est chargé par Charlemagne de garder le champ de bataille de Roncevaux pendant qu'il poursuit lui-même les Sarrazins, et plus tard d'escorter les chars contenant les restes de Roland, d'Olivier et de Turpin. Dans la bataille contre Baligant, il commande avec Thibaut de Reims et Nivelon la sixième échelle, composée de Bretons (Voy. *Odon*).

Otreiier (lat. **auctoricare*, fr. : *otreiier*, puis *otroyer* qu'on a écrit *octroyer*) : OCTROYER, SE RANGER A (un avis), ACCORDER, ACCEPTER (une proposition), RECONNAITRE (avouer un crime).

Ou (lat. *ubi*), adv. : OÙ. — « Trouver où », voyez *Trover.* — « Ou » avec *que* sous-entendu = *où que*, *quelque part que.*

Oümes, ourent, oüs, oüsse, out, oüt. De *aveir.*

Oz, pluriel de *ost.*

P

Padrastre (puis *parastre*, *parâtre.* Est à *père* (*pédre* du XIe siècle) ce que *marâtre* est à *mère*), s. m. : BEAU-PÈRE.

Paienit (dérivé de *paiien*), adj. : PAÏEN.

Paienor (lat. *paganorum*) : DES PAÏENS.

Paille (lat. *pallium*), s. m. : ETOFFE DE SOIE, TAPIS. Ce mot n'a rien de commun avec notre substantif actuel *paille*, qui vient de *palea* et est du féminin.

Paiz (lat. *pacem*), subst. fém. indéclinable : PAIX.

Palefreit (lat. *paraveredum*), s. m. : PALEFROI, cheval de voyage.

Palerne (lat. *Panormum*), nom de ville : PALERME.

Palme (lat. *palma*), s. f. : PAUME DE LA MAIN, terme de mesure.

Palmeiier (formé sur *palme* = *paume*

de la main), verbe : TOURNER DANS SA MAIN.

Pan (lat. *pannum*), s. m. : PAN, PARTIE. — « Les pans de toute Espagne » = *toutes les parties de l'Espagne, l'Espagne tout entière.*

1. **Par** (lat. *per*), prép. qui a souvent le sens de AVEC : « Les païens chevauchent par grand fureur » ; « Il va frapper le païen par vertu », c'est-à-dire *avec* force. Sur « par amour et par bien, par honneur et par bien », voy. *Bien.* — « Par » peut signifier *grâce à*, et se joindre dans ce sens à un verbe dont celui qui bénéficie de la grâce n'est pas le sujet actif : « Par vingt otages, Charlemagne retournera en France. » Il faudrait dire aujourd'hui : « Par vingt otages, vous obtiendrez que Charlemagne... ». « Le coup y sera par nous », c'est-à-dire : *c'est nous qui battrons l'ennemi.* — « Par » a plus facilement que de nos jours le sens de *à travers.* — « Par un et un = *un à un.* — « Par soi, par lui, par eux » = *seul, seuls.* — « Par veir », voy. *Veir.* — Par matin » = *de bonne heure.*

2. **Par** (lat. *per* dans *permagnus, perficere*, etc.), particule superlative, qui renforce les adverbes *molt, tant,* avec lesquels elle est employée. Elle se place ordinairement avant les verbes *avoir* ou *être.* Au vers 3331, il faut la joindre pour le sens au *si* qui précède.

Parçonier (lat. **portionarium*), sm. : CELUI QUI PARTAGE AVEC UN AUTRE.

Pardoins. De *pardoner.* Voy. *Doner* pour la conjugaison.

Paredis (lat. *paradisum*, fr. : *paredis, pareïs, parvis.* — *Paradis* est un mot savant), s. m. : PARADIS.

Pareit (puis *parei, paroi.* — Latin *parietem*), s. f. : PAROI, MUR.

Parentét (dérivé de *parent*), subst. masculin : FAMILLE. Ce mot est devenu féminin, même dans le sens de *famille,* par confusion avec *parenté* féminin, qui se rattache au suffixe latin *itatem*, tandis que *parenté* masculin se rattache au suffixe *atum.* C'est par une confusion semblable que *duché* et *comté* sont souvent féminins au moyen âge (ce genre est resté à *comté* dans *Franche-Comté*).

Parfonde, féminin de *parfont.*

Parfondement (formé sur *parfont*), adv. : PROFONDÉMENT.

Parfont (lat. *prŏfundum.* Voy. *Parjeter*), adj. : PROFOND. Ce mot a été refait sur le latin.

Parjeter (Pour la conjugaison, voyez *jeter.* Le préfixe *par*, qui entre dans la composition de ce mot, n'est pas celui de *parvenir* (*per*venire), *pardonner* (*per*donare), etc. Il vient de *pro* : « parjeter » = *projectare.* Le préfixe latin *pro* a produit trois formes françaises : 1° *par* ou *pra* que l'on trouve dans *pramètre, parfont* (voyez ces mots, et comparez, pour un changement semblable de l'*o* latin, *dame* ou *damoiseau*) ; 2° *pour*, anciennement *por*, que l'on trouve dans *pourvoir, pourfendre*, etc. ; 3° *pro*, forme savante, qui a été souvent substituée aux deux premières : *profond, promettre, promener.* De même le préfixe latin *trans* se trouve sous les formes *tra* (*tra*verser), *tré*, anciennement *tres* (*tré*passer) et *trans* (*trans*mettre). *Parjeter* a été transformé en *projeter*, comme *parfond* en *profond*), verbe : PROJETER.

Parjiétent. De *parjeter.*

Parlement (est à *parler* ce que *ornement* est à *orner*), s. m. : *action de parler.* — « Tenir parlement à quelqu'un », c'est *converser avec lui.*

Parler (lat. **parabolare*), verbe à radical variable : *parol...* tonique, *parl...* atone. Indic. prés. : *il parolet, nos parlons.* Subj. : *qu'il parolt.* — PARLER, DIRE.

Parmi (composé de *par*, et de *mi*, dérivé de *medium*), prépos. et adv. : AU MILIEU DE, AU MILIEU, PAR LE MILIEU, PAR TOUT.

Parole (lat. *parabola*). s. f. « Ouïr paroles de... » = *entendre parler de.*

Parolet, parolt. Voy. *Parler.*

Part (lat. *partem*), s. f. : PART, PARTIE, CÔTÉ. — « Mettre à une part », c'est *mettre de côté, mettre à part.* — Nous disons encore « prendre une chose de mauvaise part », mais nous ne disons plus : « un homme de mauvaise part ». Cette locution se trouve dans la Chanson de Roland, avec l'adjectif *mal* au lieu de *mauvais.* « Un homme de male part », c'est *un homme méprisable.* — « De part », suivi d'un nom au cas régime = *de la part de.* C'est là l'origine de notre locution « de par », où le substantif *part* a été confondu dans l'orthographe avec la préposition *par.* — « Les parts de... « = *les différentes parties de...*

Partir (lat. *partiri*), verbe : SÉPARER ROMPRE LES RANGS DE. Le sens primitif de ce verbe s'est conservé dans la locution « avoir maille à partir », qui signifie proprement *avoir de l'argent à partager.* « Se partir de » signifiait *s'éloigner de,* et « partir » intransitif a hérité de ce sens. — Il faut remarquer que « partir », dans la Chanson de Roland, appartient à la conjugaison inchoative : *il partissent* (de même encore aujourd'hui le composé *répartir*). Mais *departir*, dans notre texte, n'a pas les formes inchoatives.

Parvont. Composé du préfixe *par* et et de *vont* (voy. *Vois*). — PARVIENNENT.

Pas (lat. *passum*), s. m. — « Son petit pas », locution adverbiale = *à petits pas*.

Pasmer (d'un verbe formé sur *spasmus*), verbe. — « Se pasmer » ou « pasmer » = SE PAMER. S'ÉVANOUIR.

Passe-cerf (nom qui signifie : *plus rapide qu'un cerf*). Nom du cheval de Gerier.

Passer (lat. *passare*, formé sur *passum*), verbe : PASSER, DÉPASSER. — « Passer avant », voy. *Avant*.

Paterne (lat. *paternam*. — C'est un adjectif pris substantivement), s. f. : *puissance créatrice et paternelle de Dieu*, DIEU.

Peceiier (formé sur le substantif latin qui a produit *pièce*, avec le suffixe *eiier* = latin *icare*. Avec le suffixe *er* = latin *are*, et le préfixe *dé*, on a formé le verbe *dépecer*. Enfin *rapiécer* s'est constitué plus tard avec le mot français *pièce* et le préfixe *ra* = latin *re-ad*. Si le verbe *peceiier* était resté dans la langue, ce serait aujourd'hui *peçoyer*). — METTRE EN PIÈCES. — « Se peçoyer » = *être mis en morceaux*.

Pechiét (lat. *peccatum*), s. m. : PÉCHÉ, et aussi MALHEUR.

Pedron (lat. **petronem*, fr. : *pedron*, *perron*), s. m. : proprement *grosse pierre*, ROCHER, DEGRÉS DE MARBRE.

Peil (lat. *pilum*), s. m. : POIL, CHEVELURE, BARBE. — *Poil* au sens de *chevelure* se trouve encore dans Corneille : « Bourreau qui secondant son courage inhumain, Au lieu d'orner son *poil*, deshonores sa main. » Il est vrai que la seconde édition porte : « Loin d'orner ses *cheveux*. »

Peilent. De *peler* 1.

Peior (lat. *pejorem*). Cas régime singulier ou sujet pluriel de *pire*.

Peiors, régime pluriel de *peior*.

Peiset, **peist**. De *peser*.

Peiz (lat. *picem*), s. f. : POIX.

Pel (lat. *pellem*, fr. : *pel*, *peau*), s. f. : PEAU.

1. **Peler** (lat. *pilare*, formé sur *pilum* = *poil*, et non sur *pilum* ou *pilam* par *i* long, qui ont produit *pile*, *pilon* et *piler*. « Epiler », qui remonte à *pilare* par *i* bref, est de formation savante. La forme populaire serait « épeler ». Il y a un autre verbe *peler* (voyez le suivant) qui se rattache au substantif français *pel* (plus tard *peau*) = lat. *pellem*. Le verbe français *épeler* (d'abord *épelir*) a une origine germanique, mais s'est confondu plus ou moins avec *appeler*, qui vient du latin *appellare*, et qui n'a rien de commun avec les mots dont nous venons de parler. Enfin le verbe *piller*, qu'on peut être tenté de rapprocher des verbes précédents, a été formé au XVIe siècle sur l'italien *pigliare*), verbe à radical variable : *peil*... tonique, *pel*... atone. — EPILER.

2. **Peler** (formé sur *pel* = *peau*. Voy. *Peler* 1), verbe : ÔTER LA PEAU DE.

Pendre (lat. *pendere*), verbe : PENDRE ; ÊTRE PENDU, ou, dans un sens plus général, SUBIR LE DERNIER SUPPLICE.

Pène (origine incertaine), s. f. : partie indéterminée de l'écu. La « pène » était peinte.

Penos (puis *peneux*, *peineux*. — D'un adjectif formé sur *pœna*, qui a produit *peine*. *Penaud* et *pénible* sont de la même famille), adj. : PÉNIBLE. La Bruyère regrette *peineux* : « *Peine*, écrit-il, devait nous conserver *peineux*. »

Penser (lat. *pensare*, qui a donné aussi *peser*), verbe. — « Se penser quelque chose » = *penser à quelque chose*.

Pent, indic. prés. (1re ou 3e pers. du sing.) ou impératif (sing.) de *pendre*.

Per (lat. *parem*, fr. : *per*, écrit plus tard *pair*), adj. et subst. des deux genres : PAIR, ÉGAL (OU ÉGALE), COMPAGNON (OU COMPAGNE). Dans la Chanson de Roland, les douze pairs sont : Roland, Olivier, Gerin, Gerier, Béranger, Othon, Samson, Engelier, Ivon, Ivoire, Anseïs, Girard de Roussillon. Ils meurent tous à Roncevaux.

Perdiet. De *perdre*.

Perdre (lat. *perdere*. — Pour la conjugaison, voyez le tableau des flexions dans l'Introduction), verbe : PERDRE ; SE PERDRE (*mourir*).

1. **Pers** (lat. *Persum*). Nom de peuple : PERSAN. Voy. *Persis*, qui est un dérivé de *Pers*.

2. **Pers** (lat. *persum*, que l'on rattache à *persica* d'où vient *pêche*, fruit originaire de la Perse), adj. : PERS, BLEU ; LIVIDE.

Persis, adj. : PERSAN.

Perte (forme primitive du participe passé féminin de *perdre*), s. f. — « Avoir perte de » = *perdre*. — « Il y aura perte de nous » = *nous serons perdus*.

Pesance (formé sur *peser*, comme *souffrance* sur *souffrir*), s. f. : ACCABLEMENT, PEINE. On disait : « avoir pesance de quelque chose. »

Pesant, part. présent de *peser* : LOURD, DUR, PÉNIBLE.

Peser (lat. *pensare*, qui a produit

aussi *penser*, et qui se rattache à *pensum* = fr. *peis, pois, poids*), verbe à radical variable : *peis*... tonique, *pes*... atone. Indic. prés. : *il peiset*. Subj. prés. : *qu'il peist*. — PESER. — « Cui qu'en peist o cui non » signifie littéralement *à qui qu'il en pèse ou à qui non*, c'est-à-dire *quoi qu'on en puisse dire ou penser*. Cette locution tout entière est souvent explétive et se met pour finir un vers. — « Il (neutre) lui pèse de... » = *il* (ou *elle*) *est affligé à propos de, en pensant à*.

Pesme (lat. *pessimum*), adj. : TERRIBLE.

Petit (radical celtique, et suffixe *ittum* qui a donné ordinairement *et*), adj. et adv. : PETIT ; PEU. Ce mot est encore employé avec la valeur de *peu* par madame de Sévigné : « Il s'amuse à bâtir un *petit*. » On a aussi des exemples de La Fontaine et de Molière. — « A bien petit que... » = *il s'en faut bien peu que*... Le verbe suivant se met à l'indicatif.

Pinabel. Ami et parent de Ganelon. Il est appelé *Pinabel du château de Sorence*. Au moment de son départ pour Saragosse, Ganelon recommande à ses amis de saluer de sa part, à leur retour en France, son ami Pinabel. C'est lui qui, lors du procès de Ganelon, se fait fort de le sauver, et combat pour lui dans le duel judiciaire. Il est tué par Thierri après l'avoir blessé.

Pinceneis. Nom de peuple : PETCHENÈQUES.

Pine. Nom d'une terre que Roland se vante d'avoir conquise. Il s'agit probablement de *Pina* près de Saragosse.

Pitiét (lat. *pietatem*, dont la forme savante est *piété*), s. f. : PITIÉ ; REGRET.

Piz (lat. *pectus*), s. m. : POITRINE, SEIN. Ce mot est arrivé à signifier exclusivement « mamelle d'animal ». Au XVIIe siècle, Scarron l'emploie encore dans le sens primitif : « De la main se battant le *pis*. »

Place, Placet. De *plaire*.

Plaidier (puis *plaider*. — Formé sur *plait*), verbe : TENIR PLAID (Voy. *Plait*) ; RÉPONDRE EN JUSTICE (pour quelqu'un).

1. **Plaigne** (lat. **planea*), s. f. : PLAINE.

2. **Plaigne**. De *plaindre*.

Plaindre (lat. *plangere*), verbe : PLAINDRE ; SE PLAINDRE. — « Plaindre son deuil », c'est *se plaindre, se lamenter*. — « Plaindre quelqu'un à soi-même », c'est *le plaindre en soi-même*. — « Plaindre un ami mort », c'est *se désoler de sa mort* ou *lui faire les derniers adieux*.

Plaing (forme masculine de *plaigne*), s. m. : PLAINE.

Plainst, prétérit (3e pers. du sing.) de *plaindre*.

Plaire (lat. *placere*, dont la véritable forme française est *plaisir*, employée substantivement au moins dès le XIe siècle. La forme *plaire* se rattache à un déplacement d'accent tonique dans la prononciation populaire du latin ou à une analogie postérieure avec *faire*). Indic. prés. : *il plaist*. Subj. prés. : *que jo place*.

Plait (lat. *placitum*, du verbe *placere* qui a donné *plaisir* : mot qui entrait dans la formule de convocation des assemblées), s. m. : PLAID, tribunal du roi sous les deux premières races, JUGEMENT, PROCÈS, par extension TRAITÉ. — « Tenir un plait » peut signifier *prendre part à un jugement*.

Plège (d'origine incertaine, mais de même racine que *plevir*), s. m. : PLEIGE, CAUTION. Le mot *pleige* est employé par Corneille, Pascal, Bossuet et Diderot. Voici l'exemple de Diderot : « L'un d'eux trouva un *pleige* qui prit sa place dans la prison. »

Pleiier (lat. *plicare*). La conjugaison de ce verbe hésite entre *pli* et *plei* comme radical. De cette hésitation sont sortis les deux verbes actuels *plier* et *ployer*, qui ont pris des sens différents. Subj. : *qu'il pleit*.

Plein (lat. *plenum*), adj. : PLEIN, ENTIER. — « Plein cours », voy. *Cors*. — « Pleines ses mains » = *à pleines mains*. — « Pleine sa hanste », voy. *Hanste*.

Plenier (formé sur un dérivé de *plenum* = *plein*), adj. : COMPLET. — « A coups pleniers » = *à grands coups*.

Plevir (d'origine incertaine, mais de même racine que *plège* sur lequel a été fait le verbe *pleiger* encore employé par Chateaubriand), verbe : ENGAGER (sa foi), GARANTIR.

Plorer (puis *pleurer*. — Lat. *plorare*), verbe : PLEURER. On trouve constamment la locution « pleurer des yeux ».

Plorrai (pour *plorerai*), futur de *plorer*.

Plort, subj. prés. (3e pers. sing.) de *plorer*.

Plus (lat. *plus*), adv. — « Plus que... » peut signifier PLUS LOIN QUE.

Plusor (formé sur *plus*. Fr., cas régime : *plusors, pluseurs, plusieurs*). — « Les plusors » = *la plupart*. Cette locution peut être accompagnée de l'adjectif indéfini *tout* : « toz les plusors ».

Podeir (lat. **potere*, fr. : *podeir, poeir, pooir, pouvoir*), verbe à radical variable : *poed*... tonique, *pod*... atone. Ind. prés. :

jo puis, tu poez, il poet, nos podons, vos podez, il poedent. Imparf. : *il podeit.* Prétér. : *il pout.* Futur : *jo podrai.* Subj. prés. : *que jo puisse, que vos poissiez.* Imparf. : *que jo podusse.* — POUVOIR. — « Ne pouvoir en avant » ou « ne pouvoir mais en avant », c'est *n'en pouvoir plus.* — « Pouvoir plus que... », c'est *l'emporter sur.*

Podeste (puis *poeste.* — Lat. **potestam*, pour *potestatem*, qui a donné lui-même *podestét.* Voy. ce mot), s. f. : PUISSANCE.

Podestedif (puis *poesteïf.* — Formé sur *podestét*), adj. : PUISSANT.

Podestedis, cas sujet sing. ou rég. plur. de *podestedif.*

Podestét (lat. *potestatem*, fr. *podestét, poesté.* Le même mot nous a donné *podestat* par l'intermédiaire de l'italien. *Pouvoir* et *puissance* sont de la même famille), s. f. : PUISSANCE. — « Par podestét » = *par force, de force.*

Podrai, Podusse, Poedent, Poez (en une seule syllabe). De *podeir.*

Poi (lat. *paucum*, fr. : *poi*, ou *pou*, d'où *peu*), adv. : PEU. — « Por poi que » ou « por poi » signifie *peu s'en faut que.* Cette locution est suivie de l'indicatif. Nous disons encore, à peu près dans le même sens : « pour un peu ».

Poignant. De *poindre.*

Poignedor (lat. *pugnatorem*, fr. : *poignedor, poigneor, poigneur*), s. m. : SOLDAT, dans le sens de *vaillant soldat.*

Poigniédre, cas sujet de *poignedor.*

Poillaigne. Un des pays que Roland se vante d'avoir conquis. Est-ce la Pologne?

Poille (lat. *Apuliam*). Nom de pays : POUILLE. La Pouille est présentée comme une conquête de Charlemagne.

Poindre (lat. *pungere*), verbe : PIQUER (un cheval de l'éperon), absolument ÉPERONNER, et, par extension, ALLER VITE (même à pied). La Bruyère se plaint que l'usage ait préféré *piquer* à *poindre.* Ce verbe n'est plus guère usité qu'à l'infinitif, avec le sens de « apparaître comme un point ». Nôtre adjectif *poignant* dérive du participe présent de *poindre*, mais a pris un sens figuré. Notre mot *point*, substantif ou négation, se confond avec l'ancien participe passé du même verbe. Le substantif *poinçon*, les mots savants *ponctuer, ponction*, etc., sont de la même famille.

Poing (lat. *pugnum*), s. m. : POING, MAIN.

Point. De *poindre.*

Poinz, cas sujet sing. ou rég. plur. de *poing.*

Poissiez. De *podeir.*

Poldre (puis *poudre.* — Lat. *pulverem*, sur lequel a été formé le verbe savant *pulvériser*), s. f. : POUSSIÈRE. Le mot *poudre* a encore ce sens dans un certain nombre de locutions comme « jeter de la poudre aux yeux, réduire en poudre ». Rapprochez le vers célèbre de Racine : « Il parle, et dans la *poudre* il les fait tous rentrer. »

Poldros (formé sur *poldre* = *poudre*), adj. : POUDREUX.

Pont (origine incertaine), s. m. : POMMEAU.

Poor (lat. *pavorem*), s. f. : PEUR. — « Avoir peur de quelqu'un » ou « être en peur de quelqu'un », c'est *avoir peur pour quelqu'un, craindre un malheur pour lui.*

Por (lat. *pro*), prép. : POUR. L'un des sens principaux de la préposition *pro*, en latin, était « à la place de », comme dans le mot composé PRO*consul* (celui qui est à la place du consul). Du sens de « à la place de » étaient dérivés ceux de « en échange de, en punition ou en récompense de », que notre préposition *pour* a conservés comme le sens primitif. Enfin, les sens dérivés que nous venons d'indiquer ont donné naissance à un nouveau sens, plus général, qui s'est développé surtout en français, celui de « à cause de » ; et comme la cause peut être, soit une cause proprement dite, soit une cause finale, c'est-à-dire un but, nous arrivons à la double valeur de *pour* dans « il le fait *pour* (à cause de) l'amour de Dieu » et « il le fait *pour* (en vue de) sa santé ». La première de ces significations (cause proprement dite) ne s'est maintenue que dans un certain nombre de locutions consacrées. On ne dirait plus, comme madame de Sévigné : « Ne perdez point courage *pour* toutes ces manières désagréables », ni comme l'auteur de la Chanson de Roland : « Ne lui faudront pour mort », mot à mot : « ils ne lui manqueront pas *pour* (à cause de) la mort », c'est-à-dire : « la crainte de la mort ne les fera pas s'éloigner de lui ». Dans l'ancienne langue on pouvait placer *pour* avec cette signification devant un infinitif qui équivalait alors à un substantif exprimant l'action du verbe : « Ja por morir ne vos en faldrat uns », c'est-à-dire : « pas un ne vous manquera à cause de mourir, par crainte de la mort » ; « L'empereur nous aime *pour bien férir* », c'est-à-dire : *à cause des bons coups que nous frappons.* — « Il ne se sauvera pour homme » équivaut à : *il ne pourra se sauver à cause d'aucun homme*, c'est-à-dire : *aucun homme ne pourra le sauver*. — « Por ço que » = *pour cela que, parce que*, ou bien *pour que*, dans ce dernier sens avec le subjonctif. — « Por que » = *pourquoi*.

Porchacier (puis *pourchacer, pourchasser*. — Composé de *chacier* = *chasser*), verbe. — « Se pourchasser de... » = *se tourmenter de*.

Porofrir (composé de *ofrir*), verbe : OFFRIR, PRÉSENTER.

Porparler (composé de *parler*. — Se conjugue comme *parler*), verbe : NÉGOCIER, RÉGLER LES CONDITIONS DE. — Ce verbe est resté dans la langue comme substantif.

Porparolent. De *porparler*.

Porpenser (composé de *penser*), verbe. « Se porpenser » = *réfléchir* ; « se porpenser de » = *prendre la résolution de, s'appliquer à*. Aux temps composés, le pronom réfléchi de *se porpenser* peut être supprimé. Voy. *Lever*. — Ce verbe est encore employé par Saint-Simon : « Je ne cessais de *pourpenser* à part moi... ».

Porprendre (composé de *prendre*), verbe : ENTOURER, OCCUPER. — Le part. passé de ce verbe, *pourpris*, employé substantivement dans le sens d'*enceinte*, s'est conservé longtemps. Voltaire l'emploie encore : « C'est dans le *pourpris* du brillant palais de la lune. »

Port (lat. *portum*), s. m. : PORT ; DÉFILÉ DE MONTAGNE. Ce mot s'emploie encore avec ce dernier sens dans la géographie des Pyrénées : les ports de Plan, de la Pez, de Venasque.

Porter (lat. *portare*), verbe. « Ne pas en porter la tête » ou « la vie » (d'un combat) c'est *rester sur le champ de bataille*. — « En porter » = *emporter*. Nous écrivons cette locution en deux mots pour les raisons que nous avons données à propos de *mener*. — « Porter de... » = *séparer violemment de...* — « Porter ire », voy. *Ire*.

Portout, imparfait de *porter*.

Pout. De *podeir*.

Pramétre (lat. *promittere*, sur lequel a été refaite la forme actuelle *promettre*. Voy. *parjeter*), verbe : PROMETTRE. — « Il nous est promis que » = *nous sommes sûrs que*. — « Promettre sa foi » = *engager sa foi*.

Preciose, nom de l'épée de Baligant, et cri de guerre des Arabes. Voy. p. 116.

Prêde (forme féminine de *pré*, dérivée du pluriel neutre *prata*), s. f. : PRÉ, PRAIRIE. La Bruyère se plaint que l'usage ait préféré *prairie* à *prée*.

Preder (plus tard *preer*, *preier*, *proier*. — Lat. *prædare*. Ce mot est donc de la même famille que *proie*, qui vient du subst. lat. *præda*), verbe : FAIRE DU BUTIN, RAVAGER.

Preiier (lat. *precare*), verbe à radical variable : *pri...* tonique, *prei...* atone. Indic. prés. : *jo pri, tu pries, il priet, nos preions, vos preiiez, il prient*. Subj. prés. : *qu'il prist* (*prit* dans le ms.) — PRIER. — « Preiier Dieu merci », c'est *implorer la pitié de Dieu*. — « Prier à quelqu'un », c'est *le prier, lui adresser une prière*. — « Prier à quelqu'un de soi », c'est *le prier pour soi*.

Preisier (lat. *pretiare*), verbe à radical variable : *pris...* tonique, *preis...* atone. Indic. prés. : *jo pris, tu prises, il priset, nos preisons, vos preisiez, il prisent*. Subj. prés. : *qu'il prist*. — PRISER, ESTIMER, et aussi VANTER. — « Priser à... » c'est *estimer la valeur de...* — « Ne pas priser quelqu'un un gant » c'est *ne pas l'estimer la valeur d'un gant, n'en faire aucun cas*.

Premerain (composé de *premier* et du suffixe *ain*), adj. qui a le même sens que *premier*, dont il dérive : PREMIER, LE PREMIER. — « Tot premerain » = *tout le premier, le premier*.

1. **Premiers**, cas sujet sing. ou rég. plur. de l'adjectif *premier* (= lat. *primarium*).

2. **Premiers**, adverbe dérivé de l'adjectif *premier* : D'ABORD. Cet adverbe (avec ou sans *s* finale), se trouve encore dans Corneille : « ce même poinçon Qui *premier* de mon sexe engendra le soupçon. »

Prendre (lat. **prendere*). Prétérit : *jo pris, tu presis, il prist, nos presimes, vos presistes il pristrent*. — PRENDRE, ENLEVER, RECEVOIR. — « Mal prendre » = *tourner mal*. — « Prendre un conseil à quelqu'un = *demander conseil*. — « Prendre conseil que », voy. *Conseil*. — « Se prendre à » ou « prendre à » avec un sujet non neutre = *se mettre à, commencer à*. Nous disons encore : « il se prit à pleurer », etc. — « Il (neutre) lui prend à » (avec ou sans ellipse du pronom neutre) *il ou elle commence à...* — « Prendre des coups, » c'est *recevoir des coups*. — « Prendre vengeance », voy. *Venjance*. — « Prendre fin » se disait en parlant des personnes. — « Prendre fiance », voy. *Fidance*.

1. **Present**, ind. prés. (1re pers.), ou

subj. prés. (1re ou 3e pers.) du verbe *présenter*.

2. **Present** (lat. *præsentem*), adj. — « Être en présent » c'est *être présent*. — « Mettre ou laisser quelque chose en présent à quelqu'un » c'est *la mettre à sa disposition, lui en faire présent*. On voit comment notre substantif *présent* se rattache à l'adjectif.

Presenter (formé sur *présent*), verbe : PRÉSENTER. — « Se présenter aux pieds de quelqu'un » c'est *se mettre à ses pieds* (pour le remercier).

Presistes. De *prendre*.

Presse (lat. *pressam*), s. f. : FOULE, RANGS SERRÉS *d'une armée, d'une assemblée*, MÊLÉE. — « En la grand presse » = *au plus fort de la mêlée* ou *au plus épais des rangs*.

Prêt (lat. *pratum*), s. m. : PRÉ.

1. **Prez**, cas sujet sing. ou rég. plur. de *prêt*.

2. **Prez**, cas sujet sing. ou rég. plur. de *prest* = PRÊT. On disait : « Je suis prêt que je le fasse » pour *je suis prêt à le faire*.

Pri. De *preiier*.

Priamon. Nom de l'un des Sarrasins que Marsile charge d'accompagner Blanchandrin près de Charlemagne.

1. **Primes** (lat. *primas*), adv. : D'ABORD.

2. **Primes**. nom de lieu. Margariz de Séville tenait son épée de l'émir de Primes.

Principal (mot savant. — Lat. *principalem*), adj. : *de prince*.

Pris. De *prendre* (part. passé ou 1re pers. du prétérit), ou de *preisier* (ind. ou subj. prés. 1re pers.).

Prison (lat. *prensionem, fr. : *preison* devenu de très bonne heure *prison* sous l'influence du participe passé *pris*), s. f. : ACTION DE PRENDRE, *de faire des prisonniers ;* PRISON. — « Avoir prison » au vers 1886, c'est *être fait prisonnier*. Toutefois, il faut peut-être entendre *avoir* dans le sens de l'impersonnel *y avoir* et le substantif *prison* soit dans son sens primitif, soit dans le sens de *prisonnier* qu'il a quelquefois.

Prist. De *prendre* (3e pers. du prétérit), ou de *preisier* (3e pers. du subj. présent), ou de *preiier* (3e pers. du subj. présent).

Pristrent. De *prendre*.

Prodèce (formé sur *prot*), s. f. : PROUESSE.

Prodhome (composé de *prot* et de *home*. Voy. *prot*, s. m. : HOMME SAGE ET DE BON CONSEIL, et aussi HOMME PREUX.

Prot (formé sur le radical *prod* qu'on trouve dans le verbe lat. *prodesse*), 1° adj. : PREUX ; SAGE ; BON (en parlant des choses) ; — 2° subst. : PROFIT. « De son prot » = *pour son profit,comme son intérêt l'ordonne*. — « Y avoir prot » équivaut à *en retirer profit, en être récompensé*. — « N'avoir prot » euphémisme = *être perdu*. — 3° adv. : ASSEZ, BEAUCOUP. C'est l'adverbe *prou* que nous employons encore dans la locution : « ni peu ni *prou*. » Molière dit : « j'ai prou de ma frayeur. »

Proveidre (puis *proveire*, *prouvoire*, *prouvaire*. — Lat. *presbyterum*, dont le nominatif singulier *presbyter* a produit *prêtre*. Pour ce mot le cas sujet l'a emporté sur le cas régime), s. m. : PRÊTRE.

Prozhoem, cas sujet de *prodhome* (Voy. ce mot). On devrait avoir *prozhom*, puisque le cas sujet de *home* dans notre texte est *hom* et non *hoem*. Mais il n'y a pas de doute que la forme est *hoem* dans le composé *prozhoem*, le mot se trouvant en assonance.

Prozhomes, cas rég. plur. de *prodhome*.

Pui (lat. *podium*), s. m. : MONTAGNE. Le mot s'est conservé dans beaucoup de noms de lieux : *le Puy*, le *Puy de Dôme*, le *Puy St Front* (à Périgueux), etc.

1. **Puis** (lat. *post*), adv. et prép. : ENSUITE, APRÈS, DEPUIS, DÉSORMAIS. Cet adverbe ne se place pas comme aujourd'hui exclusivement au commencement des propositions, et, au commencement d'une proposition, il n'indique pas simplement que l'action exprimée dans cette proposition fait suite à celle qui est exprimée dans la proposition précédente, mais il signifie : *dans la suite, plus tard*. — « Puis que » = *après que, lorsque*.

2. **Puis**. De *podeir*.

3. **Puis**, cas sujet sing. ou rég. plur. de *pui*.

Pulcelle (vient d'un diminutif de *pulla*, qui a lui-même donné *poule*), s. f : JEUNE FILLE.

Put (lat. *putidum*), adj. : VIL.

Q

Quadrel (puis *quarrel, carrel, carreau.* — Diminutif du mot lat. *quadrum* d'ou nous vient *cadre* par l'intermédiaire de l'italien. *Carré, quatre* sont de la famille), s. m. : TRAIT D'ARBALÈTE. — « Carreau » s'est dit longtemps des traits de la foudre. Boileau : « Du tonnerre dans l'air bravant les vains *carreaux.* » Encore dans Béranger.

1. **Quant** (lat. : *quando*), conj. : QUAND.

2. **Quant** (lat. : adj. *quantum*). adj. : *combien de.* Cet adjectif se décline comme *tant* 1.

3. **Quant** (lat. : adv. *quantum*), adv. — « A quant que » ou « quant que » = *tant que* — « Quant que » peut aussi signifier *tout ce que;* c'est alors *quant* 2 au neutre.

Quart (lat. *quartum*), adj. : QUATRIÈME.

Quartier (formé sur *quart*), s. m. — « De quartiers », épithète de nature appliquée aux écus, qui, à l'origine, étaient divisés en quatre parties. Le mot *quartier* s'est ensuite appliqué aux armoiries, en nombre quelconque, représentées sur l'écu.

Quasser (lat. *quassare*), verbe : CASSER, BRISER.

Quat (subst. verbal du vieux verbe *quatir = secouer*). s. m. — « Ad un quat » = *d'une seule secousse, d'un seul coup.*

1. **Que** (lat. *quod* ou *quid*), conjonct. : QUE; CAR; SI BIEN QUE; POUR QUE; EN CE QUE, PARCE QUE. — S'emploie quelquefois, particulièrement quand la proposition principale est négative, là où nous mettrions le pronom relatif : « Il n'y a pierre, *que* toute ne soit noire. » « N'ont garnement *que* tout ne flamboye » (vers 1003). — « Que » a le sens de *où* dans « depuis l'heure *que* je suis né. » — « Que » au sens de *jusque* : « d'ici *qu*'en Orient.

2. **Que**, pronom relatif ou interrogatif. — Peut équivaloir à *celui que*, de même que « qui » signifie encore dans certaines locutions *celui qui.* — Peut aussi équivaloir à *ce que.* La Bruyère : « Il y avait à gagner de dire *je sais que c'est qu'un mal*, plutôt que *je sais ce que c'est qu'un mal*, soit par l'analogie latine, soit par l'avantage qu'il y a souvent à avoir un mot de moins à placer dans l'oraison. » — « Que » neutre interrogatif peut se placer entre deux verbes, même quand le second n'est pas à l'infinitif : « Je ne sais *que* je fasse. » — « Que » neutre interrogatif peut encore se placer entre *avoir* et *faire* (aujourd'hui il faut qu'*avoir* soit accompagné d'une négation) : « avoir que faire » = *avoir à faire.* — « Que que je fasse » = *quoi que je fasse.* — « Por que », voy. *Por.* — « Que » peut avoir le sens de *pourquoi.* C'est encore un des sens de *que* neutre interrogatif : « Que ne vient-il ? Que tardez-vous ? » Mais on n'emploierait pas aujourd'hui *que* dans le sens de *pourquoi* avec un verbe accompagné d'un régime direct, à moins que la proposition ne fût négative. On dirait : « Que ne prenez-vous un parti ? », mais non : « Que prenez-vous ce parti. »

Quei (puis *quoi.* — Lat. *quid*), pronom neutre : QUOI. — « Pour quoi » = *c'est pourquoi.*

Queidement (formé sur *queit*), adv. : TRANQUILLEMENT.

Queit (lat. *quietum*, fr. : *queit, quei, coi*), adj. : COI, TRANQUILLE.

1. **Quel** (lat. *qualem*). Cet adjectif ne prenait pas d'*e* au fém. (2ᵉ déclin. des adj.). — « Quel... que » équivaut à *quelque... que* actuel. — « De quel que soit », littéralement *duquel que ce soit* ou *de laquelle que ce soit*, c'est-à-dire : *de l'un ou l'autre* ou *de l'une ou l'autre.*

2. **Quel**, pour *que le.*

1. **Quels**, cas sujet sing. ou rég. plur. de *quel.*

2. **Quels**, pour *que les.*

Querant. De *querre.*

Querre (lat. *quærere*), verbe à radical variable : *quiér...* tonique, *quer...* atone. Prétérit : *jo quis, il quist.* Part. passé : *quis.* L'infinitif de ce verbe et des composés est aujourd'hui *quérir.* Mais La Fontaine emploie encore la forme *querre* : « Messieurs, dit-il, en ce lieu n'ont que *querre.* » — CHERCHER. — « Querre que... », c'est *chercher à ce que.*

Ques, pour *que les.*

Qui, pron. rel. et interrog. — Peut avoir le sens de *quelqu'un qui* : « Seit *qui* l'ocidet » = *Soit quelqu'un qui le tue*, c'est-à-dire *que quelqu'un le tue*. « Se est *qui* mei en creit » = *Si quel qu'un est qui m'en croit*, c'est-à-dire *si quelqu'un m'en croit*. — « Qui » peut encore avoir le sens de *si quelqu'un, si on*. Mais après *qui* dans ce sens, on emploie le condit. et non l'imparf. de l'ind. Encore dans Corneille, La Fontaine, Mme de Sévigné et même dans Fontenelle. La Fontaine : « Bonne chasse, dit-il, qui l'aurait à son croc » (*Le Cheval et le Loup*). — « Qui » exclamatif a quelquefois le sens de *Ah! si on...* — « Qui que » = *quel que soit celui qui*. « Qui qu'en pleure ou qui en rie » = *qu'on en pleure ou qu'on en rie*, c'est-à-dire : *la chose est ainsi*. Voy. aussi *Peser*.

Quil, pour *qui le*.

Qui 'n, pour *qui en*.

Quint (lat. *quintum*), adj. : CINQUIÈME.

1. **Quis**. De *querre*.

2. **Quis**, pour *qui les*.

Quite (lat. **quittum* qui se rattache à *quietum*), adj. : QUITTE, AFFRANCHI. — « Clamer ou rendre une chose *quitte* à quelqu'un », c'est *la lui remettre en toute propriété*. — « Clamer quelqu'un quitte », c'est *l'acquitter*.

Quitedét (formé sur l'adj. *quite* avec le suffixe *edét* = lat. *itatem*), s. f. : FRANCHISE.

R

Rabel. Nom propre. Le comte Rabel est chargé avec Guineman de remplacer Olivier et Roland dans la bataille contre Baligant. Ils commandent la première échelle, composée de Français. Ils donnent le signal de l'attaque. Rabel tue le roi de Perse Torleu.

Rachater (puis *racheter*. — Composé de *acheter* = lat. **accaptare*), verbe : RÉPONDRE (à une sonnerie par une autre). — « Racheter encontre » = *répondre à*.

Rage (lat. *rabiem*), s. f. : RAGE. — Ce substantif est souvent accompagné de l'adj. *mortel* (sans *e* au fém. Voy. *tel*), qui prend alors le sens spécial que nous lui attribuons encore dans les locutions telles que « mortel affront, haine mortelle. » — « Commencer mortel rage » équivaut à peu près à *entrer dans une rage mortelle*.

Raiet. De *raiier*.

Raiier (lat. *radiare*, fr. : *raiier, rayer*), verbe : COULER EN FILETS.

Raison (lat. *rationem*), s. f. : PROPOS, DISCOURS, CE QU'ON DIT OU CE QU'ON ÉCRIT. — « Appeler quelqu'un de fière raison » ou « lui parler par fière raison », c'est *lui adresser de fières paroles*. — « Parler d'une raison », c'est *tenir un propos*. — « Dire et montrer une raison » a à peu près le même sens et n'a guère plus de valeur que *dire*, mais avec l'idée accessoire de montrer quelque chose. — « Droite raison rendre », c'est *bien répondre* (nous disons encore « rendre raison à quelqu'un »)

Raleiier (composé de *leiier*. Voyez ce mot pour la conjug.), verbe : RALLIER ; SE RALLIER.

Ralient. De *raleiier*.

Rancune (d'un dérivé de *rancum*. Même famille que *rancœur*), s. f. : RAGE, FUREUR.

Receif, receit. De *receivre*.

Receivre (lat. *recipere*), verbe à radical variable : *receiv...* tonique, *recev...* atone. Part. passé *receüt*. Indic. prés. : *jo receif, tu receis, il receit*. Impér. : *receif*. — « Receivre la lei », voy. *Lei*.

Recercelét (formé sur *cercel* = *cerceau*). Part. passé : BOUCLÉ.

Recerchier (puis *recercher, rechercher*. — Composé de *cerchier*), verbe : PARCOURIR DE NOUVEAU.

Recèt (lat. *receptum*), s. m. : ASILE, HABITATION.

Recevez, recevrai. De *receivre*.

Reclaimet. De *reclamer*.

Reclamer (composé de *clamer*, se conjugue de même), verbe : APPELER, RÉCLAMER L'AIDE DE, PRIER, INVOQUER, OU encore EXHORTER. — « Réclamer sa colpe », voy. *Colpe*.

Recoillir (composé de *coillir* = *cueillir*), verbe : RECUEILLIR, RECEVOIR.

Reconoissance (formé sur le part. prés. de *reconoistre*), s. f. — « Pour la reconnaissance » = *pour se faire reconnaître*.

Reconoistre (composé de *conoistre*), verbe : RECONNAITRE. — « Reconnaitre un fief », c'est *faire hommage à son suzerain*.

Recoverrai. De *recovrer*.

Recovrance (formé sur *recovrer* =

recouvrer), s. f. Même sens que *recovrement*. Voy. ce mot.

Recovrement (formé sur *recovrer*), s. m. : ACTION DE RECOUVRER. — « Tuer quelqu'un sans nul recouvrement », c'est-à-dire *sans qu'il puisse en revenir*.

Recovrer (lat. *recuperare*). Futur : *jo recoverrai*. — RECOUVRER. — Intransit. : RECOMMENCER. — « Ne pouvoir recouvrer quelqu'un », c'est *ne pouvoir le faire revivre*. — « Recouvrer pour... », c'est *recouvrer en échange de*.

Recredant. De *recreidre*. — Ce part. prés. peut avoir le sens de LACHE.

Recredantise (puis *recreantise*. — Formé sur *recredant*, part. prés. de *recreidre*), s. f. : SOUMISSION. — « Etre en recreantise », c'est *être à la discrétion d'un vainqueur*.

Recredrai, recredut. De *recreidre*.

Recreidre (composé de *creidre* = *croire*), se conjugue comme *creidre*. Part. passé : *recredut* (plus tard *recreü*, *recru*). Part. prés. : *recredant* (plus tard *recréant*. Comparez *mécréant*. Le part. prés. du simple *croire* a été modifié par analogie et euphonie). — « Se recroire », ou « recroire » intransitif (*il est recru* au passé) = SE SOUMETTRE *à discrétion*, SE RENDRE, et aussi SE FATIGUER. — « Recroire à quelqu'un » peut aussi signifier *lui donner caution*. De même « le recroire à... », que *le* soit un pron. neutre ou qu'il représente le gant symbolique en échange duquel caution est fournie dans le duel judiciaire. — « Faire recréant » équivaut à *faire recroire*, comme « faire entendant » à *faire entendre*. — Ce verbe se rattache à l'un des sens du verbe latin *credere*, qui signifiait non-seulement *croire*, mais aussi *remettre*, *confier*. De ce vieux verbe, il nous reste le participe passé « recru » = *excédé de fatigue*.

Recreit. Indic. prés. ou impér. de *recreidre*.

Reçut. De *receivre*.

Redotét, part. passé de *redoter* (=*radoter*, origine germanique), employé avec la valeur d'un part. prés. On le trouve avec le même sens dans Amyot.

Redreguarde (composé de *redre* qui vient de *retro* et que nous retrouvons dans *arrière*, et de *guarde*), s. f. : ARRIÈRE-GARDE.

Redreguarder (verbe formé sur *redreguarde* = *arrière-garde*), verbe : PROTÉGER PAR UNE ARRIÈRE-GARDE.

Referir (composé de *férir*), verbe : FRAPPER DE NOUVEAU.

Reflambeiier (composé de *flambeiier*), verbe : FLAMBOYER. — Ce verbe est à *flambeiier* (= *flamboyer*) ce que *reluire* est à *luire*.

Reflamber (composé de *flamber* dont le sens primitif est *flamboyer*). Même sens que *reflambeiier*.

Refreidier (formé sur *freit* = *froid*), verbe : SE RAFRAICHIR.

Règne (lat. *regnum*), s. m. : ROYAUME.

Regnét (dérivé de *règne*), s. m. : ROYAUME.

Regreter (origine germanique), verbe : REGRETTER, et aussi APPELER A SON AIDE. — « Il me regrette de... » = *je regrette*.

Rei (lat. *regem*, fr. : *rei*, *roi*), s. m. : ROI. Ce titre est donné à Charlemagne, aussi bien que celui d'empereur. On le trouve aussi appliqué à l'émir Baligant. Au vers 106 « le rei gonfanoniers » équivaut à : (*de*) *le rei gonfanoniers*, c'est-à-dire, en supprimant l'inversion et en traduisant : *gonfalonier du roi*.

Relever (composé de *lever*), verbe : RELEVER, SE RELEVER.

Reluire (composé de *luire*), verbe : RELUIRE, BRILLER, ÊTRE ÉCLAIRÉ.

Remaigne, remaint, remandrai. De *remaneir*.

Remaneir (lat. *rememanere*). Part. passé : *remés*. Indic. prés. : *il remaint*. Prétérit : *il remestrent*. Futur : *jo remandrai*. Subj. prés. : *que jo remaigne*. — RESTER, SURVIVRE, S'ARRÊTER, CESSER D'ÊTRE. — « Remanoir en estant » = *rester immobile*. — « Il (neutre) fait à remanoir » = *il convient d'en rester là*. Sur « faire à » dans le sens de *être à*, voy. *Faire*.

Rembalt (origine germanique. Ce nom s'est conservé sous les formes *Raimbaud, Rambaud*). Nom propre. C'est Rembalt qui commande, avec Hamon de Galice, la huitième échelle de Charlemagne, composée de Flamands et de Frisons.

Remembrance (formé sur *remembrer*), s. f. : SOUVENIR.

Remembrer (lat. *rememorare*, sur lequel on a fait le mot savant *remémorer*), verbe. « Se remembrer » ou « remembrer de », c'est *se souvenir de*. On disait aussi impersonnellement : « il me remembre de... »

Remés, remestrent. De *remaneir*.

Remuder (composé de *muder*), verbe. « Remuer quelqu'un de quelque chose », c'est *se charger de la chose à sa place*, ou, pour employer une expression de même famille, mais de formation savante, *permuter avec lui*.

Renc (origine germanique), s. m : RANG.

Rencesvals (origine discutée). Nom de lieu : RONCEVAUX.

Rendre (lat. *reddere*), verbe : RENDRE, REMETTRE, DONNER. — « Rendre bataille », c'est *livrer bataille*. Dans cette expression, *rendre* perd toute idée de retour, de même que dans les locutions actuelles *rendre service*, *rendre visite*. — On disait aussi « rendre des coups » dans le sens de *donner des coups*. — « Rendre mauvais service à quelqu'un », c'est proprement *se mal acquitter du service qu'on lui doit*. — « Rendre quelqu'un ou mort ou recréant », c'est *le tuer ou le soumettre* (Voy. *Recreidre*). — « Rendre ses armes », c'est *quitter son armure, se désarmer*. — « Rendre paix et amour à quelqu'un », c'est *lui accorder la paix et son affection*. — « Rendre droite raison », voy. *Raison*. — « Rendre quelqu'un en otage », c'est *le livrer en otage*.

Renge (origine germanique), s. f. : CE QUI SERT A ATTACHER L'ÉPÉE A LA CEINTURE, OU LE GONFANON A LA LANCE.

Renoveler (composé de *noveler*), verbe : RENOUVELER, RÉPÉTER. Au vers 3300, ce verbe peut signifier « crier à son tour ». *A son tour* était une des valeurs du préfixe *re* dans l'ancienne langue.

1. **Repaidre**. Indic. ou subj. prés., 1re pers., de *repaidrier*.

2. **Repaidre** (plus tard *repaire;* subst. verbal de *repaidrier*), s. m. : RETOUR ; PAYS.

Repaidrier (lat. *repatriare*), se conjugue avec l'auxiliaire *être*. Le sens propre de ce mot est *se rapatrier*, *rentrer dans sa patrie*, S'EN RETOURNER. « S'en repaidrier » a le même sens. — L'infinitif peut être employé substantivement.

Repairrai, futur de *repaidrier*.

Reprover (lat. *reprobare*), verbe : REPROCHER (littéralement *ne pas approuver*).

Reprovier (dérivé de *reprover*, avec le suffixe *ier* = latin *arium*), s. m. : SUJET DE REPROCHE.

Requerre (composé de *querre*. Voy. ce mot), verbe : RECHERCHER, ATTAQUER. Ce verbe (dont l'infinitif est aujourd'hui *requérir*) a pris un sens tout spécial. La Fontaine emploie encore l'infinitif *requerre :* « Il dit : ouvrez ; faut-il tant vous requerre ? » — « Requerre quelqu'un en champ », c'est *lui livrer bataille*.

Requiert. De *requerre*.

Resaillir (composé de *saillir*), verbe. — « Resaillir sus » c'est *se remettre sur ses pieds*.

Resortir (composé de *sortir*), verbe : REBONDIR.

Respondiét, prétérit de *respondre*.

Respons (forme primitive du part. passé de *respondre*. Nous avons conservé le féminin *response*), s. m. : RÉPONSE. — Le masculin *répons* existe encore dans la langue liturgique.

Restif (plus tard *rétif*. — Formé sur le verbe *rester*), adj. — « Faire quelqu'un rétif », c'est L'ARRÊTER.

Restis, cas sujet sing. ou rég. plur. de *restif*.

Resurrexis. Mot tout latin qui signifie *ressuscitas*.

Retenir (composé de *tenir*), verbe : GARDER. — « Se retenir » sur le champ de bataille, c'est *tenir ferme*. — « Retenir le champ », c'est *marquer qu'on est maître du champ de bataille*.

Retrait, part. passé de *retraire* = *retirer*. Voy. *Traire*.

Revedrai, futur de *revedeir* = *revoir*. Voy. *Vedeir* pour la conjugaison.

Reveignons. De *revenir*. Voy. *venir*.

Reveler (lat. *rebellare*, auquel se rattachent, en formation savante, *rebelle*, *rébellion*), verbe : SE RÉVOLTER.

Revont (composé de *vont*. Voy. *Vois*) : VONT DE NOUVEAU.

Richart (origine germanique) : RICHARD LE VIEUX, duc de Normandie, qui a vécu en réalité à la fin du Xe siècle. La Chanson de Roland le montre assistant au conseil tenu par Charlemagne. Dans la bataille contre Baligant, il conduit la cinquième échelle, composée de Normands, et il est tué par Baligant.

Riche (origine germanique), adj. : PUISSANT.

Ridre (puis *rire*, lat. *ridere*). Part. prés. : *ridant*. Subj. : *que je rie*. — RIRE.

Rivier (dérivé de *rive*, avec le suffixe *ier* = lat. *arium*) : CÔTE MARITIME. On dit encore « la rivière de Gênes » pour désigner le pays de Gênes entre l'Apennin et la mer.

Rodét (puis *roé*, *roué*. — Formé sur *rode* = *roue*. Notre verbe *rouer* a été aussi formé sur *roue*), adj. : ORNÉ DE ROSACES.

Roevet. De *rover*.

Rollant (Origine germanique) : ROLAND. Le comte Roland est le neveu de Charlemagne, et l'un de ses douze pairs. Le poète lui donne aussi le titre de *marquis;* il était en effet, d'après l'histoire, préfet des *Marches* de Bretagne.

Rompre (lat. *rumpere*). Indic. prés. : *il ront*. — ROMPRE ; SE ROMPRE.

Roncin (origine germanique. C'est le même mot que *roussin*), s. m. : CHEVAL DE CHARGE.

Ront. De *rompre*.

Rot (puis *rout*. — Part. passé primitif de *rompre*. Notre substantif *route* est le féminin de ce participe) : ROMPU.

Rover, verbe à radical variable : *roev*... tonique, *rov*... atone. — CHERCHER A.

Rubeste (origine inconnue), adj. : TERRIBLE.

S

S', pour *se* pronom réfléchi, pour *se* conjonction (= *si*), plus rarement pour *si* adverbe ; enfin pour *sa*. L'ancienne langue ne remplaçait pas *sa* par *son* devant les mots féminins commençant par une voyelle.

Sabelin (origine russe), adj. : DE MARTRE ZIBELINE.

Safrét (origine orientale. Même racine que dans *safran*), part. passé : BRODÉ ou DORÉ, d'après L. Gautier ; ENDUIT D'UN VERNIS DORÉ, d'après P. Meyer.

Saillir (lat. *salire*). Indic. prés. : *il salt*, *il saillent*. Prétérit. : *il saillit*. — SAUTER, JAILLIR.

Saintisme (superlatif de *saint*) : TRÈS SAINT. — Le même suffixe se retrouve sous la forme *issime*, au lieu de *isme*, dans les superlatifs de formation récente, tels que *richissime*.

Sainz. Les Saints dont il est question à propos du tremblement de terre qui annonce la mort de Roland, sont, d'après M. L. Gautier, les saints de Cologne.

Saisne. Nom de peuple : LES SAXONS. Charlemagne redoute leur soulèvement après la mort de Roland.

Saisoigne. Nom de pays : SAXE.

Saive (lat. **sapium*, qui a donné *saive* et *sage*), adj. : SAGE, DE BON CONSEIL.

Sale (origine germanique), s. f. : la grande SALLE d'un palais, d'un château.

Salf (lat. *salvum*, fr. : *salf*, *sauf*), adj. : SAUF ; SALUTAIRE.

1. **Sals**, cas sujet sing. ou rég. plur. de *salf*.

2. **Sals** (lat. *salsum*), adj. : SALÉ. Notre substantif *sauce* n'est autre chose que le féminin de cet adjectif, pris substantivement.

1. **Salt**. De *saillir*.

2. **Salt** (lat. *saltum*), s. m. : SAUT. — « Les salz » = *à grands sauts*.

Salt-perdut : SAUT-PERDU, nom du destrier de Malcuidant.

Salve, féminin de *salf*.

Salvement (est à *salver* (sauver) ce que *ornement* est à *orner*), s. m. : SALUT (dans le sens de *mise hors de danger*), comme *salvetét* (voyez ce mot).

Salvetét (ce mot est à l'adjectif *salf* (= *sauf*) ce que *sûreté* est à *sûr*), s. f. : SALUT (dans le sens de *mise hors de danger*). — « La lei de salvetét », voy. *Lei*.

Sans, cas sujet singulier de *sanc*.

Sanson (origine hébraïque), nom propre : SAMSON. Le duc Samson est un des douze pairs. Il assiste à l'arrivée de Blanchandrin. A Roncevaux il tue l'aumaceur de Moriane, et il est tué par Valdabron.

Sapeide (même radical que dans *sapin*, avec le suffixe *eide*, devenu ensuite *eie* et *aie*, que l'on retrouve dans *saulaie*, *châtaigneraie*, etc.), s. f. : BOIS DE SAPIN.

Sarcou (lat. **sarcogum* pour *sarcophagum*, fr. : *sarcou*, *sarqueu*, *cerqueu*, puis *cercueil* par confusion avec le suffixe *euil*), s. m. : CERCUEIL.

Sarragozeis (dérivé de *Sarragoce*, avec le suffixe *eis* (*ois*) = *ensem*), adj. : DE SARAGOSSE.

Sarrazineis (dérivé de *Sarrazin* avec le suffixe *eis* (ois) = *ensem*), adj. : FAIT EN PAYS SARRAZIN.

1. **Saveir** (lat. *sapere*). Indic. prés. : *jo sai*, *tu sés*, *il sét*, *nos savons*, *vos savez*, *il sévent*. Prétérit : *il sout*. Fut. : *je savrai*. — SAVOIR. — Nous disons bien « je ne sais pas vous dire », mais nous ne dirions pas « je sais vous dire ». Quand la phrase est affirmative, c'est le futur que l'on emploie : « je saurai vous le dire ». Dans la Chanson de Roland on a : « Ço vos *sai* jo bien dire. » — « Ne savoir blâme de quelque chose » = *n'y voir rien de blâmable*. — « Ne savoir mot », c'est *ne rien savoir*. — « Savoir assez » = *savoir bien*. — « Je sais assez parler » = *je pourrais beaucoup parler*.

2. **Saveir**, infinitif pris substantivement et qui s'emploie aussi au pluriel : SAVOIR, HABILETÉ, BON SENS. La parenté entre *saveir* et *sage* était nettement accusée par l'emploi de ces deux mots au XIe siècle : *sage* est opposé à *fol*, comme *saveir* à *folie* (voyez vers 229 et 569).

Se (lat. *si*), conj. : SI. — « Se non » = *sinon*. Les deux parties de *senon* sont ordinairement séparées : « se de vostre prot non », c'est-à-dire *sinon pour votre profit*. — « Ne... se... non » = *ne que*.

Sèbre. Nom de rivière : L'EBRE.

Sedeir (lat. *sedere*, fr. : *sedeir*, *seeir*, *seoir*), verbe à radical variable : *siéd*... tonique, *sed*... atone. Part. présent : *sedant*. Indic. prés. : *il siét*, *il siedent*. Prétér. : *il sist*. — S'ASSEOIR, ÊTRE ASSIS. — « Dresser quelqu'un en séant », c'est *le mettre sur son séant*.

Sedét (lat. *setatum*, formé sur *seta*, qui a produit *seie*, *soie*), adj. : GARNI DE SOIES.

Sedme (lat. *septimum* et *septimam*), adj. : SEPTIÈME.

Seel (lat. *sigillum*, fr. : *seel*, *sceau*), s. m. : SCEAU.

Seeler (formé sur *seel*), verbe : SCELLER. — « Faire sceller ses brefs » peut équivaloir à *envoyer une lettre*.

Sei (lat. *se*), pronom réfléchi : SOI, SE, A SOI. — *Soi*, au lieu de *se*, s'est employé jusqu'au XVIIe siècle. Rabelais : « Gargantua soi peignant ». Cet emploi s'est conservé dans la locution « *soi* disant ». — On trouve aussi *sei* là où nous mettrions *lui* : « il emmène ses hommes avec *soi*. »

Seie, Seient. De *estre*.

Seignacle (lat. *signaculum*, dérivé de *signum* = *signe*), s. m. : SIGNE DE CROIX.

Seignier (lat. *signare*, fr. : *seignier*, *signer*), verbe qui est employé dans la Chanson de Roland avec les sens de BÉNIR par le signe de la croix, et de *marquer son front du signe de la croix*. Nous disons encore, avec le second sens : « se signer ».

Seignor (lat. *seniorem*), s. m. : SEIGNEUR. Remarquez que « seignor » au vocatif est du pluriel et doit être traduit par *seigneurs*. Le vocatif singulier est « sire ».

Seignoril (dérivé de *seignor*), adj. : SEIGNEURIAL.

Seions, Seit. De *estre*.

Seivret. De *sevrer*.

Sel, pour *se* (= conj. *si*) *le*.

Selve (lat. *silva*, auquel se rattache *selvage* qui est devenu *sauvage*), s. f. : FORÊT.

Sem, pour *se* (= conj. *si*) *me*.

Semblant, participe présent ou gérondif pris substantivement. « Le semblant de quelqu'un », c'est *ce qu'il semble*, *ce à quoi il ressemble*, ou *ce qui lui semble*, *son avis*. — « Dire à quelqu'un de son semblant », c'est *lui dire sa façon de penser*.

Sempres (lat. *semper*), adv. : AUSSITÔT, SANS INTERRUPTION, BIENTÔT, SUR-LE-CHAMP.

Senefiance (formé sur *senefier* = *signifier*, comme *confiance* sur *confier*), s. f. : SIGNIFICATION.

Senefiier (lat. *significare*), verbe : SIGNIFIER, ÊTRE UN SYMBOLE DE.

Senestre (lat. *sinistrum*), adj. : GAUCHE.

Sens (lat. *sensum*), s. m. : SENS, BON SENS. — « Courage par sens », c'est *courage sensé*. Sur *par* = *avec*, voyez *Par*. — « Perdre le sens », c'est *être hors de soi*.

Sentir (lat. *sentire*). — Indic. prés. : *jo sent*, *tu senz*, *il sent*, etc. Impér. : *sent*.

Senz (lat. *sine*), prép. : SANS ; A L'EXCEPTION DE (vers 2039).

Sereit. De *estre*.

Serf. De *servir* (indic. prés., 1re pers., ou impératif).

Serjant (lat. *servientem*, part. prés. de *servire* qui a donné *servir*), s. m. : SERGENT, SERVITEUR.

Sermon (lat. *sermonem*), s. m. : EXHORTATION, SERMON. On disait « dire un sermon ». — « Ecrier un sermon », voy. *Escrider*.

Servir (lat. *servire*), verbe : SERVIR. — « Servir à... » = *servir* suivi d'un régime direct.

Servise (lat. *servitium*), s. m. : SERVICE, INTÉRÊT ; au pluriel, ASSURANCES DE SERVICE. — « Mourir en le service de... » = *mourir au service de*...

Ses, cas sujet sing. ou rég. plur. de l'adj. poss. *son* : SON, SES.

Sét. De *saveir*.

Set (lat. *septem*). Nom de nombre : SEPT. Le *p*, qui ne se prononce pas, a été introduit dans l'orthographe de ce mot pour rappeler l'étymologie.

Seür (lat. *securum*, fr. *seür*, *sûr*), adj. : SÛR, TRANQUILLE. — « Etre sûr de quelque chose », c'est *avoir une garantie*.

Seürement (plus tard *sûrement*. — Formé sur *seür*), adv. : EN SÉCURITÉ.

Sévent. De *saveir*.

Sevrer (lat. **seperare*), verbe à radical variable : *seivr*... tonique, *sevr*... atone. — SÉPARER, FENDRE. — « Se sevrer de » = SE SÉPARER DE, VENIR DE.

Sez (lat. *satis*. Nous avons encore le composé *assez*), adv. : ASSEZ. — « Il (neutre) lui est sez de » = *il est rassasié de*.

Sezilie (prononcez *Sezille*, comme *fille*). Nom d'une ville que Roland se vante d'avoir conquise. Il faut peut-être y voir une corruption du nom de Séville.

1. **Si** (lat. *sic*), adv. Ce mot, qui entre dans la composition de *ainsi*, *aussi*, et qui a conservé quelques emplois importants

dans la langue actuelle, était d'un grand usage dans l'ancienne langue. Il a le sens de *ainsi* ou celui de *aussi*. Mais dans beaucoup de cas il est explétif, et peut être négligé quand on traduit, ou bien il n'a guère plus de valeur que la conjonction « et » à laquelle il se joint quelquefois. — *Si*, suivi d'un adjectif, a quelquefois le sens de *très*. — « Si... que + indicatif » = *assez pour* + infinitif (littéralement *de manière que*). « Il y avait à gagner, dit La Bruyère, de dire *si que* pour *de sorte que* ou *de manière que* ». — Dans la Chanson de Roland le mot qui correspond à notre conjonction *si* est « se. » Par conséquent *si* n'a JAMAIS la valeur de notre *si* conditionnel ou dubitatif.

2. **Si**, cas sujet pluriel de *son* : SES (masculin).

Sibilie (prononcez *Sibille*, comme *fille*). Nom de ville, sans doute *Séville*.

1. **Siét**. De *sedeir*.

2. **Siét** (lat. *sedem*. Notre mot *siège* est formé sur un dérivé de *sedem*), s. m. : SIÈGE ; SIÈGE DU POUVOIR, CAPITALE. — « Le meilleur siét » = *la capitale*.

Sigler (origine germanique. Ce verbe est devenu *cingler* par l'intercalation d'une *n*, avec une légère modification d'orthographe, *c* pour *s*), verbe : CINGLER, NAVIGUER.

Siglorel. Nom d'un enchanteur sarrazin, qui est tué par Turpin.

Sil, pour *si le*.

Sim, pour *si me*.

Sin, pour *si en*.

Sire, cas sujet de *seignor* = SEIGNEUR.

1. **Sis** (lat. *sex*). Nom de nombre : SIX.

2. **Sis**, pour *si les* ou *si se*.

Sist. De *sedeir*.

Siste (lat. *sexta*), adj. : SIXIÈME.

Slut. De *sivre*.

Sivre (lat. **sequere*). Part. passé : *seüt*. Indic. prés. : *il siut*. — SUIVRE. — « Sivre après », même sens (nous disons de même *courir après*).

Sizre (écrit *Sizer* dans le ms.) : CIZE, en Navarre. C'est le nom des défilés que traverse Charlemagne pour rentrer en France.

Soavét (formé sur un diminutif de *suavem*, qui a lui-même donné *soéf*. Voy. ce mot), adv. : DOUCEMENT.

Socorance (formé sur *socorre*, comme *souffrance* sur *souffrir*), s. f. : SECOURS. — « Avoir secourance », c'est *être secouru*.

Socorez. De *socorre*.

Socorre (lat. *succurrere*, composé de *currere*, qui a donné *corre*), verbe : SECOURIR. Voy. *Corre* pour la conjugaison.

Socors (lat. *succursum*, se rattache à *succurrere* qui a donné *socorre* puis *secourir*), s. m. : SECOURS. — « Etre à secours à quelqu'un », c'est *le secourir*, comme nous disons « être à charge à... ».

Soduisant, part. prés. de *soduire* (= *séduire*, lat. *subducere*) : PERFIDE.

Soë (lat. *sua*), adj. poss., remplacé plus tard par *sienne* qui est formé sur le masculin *sien*. « La soë », = *la sienne*. Comme tous les adj. poss. de l'ancienne langue, *soë* peut être employé avec l'article sans cesser d'être adjectif : « La *soë* feit » = *sa foi*. — « Soë », sans article, peut aussi être employé au lieu de *sa*.

Soéf (lat. *suavem*, dont la forme savante est *suave*), adj. et adv. : DOUX, DOUCEMENT. — « Soéf tenir », voy. *Tenir*.

Soefret. De *sofrir*.

Soelt. De *soleir*.

Soen (en une syllabe. — Lat. *suum*), adj. poss., qui a été remplacé par *sien*, créé par analogie avec *mien*. — SIEN. Comme tous les adj. poss. de l'ancienne langue, *soen* peut être employé avec l'article sans cesser d'être adjectif : « *Le soen* Deu » = *son Dieu*.

Soer, cas sujet de *soror*. Se trouve une fois employé comme régime. Mais il y a peut-être une faute dans le manuscrit.

Sofraite (part. passé fém. de *sofraindre*. Voy. *Fraindre*), s. f. : SOUFFRANCE, PRIVATION. — « Avoir sofraite de », c'est *être privé de*.

Sofrir (lat. **sufferire*). Indic. prés. : *il soefret*. — SOUFFRIR, ENDURER.

Soing (origine germanique), s. m. : SOIN. — « N'avoir soin d'une chose », c'est *n'en avoir souci, la mépriser*.

Sojorn (puis *sojor*, *séjour*. Subst. verbal de *sojorner*, formé sur *diurnum* (= *jorn*) avec le préfixe *sub* et le suffixe de la première conjugaison), s. m. : SÉJOUR. — « Prendre séjour » = *s'arrêter*.

Sol (lat. *solum*, fr. *sol*, *seul*), adj. : SEUL ; adv. : SEULEMENT.

Soldedier (lat. **solidatarium*), s. m. : SOLDAT A GAGE. Ce mot est de même racine que « *soldat* », qui nous vient de l'italien. Appartiennent à la même famille les mots populaires ou savants *sou*, *soudoyer*, *solde*, *solide*. Un « sou » est une *pièce solide*. On voit que l'idée qui domine toute cette famille de mots est celle de « pièce de monnaie qui sert à payer ».

Soleir (lat. *solere*, fr. : *soleir*, *soloir*, *souloir*), verbe à radical variable : *soel*. tonique, *sol*... atone. Il se conjuguerait comme *vouloir*, s'il vivait encore. — AVOIR COUTUME DE. Tout le monde connaît ces vers de La Fontaine : « Deux parts en fit dont il *soulait* passer L'une à dormir et l'autre à ne rien faire ». Chateaubriand a encore employé *souloir*. Mais dès le XVIIe siècle il tombait en désuétude, et La Bruyère s'en plaint. Littré dit avec raison : « *Souloir* est une des plus grandes pertes que la langue ait faites. Car, combien *avoir coutume*, dont on est obligé de se servir, est lourd et incommode ! » — « Souloir aimer quelqu'un » équivaut à *l'aimer*. Dans les locutions de ce genre, *souloir* peut être négligé quand on traduit.

Som (lat. *summum*), adj. qui sert à former des locutions prépositives et adverbiales. « En som » ou « par som » = AU SOMMET DE, EN HAUT DE, EN HAUT.

Someiler (se rattache pour le radical à *somier*), verbe : TRAVAILLER (en parlant d'une bête de somme).

Somier (lat. *sagmarium*), s. m. : CHEVAL OU MULET DE SOMME.

Somondre (lat. *submonere*, fr. *somondre*, *semondre*). Impér. *somon*. — SEMONDRE, APPELER, CONVIER. Ce verbe n'est plus guère usité (à l'infinitif seulement d'après l'Acad.) ; mais le substantif *semonce*, qui en dérive, est au contraire d'un emploi courant. Exemple de *semondre* dans La Fontaine : « Son hôte n'eut pas la peine De le *semondre* deux fois » (Fable *Le Satyre et le Passant*).

Son (lat. *sonum*) s. m. : SON, VOIX. — « A grand son » = *à très haute voix*.

Soner (lat. *sonare*), verbe : SONNER, RÉSONNER.

Sons, subj. (2e pers. sing.) de *soner*.

Sont. De *soner* (subj. sing.) ou d'*estre* (indic. plur.).

1. **Sor** (lat. *super*, fr. : *sor*, *sour* ou *sur*), prép. : SUR ; PLUS QUE.

2. **Sor** (origine douteuse), adj. : ROUX. C'est l'adjectif qui entre dans la composition de *hareng-saur*.

Sordre (lat *surgere*, fr. : *sordre*, *sourdre*, et, en formation savante, *surgir*. Notre subst. *source* dérive du part. passé de ce verbe). Indic. prés. : *il sort*, *il sordent*. — SURGIR, APPARAÎTRE.

Sorel (diminutif de *sor* 2. Voy. ce mot). Nom du cheval de Gerin.

Soror (du lat. *sororem*), s. f. : SŒUR.

1. **Sort** (lat. *sortem*), s. f. : SORTILÈGE. OBJET DE SORCELLERIE.

2. **Sort**. De *sordre*.

Sorvesquiét. De *sorvivre* (= *survivre*). Voy. *Vivre* pour la conjugaison.

Sostiégne. De *sostenir* (= *soutenir*). Voy. *Tenir* pour la conjugaison.

Sout. De *saveir*.

Sovenir (lat. *subvenire*, composé de *venire* = *venir*), verbe. L'impersonnel « il me souvient de » existe encore aujourd'hui ; mais on ne dirait plus : « il lui eût pu souvenir de... » Cependant Corneille : « Il peut vous souvenir quelles furent mes larmes ».

Soz (lat. *subtus*, fr. : *soz*, *sos*, *sous*), prépos. : SOUS. On disait : « regarder sous destre », pour *regarder à droite* (de haut).

Sozcliner (puis *souscliner*. Formé sur *cliner* comme *soustraire* sur *traire*), verbe : PENCHER, INCLINER.

'St, pour *est*.

Suatilie (prononcez *Suatille*, comme *fille*, le second *i* indiquant simplement la mouillure de l'*l*). Nom de pays. C'est le roi de Suatile qui avait fait cadeau à Marsile des mules blanches sur lesquelles Blanchandrin et ses neuf compagnons se rendirent près de Charlemagne.

Sulïan, adj. : SYRIEN. C'est un Syrien de l'avant-garde de Baligant qui rapporte à l'émir qu'il a vu l'armée de Charlemagne.

Sus (lat. *sursum*), adv. : EN HAUT. — « Resaillir sus », voy. *Resaillir*. — « Sus amont » = *en haut* ou *d'en haut*.

T

T', pour *te* ou pour *ta*. On ne mettait pas l'adj. poss. masc. devant les noms féminins commençant par une voyelle.

Tabor (origine orientale), s. m. : TAMBOUR.

Tache (origine douteuse. — Le ms. d'Oxford a *tetche*), s. f. : TACHE, HONTE.

Tachebrun. Nom du destrier de Ganelon.

Taire (lat. *tacere*). Impér. : *tais*, *taisiez*. — TAIRE, SE TAIRE.

Tais, impér. de *taire*.

Talent (lat. *talentum*), s. m. : DISPOSITION D'ESPRIT, DE CŒUR ; INTENTION, DÉSIR. Rabelais dit encore : « Et quelquefois riront lorsque n'en auront talent. » — « Avoir talent que + subj., *ou* de + infin., *ou* avoir en talent que », c'est *avoir l'intention de*, *être disposé à*, *désirer*. La signification de ce mot s'est développée non dans le sens de *désir*, mais dans celui de *disposition d'esprit*, *aptitude*. Le sens français primitif dérive lui-même du latin *talentum* qui désigne un certain poids et, par extension, une certaine valeur d'argent (de là l'expression savante : un talent d'or, un talent d'argent). Le *talent*, au sens français, c'est le poids qui entraîne l'esprit. C'est par une figure semblable que *penser* (dérivant de *pensare = peser*) est arrivé à sa signification française.

1. **Tant** (lat. *tantum*), adj. indéf. dont le cas sujet sing. et rég. plur. est *tanz*, le féminin singulier *tante*, et le féminin pluriel *tantes* : TANT DE, BEAUCOUP DE. Cet adjectif a la même valeur qu'il soit au singulier ou au pluriel : « tante lance » ou « tantes lances » = *tant de lances*. — Après l'adjectif *tant*, le pronom relatif régime peut être remplacé par la conjonction *comme* : « Tantes terres comme le baron conquit. » C'est une imitation d'une construction analogue avec *tant* adverbe (voy. *Tant* 2).

2. **Tant** (lat. *tantum*), adv. : TANT. — Employé au lieu de *si* ou de *aussi* : « il fut *tant* beau, il l'avait *tant* cher. » — Sens de *assez* : « Se tant ai de leisir » = *si j'ai assez de loisir, si j'en ai le loisir*. « Ne savoir tant », c'est *ne pas en savoir si long*. — « Tant » exprimant une comparaison (autant de temps ou autant d'espace), est suivi de *come* ou *com*, et non de *que* comme dans la langue actuelle. « Tant com » dans une phrase négative gouverne le subjonctif : « Ço n'iert... tant com vivet ses niés » = *ce ne sera tant que vivra son neveu*. — « Tant come » peut signifier *tout ce que*. — « Tant que » = *jusqu'à ce que*. — « Ne... tant = *ne... davantage*. — « Tant plus » = *d'autant plus*. — Après *tant*, souvent ellipse de *que* : « Tant li donez aveir N'i ait Franceis... » = *Donnez-lui tant d'argent qu'il n'y ait Français...* »

Tante, féminin de *tant*.

Targe (origine germanique), s. f. : TARGE, espèce de bouclier.

Targier (lat. **tardicare*, formé sur *tardum*, tandis que *tarder* a été formé sur le français *tard* dérivé de *tardum*), verbe : TARDER, ÊTRE EN RETARD. — « Se targier » a le même sens.

Tart (lat. *tardum*), adv. — « Il (neutre) est tard du... » = *il est trop tard pour le...*

Tedbalt (origine germanique) : THIBAUT de Reims, cousin de Milon. Il assiste au conseil tenu par Charlemagne. Plus tard il est chargé de garder le champ de bataille de Roncevaux, pendant que l'empereur se lance à la poursuite des Sarrazins, puis il escorte les chars contenant les restes de Roland, d'Olivier et de Turpin. Dans la bataille contre Baligant, il commande, avec deux autres seigneurs, la sixième échelle, composée de Bretons (voy. *Odon*). On sait que plusieurs comtes célèbres de Champagne ont porté le nom de Thibaut.

Tei (lat. *te*), pronom personnel : TOI, TE, A TOI.

Teint, part. passé de *teindre*. A le sens de « qui a changé de couleur ».

Tel (lat. *talem*), adj. indéf. qui ne prend pas d'*e* muet au féminin. L'adjectif « tel » est souvent explétif ou équivaut à l'article indéfini, particulièrement quand il est accompagné d'un nom de nombre ou suivi du pronom relatif : « Tels trente de ses parents... » = *trente de ses parents*. « Tel as ocis dont... » = *tu en as tué un dont...* — « A tel heure », voy. *Hore*.

Tempier (lat. **temparium*, formé sur *tempus* qui a donné *temps*. Même racine que dans *tempête*. Le ms. d'Oxford a *tempez*, mais l'assonance exige un mot en *ié*), s. m. : TEMPÊTE.

Temple (lat. *tempora*), s. f. : TEMPE. — Le mot est masculin une fois dans le ms. d'Oxford. — « Tempe du cerveau » = *tempe*.

Tencendor, nom du destrier de Charlemagne. L'empereur l'a conquis sur Maupalin de Narbonne.

Tencier (puis *tencier*, *tancer*. — Lat. **tentiare* formé sur *tentum*). Ce verbe est intransitif dans l'ancienne langue. Montaigne dit encore : « Tancer avec son valet. » Dans la Chanson de Roland, « tancer à », c'est *se disputer avec, injurier*. Littré confond à tort *tancer* avec *tenser* (voy. ce dernier mot dans notre glossaire).

Tendrai, peut être le futur de *tendre* ou celui de *tenir*.

Tendre (lat. *tendere*), verbe. — « Tendre de... » = *tendre à, chercher à*.

Tendror (formé sur l'adj. *tendre*, comme *pâleur* sur *pâle*), s. f. — « Avoir tendreur pour quelqu'un », c'est *s'attendrir, s'affliger pour lui*.

Tenebros (puis *ténébreux*. — Formé sur *ténèbre*), adj. : TÉNÉBREUX, PLEIN DE TÉNÈBRES.

Tenir (lat. *tenere*, avec assimilation à *venir*, de *venire*). Prétér : *il tint, il tindrent*. Futur : *jo tendrai*. Subj. : *que jo tiègne*. — TENIR, RETENIR, CONSERVER, ARRÊTER. — « Tenir la lei », voy. *Lei*. — « Tenir quelqu'un », c'est *lui être fidèle*. — « Tenir un pays de quelqu'un *ou* par le don de quelqu'un », c'est *le posséder à titre de vassal.* — Absolument « tenir un pays », c'est *en être le seigneur, le gouverner.* — « Se tenir à » s'emploie à peu près comme aujourd'hui : « Laissons les fols, as sages nos tenons » (vers 229), et « Laissiez folie, tenez vos al saveir » (vers 569). — « Tenir la chrestientét », c'est *pratiquer la religion chrétienne.* — « Tenir le pas » c'est *aller au pas.* — « Tenir soéf » (sous-entendu *le pas*) = *aller doucement.* — « Tenir une bataille » est une expression analogue à l'expression actuelle « soutenir une lutte » — « Tenir en gab », voy. *Gab.* — « Tenir l'enchauz », voy. *Enchalz.*

Tens (lat. *tempus.* — L'orthographe latine a réagi sur l'orthographe du mot français), s. m. : TEMPS, VIE. — « Laisser son temps », c'est *perdre la vie.* — « Ne plus y avoir de son temps » c'est *etre mort* ou *mourant.* — « Avoir usé son temps », voy. *User.* — « Tous temps » = *tout le temps, toujours.* — « Temps est du... » = *c'est le moment du.*

Tenser (lat. **tensare*, formé sur *tensum*), verbe : DÉFENDRE, PROTÉGER. Ne pas confondre ce verbe avec *tencier.*

Terdre (lat. *tergere*), verbe : ESSUYER.

Terre (lat. *terra*), s. f. : TERRE, PAYS. On disait « à la terre » au lieu de « à terre » après *joster, colchier.* Voy. ces mots.

Terre-moete (lat. *terra mota*), s. f. : TREMBLEMENT DE TERRE.

Tervagan. Un des dieux des Mahométans d'après la Chanson de Roland. Voy. page I.

Tes, cas sujet sing. ou rég. plur. de *ton* : TON, TES.

Ti, cas sujet plur. de *ton* : TES (masc.).

Tiedeis (plus tard *Tiois.* Allemand *Deutsch*). Nom de peuple : ALLEMANDS.

Tiedri (origine germanique. Forme populaire de *Théodoric*). Nom propre : THIERRI. Thierri, duc d'Argonne, et frère de Geoffroi d'Anjou (voy. *Jofreit*), aide à relever Charlemagne quand il se pâme de douleur sur le champ de bataille de Roncevaux. Dans la bataille contre Baligant, il commande la neuvième échelle, composée de Bourguignons et de Lorrains.

Tiegne. De *tenir.*

Tierce, féminin de *tiers.*

Tiers (lat. *tertium*), adj. : *troisième.*

Timoigne (fait sur un dérivé de *thymiama*), s. m. : ENCENS.

Timozel, nom d'un Sarrazin qui est tué par Gerin et Gerier.

Tindrent. De *tenir.*

Tinel (d'un dérivé du lat. *tignum.* Le mot français a probablement été d'abord *tignel*), s. m. : GROS BATON, MASSUE.

Tint. De *tenir* ou de *tinter.*

Tinter (lat. **tinnitare*), verbe. — « Tinter mot » = *sonner mot.* On dit encore activement « tinter la grosse cloche. »

Tirer (origine germanique), verbe. — L'infinitif peut être employé substantivement : « en ce tirer » = *pendant qu'on tire ainsi.*

Tochier (origine germanique), verbe : TOUCHER. On trouve « toucher un mulet » dans le sens ou nous disons encore : « toucher des bœufs. »

Toë (lat. *tua*), adj. possessif, remplacé plus tard par *tienne* qui est formé sur le masculin *tien* (voy. *Toen*). — TIENNE. Comme tous les adjectifs possessifs de l'ancienne langue, *toë* peut être employé avec l'article sans cesser d'être adjectif : « La toë mort » = TA *mort.*

Toen (en une syllabe. — Lat. *tuum*), adj. possessif qui a été remplacé par *tien*, créé par analogie avec *mien.* — TIEN. Comme tous les adjectifs possessifs de l'ancienne langue, *toen* peut être employé avec l'article sans cesser d'être adjectif : « Le toen Deu » = TON *Dieu.*

Toldre (lat. *tollere*). Part. passé : *tolut* ou *toleit.* Ind. prés. : *il tolt, il tolent.* Prétérit : *il tolit.* Impér. : *tolez.* — ENLEVER. — « Toldre voie à quelqu'un », c'est *lui couper la route, la retraite.*

Toleit, Tolent, Tolez, Tolit, Tolut, Tolt. De *toldre.*

Tor (lat. *turrim*, fr. *tor, tour*), s. f. : TOUR.

Torleu. Nom du roi de Perse. Il aide Baligant à diviser son armée en trente échelles. Il est tué par Rabel.

Torment (lat. *tormentum*), s. m. Ce mot, comme beaucoup d'autres, a perdu en vieillissant une grande partie de sa force. Il avait le sens de SUPPLICE. On le trouve aussi dans le sens de TEMPÊTE, sens que nous avons conservé à la forme féminine *tourmente.*

Torner (lat. *tornare*), verbe : TOURNER. — « Être tourné à... » c'est *être menacé de...* — « S'en tourner *ou* se tourner » = *s'en retourner.* Dans les temps composés, le pronom réfléchi peut être supprimé. Voy. *Lever.* — « S'en tourner envers le fond » = *s'en aller au fond.* — « Se tourner amont par un fleuve », c'est *se mettre à le remonter.* — « Être tourné en déclin », c'est *tourner à son déclin.*

Tors, pluriel de *tor*.

Tort (participe passé primitif de *tordre*), s. m. : TORT. — « Tort faire » = *agir à tort*. — « Ni à droit, ni à tort » voy. *Dreit*.

Torz, cas sujet singulier ou régime pluriel de *tort*.

Tost (puis *tôt*. — Lat. *tostum*, part. passé de *torrere*, qui veut dire *brûler*), adv. : RAPIDEMENT, VITE, TÔT.

Tot (lat. **tottum*, fr. : *tot*, *tout*), adj. indéfini : TOUT. Employé comme adverbe, *tot* pouvait s'accorder avec le nom, même quand ce nom était masculin : « Set anz *toz* pleins. » On sait d'ailleurs que cet accord facultatif de *tout* adverbe avec un nom même masculin a persisté jusqu'au XVIIe siècle. Racine écrit encore : « Tes yeux ne sont-ils pas *tous* pleins de sa grandeur ? » — « Del tot » = *entièrement*. Cette locution ne s'est conservée qu'avec la négation : « pas du tout. » Cependant Bossuet dit encore : « Cela est *du tout* admirable. » — Nous n'emploierions plus *tout* devant un adjectif au vocatif, comme au vers 307 : « Tot fols ». — *Tout* adverbe ne se joint aujourd'hui qu'à un adjectif. On trouve *tot* avec un verbe : « qui tot ne s'en merveilt. » — « Tous » peut s'appliquer à un petit nombre d'objets sans qu'on ajoute *les trois, les quatre, etc.*

Toz, cas sujet sing. ou cas rég. plur. de *tot*.

Tradir (lat. **tradire*). Ind. prés. : *il trait* (?) ou *il tradist*. Prétérit : *il tradit*. Part. passé : *tradit*. — TRAHIR.

Tradison (lat. *traditionem*, fr. : *tradison*, *trahison*), s. f. : TRAHISON. — « Faire tradison de quelqu'un », c'est *le trahir*.

Traditor (lat. *traditorem*), s. m. : TRAÎTRE.

Traditre (ensuite *traïtre*, *traître*), cas sujet de *traditor*.

Traiiez. De *traire*.

Traire (lat. *trahere*). Part. passé : *trait*. Indic. prés. : *il trait*, *vos traiiez*. — TIRER, TRAINER. — « Se traire » = *se retirer*, *se porter* (d'un certain côté). — « Traire à quelqu'un », c'est *tenir de lui*, *lui ressembler*.

Trait, indic. prés. ou part. passé de *traire*.

Tramesistes. De *tramétre*.

Tramétre (lat. *transmittere*, d'après lequel on a modifié la forme populaire *tramettre*), verbe : ENVOYER. *Tramétre* se conjugue comme *métre* ; voy. ce mot.

Tramist. De *tramétre*.

Travaillier (même racine que dans *travée* et *entraver* : c'est le substantif lat. *trabem*, qui a le sens de *poutre* (de là *entrave*), et qui a produit le vieux subst. *tref*, au sens de *tente*), verbe actif : FATIGUER, LASSER, TOURMENTER. — Le verbe « travailler » a encore une signification dérivée directement de sa valeur ancienne : « cette affaire le travaille ». Au sens propre de *fatiguer*, Malherbe dit encore : « Pour laisser remettre les chevaux, qui étaient merveilleusement *travaillés*. » Ce verbe est arrivé au sens qu'il a d'ordinaire aujourd'hui, par l'intermédiaire de la forme réfléchie « se travailler » = *se fatiguer*, *travailler* au sens actuel.

Tref (lat. *trabem*), s. m. : TENTE.

Tres (lat. *trans*), adv. et prépos. : A TRAVERS, DEPUIS, TRÈS. — « Très un côté qu'à l'autre » = *d'un côté jusqu'à l'autre*, *de part en part*.

Trespasser (composé de *passer*), verbe : ALLER AU DELA DE.

Tresprendre (est à *prendre* ce que *trépasser* est à *passer*), verbe : S'EMPARER DE.

Tresque (de *trans quod* ou de *intro usque*. D'après la première hypothèse, la forme *entresque*, que l'on trouve aussi, dériverait de *tresque* par l'adjonction du préfixe *en*. D'après la seconde hypothèse, *entresque* serait la forme primitive), prép. et conj. : JUSQUE, JUSQU'À CE QUE.

Tressaillir (composé de *saillir*), verbe transitif : SAUTER (proprement *sauter au delà*). Aujourd'hui *tressaillir* est intransitif.

Tressalt. De *tressaillir*.

Tressudét (part. passé de *tressuder* qui est un composé de *suder* = *suer*, comme *tressaillir* est un composé de *saillir*) : EN SUEUR.

Trestorner (composé de *torner*. Est à *torner* ce que *trépasser* est à *passer*), verbe : RENVERSER. — « Trétourner entre les pieds », c'est *fouler aux pieds*.

Trestot (composé de *très* et de *tot*. C'est le superlatif de *tot*), adj. et adv., même sens que *tot* : TOUT.

Tresvait (composé du préfixe *tres* et de *vait*. Voy. *Vois*. *Tresvait* est à *vait* ce que *trépasse* est à *passe*), verbe à la 3e pers. de l'ind. prés. : S'EN VA.

Treüt (lat. *tributum*), s. m. : TRIBUT.

Troevent, troevet. De *trover*.

Trosser (plus tard *trousser*. Origine incertaine), verbe : CHARGER, et aussi SOULEVER. De là le sens de *détrousser* : « enlever ce qu'on porte, décharger ». Le simple *trousser* a pris des significations dérivées assez éloignées du sens primitif.

Trover, verbe à radical variable : *troev...* tonique, *trov...* atone. Indic. prés. : *jo truis*, *tu troeves*, *il troevet*, *nos trovons*. — « Si je trouve où » est une locution dont le sens est : *si j'en trouve l'occasion, si je puis.*

Truis. De *trover*.

Tudèle. Nom de ville : TUDELA. C'est une des villes que Roland se vante d'avoir conquises.

Tuit. Cas sujet pluriel de *tot*.

Turgin. Nom d'un Sarrazin qui est tué par Olivier.

Turgis. Nom d'un Sarrazin. Il est appelé *Turgis de Tortelose*. Il figure parmi les douze pairs de Marsile. Il est tué par Anseïs.

Turoldus. Mot d'origine germanique affublé d'une terminaison latine. C'est Turoldus qui « décline » la Chanson de Roland. Il faut vraisemblablement y voir le nom d'un copiste ou d'un jongleur, et non celui de l'auteur.

Turpin. Archevêque de Reims. S'offre pour aller en ambassade vers Marsile. A Roncevaux il encourage et bénit les troupes avant les différentes parties de l'action. Lui-même il tue Corsablis, l'enchanteur Siglorel, Abîme, gonfalonier de Marsile, et une foule d'autres. Blessé à mort et désarçonné, il continue à pied la bataille. Il meurt avant Roland. — Il y eut réellement sous Charlemagne un archevêque de Reims du nom de Turpin. La célèbre Chronique latine dite de Turpin est une œuvre apocryphe ; elle raconte à sa façon la légende de Roncevaux, et naturellement Turpin, dans la bouche duquel est mis le récit, y est présenté comme survivant à la bataille.

U

Un (lat. *unum*), adj. indéf. — « Un » peut être précédé de l'article sans cesser d'être adjectif, comme les adjectifs possessifs de l'ancienne langue (Voy. *Nostre*) : « L'une moitié de l'une main. »

User (lat. **usare*), verbe. On disait « il a usé son temps », comme nous disons : « il a fait son temps ».

V

Vaillant, part. prés. de *valeir* : AYANT DE LA VALEUR, VAILLANT, RICHE. — « Vaillant denier » (comme encore « sou vaillant ») signifie *la valeur d'un denier*.

Vair (lat. *varium*), adj. : VAIR (de couleur changeante comme la moire). — Cet adjectif, employé substantivement, a le sens de *fourrure à double couleur* (petit-gris), et désigne aussi l'un des métaux du blason (composé d'argent et d'azur).

Vait. Voy. *Vois*.

Val (lat. *vallem*), s. m. : VALLÉE.

Valdabron (la forme actuelle de ce nom serait *Vaudebron*). Nom du Sarrazin qui fut pour la chevalerie le parrain de Marsile (il semble que ce soit le contraire dans l'un des deux passages où il est question de ce fait, mais le passage peut être facilement corrigé). Il avait sur mer quatre cents vaisseaux. C'est lui qui avait pris Jérusalem par trahison. Il fait cadeau à Ganelon de son épée. A Roncevaux il tue le duc Samson, mais il est tué par Roland.

Valéde (dérivé de *val*), s. f. : VALLÉE.

Valeir (lat. *valere*). Indic. prés. : *il valt*. — « Ne valoir rien » = *ne servir à rien*.

Valentineis (lat. **Valentinensem*, fr. : *Valentineis, Valentinois*), adj. : DE VALENCE.

Val-Fonde. Nom du château de Blanchandrin. L'une des « échelles » de l'armée de Baligant est composée des hommes barbus de Val-Fonde. Toutefois, dans cet endroit, le manuscrit a « Fronde », et *Val-Fonde* est une restitution.

Valneire (la forme actuelle de ce mot serait *Vaunoire*). Nom du pays de Chernuble. Il n'y a ni soleil, ni pluie, et le blé n'y peut pousser. — Dans le ms. d'Oxford, au lieu de *Valneire*, on a *Munigre*. La forme est restituée d'après les autres manuscrits.

Valor (lat. *valorem*), s. f. : VALEUR. Dans la Ch. de Roland, ce mot est employé au plur. avec le sens de *qualité*. — « Avoir valeur » = *être estimé*.

Valt. De *valeir*.

Valterre (*Valterne* dans le ms.). Nom de ville : VALTIERRA. C'est une des villes que Roland se vante d'avoir conquises. Charlemagne s'arrête à Valtierra pour attendre le retour de Ganelon. Voy. *Escremiz*.

Vantance (formé sur *vanter*, comme *vanterie*, mais avec un autre suffixe), s. f. : VANTERIE.

Vassal (origine celtique), adj. et s. m. : VASSAL, BON VASSAL (vaillant homme).

Vassalment (formé sur *vassal*, qui ne prenait pas d'*e* au fém.), adv. : VAILLAMMENT.

Vasselage (formé sur *vassal* avec le suffixe *age*), s. m. : COURAGE, VAILLANCE, ATTITUDE VAILLANTE, PAROLES DE NATURE A PLAIRE AUX VAILLANTS (dans *oüir vasselage*. Comparez *orgueil* dans le sens de *paroles d'orgueil*).

Vedeir (lat. *videre*, fr. : *vedeir*. *veeir*, *veoir*, *voir*). Part. prés. : *vedant* ou *veiant*. Part. passé : *vedut*. Indic. prés. : *jo vei*, *tu veiz*, *il veit*, *nos vedons*, *vos vedez*, *il veident*. Prétérit : *jo vi*, *tu vedis*, *il vit*, *nos vedimes*, *vos vedistes*, *il vidrent*. Futur : *jo vedrai*. Subj. prés. : *que jo veie*. Imparf. : *que jo vedisse*. — VOIR.

Vedisse, vedistes, vedrai. De *vedeir*.

Vedude (part. passé fém. de *vedeir*), s. f. : VUE.

Vedut, Vei. De *vedeir*.

Veiant, part. prés. ou gérondif de *vedeir*. Comme gérondif (dans le sens de *en voyant*) il peut être accompagné d'un adj. posses. représentant la personne qui voit : « vostre veiant », c'est-à-dire *à votre vue*. On dit encore de même, mais en exprimant la préposition : « en son vivant » — « Voyant cent mille hommes » = *à la vue de, sous les yeux de cent mille hommes*.

Veident. De *vedeir*.

1. **Veie**. De *vedeir*.

2. **Veie** (lat. *viam*, fr. : *veie*, *voie*), s. f. : VOIE, ROUTE. — « Toute voie » = *toutefois* (qui équivaut à *toutes fois*).

Veiier (lat. *vicarium*, d'où dérivent aussi *viguier* par l'intermédiaire du provençal, et *vicaire* par formation savante), s. m. : VIGUIER.

Veillantif. Nom du destrier de Roland. Il est tué sous lui à la fin de la bataille.

Veint. De *veintre*.

Veintre (lat. *vincere*, fr. : *veintre*, *vaincre*). Part. passé : *vencut*. — VAINCRE, ÊTRE VAINQUEUR. — « Etre vaincu de guerre » = *être vaincu dans la guerre*. — « Veintre en champ », c'est *vaincre sur les champs de bataille*. — « Veintre une bataille », c'est *la gagner*. De même « vaincre un estour ».

Veir (lat. *verum* qui entre dans la composition de *vrai*; fr. : *veir*, *voir*), adj. : VRAI, VÉRITABLE. — « Par veir » = *vraiment*. — C'est notre adverbe *voire*.

Veirement (formé sur *veir*), adv. : VRAIMENT, CERTAINEMENT, SUREMENT. — « Voirement » est encore dans Malherbe.

Veirs. Forme adverbiale de l'adj. *veir* : VRAIMENT.

Veisdie (origine germanique), s. f. : PERFIDIE.

Veit, veiz. De *vedeir*.

Veltre (lat. *vertragum*), s. m. : LÉVRIER.

Vencut. De *veintre*.

Venderai. Forme allongée de *vendrai*, futur de *vendre*.

Vendrai. Peut être le futur de *vendre* ou celui de *venir*.

Venimes. De *venir*.

Venir (lat. *venire*). Prétérit : *jo vinc*, *tu venis*, *il vint*, *nos venimes*, *vos venistes*, *il vindrent*. Futur : *jo vendrai*. Subj. prés. : *que jo viegne*, *que nos veignons*. — « Venir » est employé impersonnellement dans : « Tresque vint al jorn cler » = *jusqu'à ce qu'il* (neutre) *vint au jour clair*, c'est-à-dire *jusqu'à la venue du jour*. — Nous disons bien : « il *ou* elle vient à lui, à moi, etc. », mais nous ne disons plus : « il *ou* elle lui vient *ou* me vient. » Cela tient à ce que, dans ces locutions, *à* a le sens de *vers*, et que *me*, *te*, *se*, *lui*, *nous*, *vous*, *leur* ne peuvent plus se dire pour *vers moi*, *vers toi*, *vers soi*, *vers lui*, *vers nous*, *vers vous*, *vers eux*. Mais nous disons bien : « Cette idée m'est venue, il lui est venu beaucoup de visiteurs, ce cadeau leur vient de Paris, » parce que, dans toutes ces phrases, la préposition sous-entendue n'est pas *à* dans le sens de *vers*. On ne dirait pas : « cette idée est venue vers moi. » Dans le premier cas, c'est la valeur de l'accusatif latin précédé de *ad*, dans le second, c'est la valeur du datif latin. Voyez de même « lui courir », au mot *corre*. Avec le verbe *parler*, *à* a primitivement le sens de *vers*, car on disait aussi : « parler vers quelqu'un ». On disait donc à l'origine : « il me parle » ou « il parle à moi », de même que : « il me vient » ou « il vient à moi ». Mais pour le verbe *parler*, c'est la première tournure qui l'a emporté ; toutefois la seconde est restée en usage jusqu'au XVIIe siècle. Corneille dit encore : « vous parlez à moi » exactement dans le sens de *vous me parlez* — « En venir de pâmoison », c'est *revenir à soi*. — On trouve *venir* employé là où nous mettrions *arriver* — « S'en venir » = *s'en aller*.

Venjance (formé sur *venger*), s. f. — « Prendre *ou* faire vengeance » = *tirer vengeance*.

Ventaille (dérivé de *vent;* au sens propre *soupirail*), s. f. : VENTAIL, *partie du heaume par où l'on respire* ou *partie du haubert voisine du visage*.

Venteler (dérivé de *vent*), verbe : FLOTTER AU VENT.

Verai (puis *vrai*. — Formé sur un dérivé de *verum* qui a lui-même produit *voir*. Voy. *Veir*), adj. : VRAI.

Vergier (lat. **viridarium*, fr. : *vergier, verger*), s. m. : proprement *lieu vert*, LIEU PLANTÉ D'ARBRES (aujourd'hui *lieu planté d'arbres fruitiers*).

Vergoigne (lat. *verecundia*), s. f. : HONTE.

Vermeillier (fait sur *vermeil*), verbe : TEINDRE EN VERMEIL, ROUGIR.

Verne (origine celtique), s. f. : VERGUE. Malgré leur ressemblance de forme et de sens, *verne* et *vergue* ne paraissent pas être de la même famille : « vergue » est la prononciation picarde de *verge*.

Vers (lat. *versus*), adv. : VERS, ENVERS, VIS-A-VIS DE.

Vertudable (formé sur *vertut*, à moins qu'il ne faille écrire *vertuable*, et voir dans ce mot un dérivé de *vertuos* par substitution de suffixe), adj. : PLEIN DE COURAGE OU DE FORCE.

Vertuos (lat. *virtuosum*), adj. : FORT, VIGOUREUX, VAILLANT. Voyez les sens anciens de *vertut*.

Vertuosement (formé sur *vertuos*), adv. : VIGOUREUSEMENT.

Vertut (lat. *virtutem*), s. f. : COURAGE, FORCE, VIGUEUR, ACTE DE PUISSANCE (*miracle* en parlant de Dieu), SIGNE DE FORCE (*le signe de croix*). — « N'avoir vertu de faire quelque chose », c'est *n'en avoir pas la force*. — « Les vertus de Dieu » peut signifier *la puissance de Dieu, Dieu lui-même*. — « Avoir de Dieu vertu », c'est *recevoir de lui la force*. — « Faire mauvaises vertus », c'est *faire preuve d'impuissance*. — « Avoir vertu que + subjonctif » = *avoir la force de...* — Le juron *vertubleu*, employé par Molière, équivaut à *Vertu Dieu*, c'est-à-dire *par la puissance de Dieu!*

Vespre (lat. *vesper*), s. m. : SOIR, NUIT. Le mot *vêpre* a pris un sens liturgique bien connu. — « Le vêpre décline » = *le jour décline, le soir arrive*

Vesprède (puis *vesprée*, employé par Ronsard dans une pièce célèbre. Ce mot est à *vêpre* ce que *soirée* est à *soir*), s. f. : SOIR.

Vest. De *vestir*.

Vestir (lat. *vestire*), verbe : REVÊTIR, et aussi INVESTIR. Le verbe *vêtir* ne s'emploie plus guère qu'au participe passé, et, comme participe, il qualifie la personne habillée ; dans l'ancienne langue il qualifiait aussi l'objet d'habillement.

Vezconte (lat. *vicecomitem*), s. m. : VICOMTE.

Victorie (mot savant. Prononcez *victore* en mouillant l'*r*. Latin *victoriam*). s. f. : VICTOIRE. — « La victoire du champ », même sens, avec l'idée accessoire de *rester maître du champ de bataille*.

Vide (lat. *vitam*, fr. *vide, vie*), s. f. : VIE.

Vidrent. De *vedeir*.

Viègne. De *venir*.

Vielz, cas sujet sing. ou rég. plur. de *vieil* = VIEUX.

Vieneis (dérivé de *Vienne* avec le suffixe *eis* (*ois*) = *ensem*), adj. : DE VIENNE.

Vif (lat. *vivum*), adj. : VIF, VIVANT.

Vigre (origine inconnue), s. f. : ARME DE JET.

Viltét (lat. *vilitatem*, dérivé de *vilem* = *vil*), s. f. : DESHONNEUR. Le mot est encore dans la langue avec une légère modification d'orthographe et de sens : *vileté* = *bassesse*.

Vinc, vindrent. De *venir*.

1. **Vint** (lat. *viginti*). Nom de nombre : VINGT. Le *g* a été ajouté à l'orthographe de ce mot pour rappeler l'origine latine.

2. **Vint**. De *venir*.

Virgilie (prononcez *Virgille*, comme *fille*) : VIRGILE.

1. **Vis** (lat. *visum*), s. m. : VISAGE, et aussi AVIS. — C'est sur *vis* qu'a été formé *visage*. Aux vers 3160-3161 on trouve à la fois *vis* et *visage*, le second paraissant désigner plus spécialement le regard. — « Ce m'est vis » = *je crois*.

2. **Vis**, cas sujet sing. ou rég. pluriel de *vif*.

Vivre (lat. *vivere*). Indic. prés. : *jo vif*. Prétérit : *il vesquiét*.

Vode (lat. *vota*, fr. : *vode, voe*), s. f., qui ne se trouve que dans la locution « male vode ». — « Faire male vode de quelqu'un », c'est *lui faire un mauvais parti*. Dans cette locution, *male* est le féminin de l'adj. *mol* (voyez ce mot).

Voeil, voeille, voelent, voelt. De *voleir*.

Vois. Première pers. de l'indic. prés. du verbe *aler*. Cette personne, les deux suivantes, et la 3e du pluriel, dérivent du verbe latin *vadere* : « *jo vois, tu vais, il vait, il vont.* » — « Vait malement », voyez *Malement*.

Voiz (lat. *vocem*), s. f. : VOIX, SON. — « A voiz » = *à haute voix*.

Voldrai. De *voleir*.

Voleir (lat. **volere*). Indic. prés. : *jo voeil, il voelt, nos volons, il voelent.* Prétérit : *il volt* ou (?) *volst*. Futur : *jo voldrai*. Subj. prés. : *que jo voeille.* Imparf. : *que jo volsisse.* — VOULOIR. — « Mieux vouloir » équivaut à *aimer mieux*. — « Mieux vouloir mourir que... » est une locution toute faite, qui a une grande force, et qui équivaut à *ne vouloir pour rien au monde que...* Si on prenait cette locution au sens littéral, il serait singulier d'entendre Roland, quelques instants avant sa mort, dire qu'il aime mieux mourir que d'exposer son épée à tomber entre les mains de l'ennemi. — « Mieux vouloir que » se construit avec un infinitif ou avec un subjonctif. Aujourd'hui, avec *aimer mieux* on emploie l'infinitif après *que de*, ou l'indicatif après *que si*. — « Vouloir aimer, vouloir haïr quelqu'un », c'est *l'aimer, le haïr*. — « Veuille ou non » = *qu'il le veuille ou non*.

Volsisse, volt. De *voleir*.

Voltice, féminin de *voltis*.

Voltis (formé sur *volte* = *voûte*), adj. : VOÛTÉ.

Vos (lat. *vos*), pron. pers. : VOUS. Remarquez que *vos* a toujours le sens de « vous », et jamais celui de notre adjectif possessif « vos », dont la forme, dans la Chanson de Roland, est *voz*.

Vostre (lat. *voster*, *vostrum*, *vostri* et *vostra*), adj. possessif, cas unique sing. ou cas sujet plur. du masculin, ou cas unique singulier du féminin : VOTRE. vos (masc). — *Vostre*, de même que les autres adjectifs possessifs, peut être employé avec l'article sans cesser d'être adjectif : « Li vostre Deu » = *vos dieux*.

Voz, adj. poss. : VOS. — « Les voz » = *les vôtres*.

Vuide (lat. **vocitum*, et non *viduum* qui a produit *veuf*), adj. : VIDE. — « Terre vuide » = *terre libre*.

TABLE DES MATIÈRES

3304-85. — Corbeil. Typ. et Stér. Crété.

www.ingramcontent.com/pod-product-compliance
Lightning Source LLC
LaVergne TN
LVHW050510100826
845148LV00002B/293

* 9 7 8 2 0 1 2 6 7 9 7 2 6 *